コミケをはじめとする
同人誌即売会と
その参加者の織りなす
生態系を描く

玉川博章 編

「同人文化」の社会学

七月社

目 次

「同人文化」の研究にむけて

関連研究レビューからの視座

玉川博章

1. 同人文化とは

　本書は同人文化をテーマに据えた論文集である。その「同人文化」とは何？という疑問も含め、最初に本書の趣旨や学問的位置づけについて説明をしたい。

　「同人誌」や「同人」、「同人誌即売会」という語は聞いたことがあるのではないかと思う。この語からは、マンガやアニメだったり、コミックマーケット（コミケット）[*1]だったり、ファンによる二次創作の「薄い本」だったりを想起することが多いだろう。これを学問的に扱うに際しては、メディアそのものなのか、そこに掲載される作品を対象とするのか、それを作る二次創作などの創作行為を対象とするのか、はたまたイベントに集う人々の行為を対象とするのかなど、分析対象や手法も様々だろう。つまり、「同人」といってもその分析対象は多様であり、様々な学問的見方から分析が可能である筈だ。

　本書では、そのような多様性がありうることを前提に考えていきたいが、それらを総括する語として「同人文化」という語を利用したい。序章となる本章では、まず同人文化という語について説明した上で、それが学問的にどのように捉えられるのかを、これまでの研

究を紹介することで提示したいと思う。

「同人誌」とは、同好の士によって制作された非商業的自主制作の出版物である。日本において同好の仲間（同人）による自主的な出版活動は、明治時代から文学者等によってなされてきた。その同好の士によることだけでなく、本書で重きを置きたいのが自主制作であることである。日本では、商業的な出版物は取次を中心とする出版流通網を通じて書店に配本される。その流通網を利用するために取次と契約した出版社が出版物を発行する。それとは異なり、同人誌は出版社を介さずに、出版社の資本によらず、作家が自ら発行する出版物である。つまり、商業出版からもれるものが想定され、ここでの「非商業的」とは、発行主体が金銭目的であるか否かにより判断されるものでなく、あくまで商業流通でないことを意味するとしたい。

商業出版では、資本を提供する出版社と、創作をする作家は分離しているのに対し、同人誌では作家が自らの資本で発行する。これが自主制作の意味である。なお、日本においては商業出版流通を行うためには取次と契約を行う必要があり、個々の作家がそれを行うことは不可能なため、書店流通を実現しようと思えば作家は出版社と契約することになる。そのため、自己資本の自主出版物は書店では流通せず、「非商業」となるのである。

なお、前述のように、出版社に拠らず、同好の仲間たち（同人）のなかで流通する同人誌は明治時代から存在するが、特に本書で検討したいのは、マンガやアニメ、ゲーム等のファンが制作する同人誌である。ファンによる同人誌は、マンガ家予備軍が合同で発行するものや、特定作品のファンクラブの会誌的な存在のものなどが作られてきた。その会誌的な性格を変えたのが、同人（ファンクラブやサークル）外への頒布である。頒布を「市場」として行うようにしたイベ

ントが、コミケットに端を発する「同人誌即売会」であった。本書では、このマンガファンによる非商業流通を築いた自主制作の同人誌を取り上げたい。

　非商業出版流通という観点からの同人誌の歴史を簡単に振り返ってみたい。出版社から発行される商業的な出版物ではなく、作家が集まった同好の士（同人）が自ら発行する出版活動は古くからみられる。前述のように明治時代から、志を同じくする文学関係者が文芸同人誌を発行していた。尾崎紅葉らによる硯友社の機関誌として自費出版された『我楽多文庫』、武者小路実篤、有島武郎など白樺派により発行された『白樺』などが代表例であろう。文芸同人誌は、現在でも各地の文学者集団、俳句や短歌などのサークルから発行されている。

　これらは機関誌として会誌的位置づけのものもあれば、同人の外に流通されるものもある。そもそも集団ありきで発行されることも多く、会員間の情報共有という会誌としての側面も強い。印刷機による複製ではなく、複数人の手書き原稿をまとめて製本した肉筆回覧誌とよばれる形態をとることもあった。この場合、一冊の雑誌を会員間で回し読みすることになり、そのような場合は当然ながら会の中に閉じられたものといえよう。だが、印刷機が利用しやすくなったことで部数も増加し、集団外への販売が行われる事例も見られるようになった。

　またマスメディアとは異なる個人ベースの小さなメディアとして「ミニコミ」という活動が1960〜70年代に盛んになる。「マスコミ」と対比されていることからも分かるが、会員内の会誌的役割だけでなくマスコミでは扱われないような主義主張、テーマの情報発信が目的とされており、ガリ版印刷（謄写版印刷）や印刷所を利用した出

版活動が盛んになった。

このような文芸同人誌やミニコミというマンガに限定しない非商業的出版の流れの中で、本書で扱うマンガを中心とした同人誌が現れてくる*2。阿島俊がまとめているように、戦前からマンガ家集団による同人誌は存在した。また、戦後には『漫画少年』などマンガ出版の興隆とそれに刺激されマンガ創作をするアマチュアによる同人誌の発行がされるようになる[阿島 2004]。つまり、商業デビューを目指すマンガ家（予備軍）がサークルを結成し同人誌を発行しており、文芸同人誌同様、会誌的存在からマンガの同人誌は出発した。この代表例としては、1950年代に石ノ森章太郎が中心となって発行していた『墨汁一滴』があげられる。同誌は肉筆回覧誌であり、会員間で郵送等による回し読みがされていた。他にも、デビュー前の作家予備軍やデビュー間もない作家などによる集団（サークル、漫研）の会誌的同人誌が作られた。また、1960年代後半から各地のマンガ家志望者やマンガファンを結びつける役割を負い、マンガ同人誌の黎明期を形作ったのが虫プロ商事が発行したマンガ雑誌『COM』である。1966〜71年まで発行された同誌には「ぐら・こん」とよばれる読者投稿ページがあり、そこではサークルの会員募集、告知が掲載され、さらにそれら各地のサークルを結びつけ支部として組織化したことで、マンガファンや漫画家志望者が集まるマンガ研究会の結成が盛んとなり、同誌を通じた交流が生まれることになった。また、それら漫画研究会が会誌として同人誌を発行した。

なお、マンガをめぐる自主発行物としては、マンガ家志望者による同人誌だけでなく、ファンジンという側面を忘れてはならない。特定作品を愛好するファンが集まり、その作品情報や二次創作のイラストやマンガを掲載する同人誌を作成する。彼らはFC（ファンク

ラブ）として集団となっていた。それら会誌的同人誌が、次第に会の外へと開かれていったが、その象徴的な出来事がコミックマーケットという同人誌即売会の誕生である。

『COM』の支部はイベントを実施しており、同誌亡き後も日本漫画大会などファンコンベンションが開催された。その日本漫画大会への反発から、1975年に同人誌の頒布に焦点を絞って開催されたのがコミックマーケットである。なお、当初は「コミック・マーケット（まんがファンジン・フェア）」と名乗っており、ファンジンという名称を用いていた。つまり、1970年代においてマンガ文化において成立していた作家予備群による同人誌と「ぐら・こん」による組織化、漫研の会誌、ファンジンなど自らの手で出版物を作る活動が同人誌即売会という形態を生み出し、各々が作った同人誌を頒布するようになったのである。同人誌即売会という同人誌を頒布する場が定着したことで、会誌として会員内で読まれるものから、会員外に頒布する性格が強くなった。

なお、このマンガの同人誌は、当初はオリジナル（同人文化内の用語でいえば「創作」）の作品が中心であった。それが変化し1980年代には二次創作が目立つようになる。そうなったことで、文芸同人誌のマンガ版とはみなしにくくなり、ある作品のファンが愛好する作品のキャラクターを利用した二次創作マンガ（ないしイラストや小説）を描き、同人誌として出版し、それを同人誌即売会等でファンに向け頒布するという側面が顕著になったのである*3。

以上の歴史もふまえると、出版流通の構造的側面からの同人誌の定義に加え、マンガという観点も本書で論じる同人文化にとって重要な意味を持つ。なぜなら、「コミックマーケット」というイベント名が象徴するように、マンガを利用した表現活動、ないしマンガ（や

そこから派生するアニメ・ゲーム等）のファンがその作品への思いを表現する活動をし、その結果として同人誌が生み出されたからである。

　このような同人誌の概念を踏まえた上で、本書では、元々の同好の士という意味合いを離れ、「同人」という語を「マンガを中心とする（隣接するアニメ、ゲーム等含む）自主制作表現」と定義したい[*4]。なお、「同人誌」ではなく「同人」とするのは、現在ではコンピュータで再生する静止画や動画、ゲームなども制作・頒布され、冊子のみではなくなっているという状況も踏まえ、冊子体の紙の形態に囚われないように概念化をしたいからである[*5]。

　この「同人」に、文化人類学的な意味の実践としての「文化」概念を付加することで「同人文化」という語を利用したい。ここでいう「文化」は作品のみを指すのではなく、当該社会集団の人々によって共有される慣習や立ち居振る舞いなども含む日常的実践である。つまり、「同人文化」という語を中心に据えることで、作品だけでなく、それを作り出す人々、そしてそれを愛好し読む人々、さらに同人を支える人々がどのような慣習やルールをもってその実践を行っているのかを、広い視点から考えたい。

　なお、同人誌即売会にはコスプレも含まれ、広義にはコスプレも同人文化の一部と言える。実際にコミケットはコスプレも表現の一形態としてコスプレイヤーを参加者の中に包摂する概念化をしている。だが、身体表現によるコスプレはプリントメディアや電子メディアによる同人と重なりつつも独立した部分もあることから、本書ではコスプレについては深く検討しないこととする。

　本章では、まず本書の全体的な前提知識の共有も兼ねて、同人や同人文化について既存の言説や研究を簡単に振り返った上で、以下

に続く各章の基盤となる既存の学問的アプローチを確認する。そうすることで、同人文化のあり方と多様性を確認するとともに、この事象に対し多様な見方が可能であることを提示したい。

2. 同人文化にまつわる先行研究

　では、同人文化はこれまでどのように学問的に捉えられてきたのであろうか。なお、本書は社会学の枠組みに依拠した議論が多いこともあり、レビュー対象は社会学およびメディア研究などに隣接する人文社会科学領域を中心としている。さらに直接的にコミケットなど同人誌即売会や同人活動をする人々を対象とした研究に限定していることは最初に断っておきたい。主にマンガの頒布が行われてきたことやアニメ・マンガの受容者が行う活動であったことから、同人文化に関してはメディア研究やファン研究を中心に、一定の蓄積がされてきた。

(1) ファン研究からの視座と国外での関連研究

　国内のファン研究やメディア研究は、海外におけるカルチュラル・スタディーズの議論を参照することが多く、その延長にあると見なせる。そもそも、この文脈では、国内の研究者による分析に加え、海外研究者による言及もなされてきた。

　まず簡単に日本国内の研究事例を挙げると、ファン研究を主眼とした初期の論文集である『それぞれのファン研究』には、玉川博章と名藤多香子によるコミケットや二次創作をテーマとした研究が含まれるが、それらはジェンキンズの議論を下敷きとした部分が大きい［玉川 2007; 名藤 2007］。

　ジェンキンズは、北米における SF ファンなどの研究で知られ、

1992年発行の *Textual Poachers: Television Fans & Participatory Culture* がその後のファン研究に大きな影響を与えている。ジェンキンズは、ミシェル・ド・セルトーを参照しながらメディアのオーディエンスとしてのファンが、そのテキストを「密漁」し自らの創作物として利用することを描いた [Jenkins 1992]。これは、欧米のファン文化のみならず、日本のアニメ・マンガファンにおける二次創作やパロディにも同じような解釈が可能であろう。また、ジェンキンズは解釈共同体の概念をファン研究に敷衍し、ファンが集まるコミュニティという観点での研究が進んでいく。さらにジェンキンズは「メディアコンバージェンス」とよばれるマスメディアが融合していく変化を論じ、さらにそのメディアミックス戦略の中にあるファンコミュニティの参加型文化を『コンバージェンス・カルチャー』において考察した [Jenkins 2006＝2021]。ジェンキンズは日本の同人文化ではなく、欧米のスタートレックファンダムにおける二次創作の分析を行っているが、ファンの創作は、ファンコミュニティへの参加であり、その中で知識や技術の共有がなされるとする。

　ジェンキンズを代表として、既にファン研究は多くの蓄積が見られるようになっているが[*6]、その中で欧米の研究者による日本の同人文化への直接的な言及もある。

　初期の事例を挙げると、日本の大人向け（青少年向け）マンガを文化現象として分析したキンセラは、「アマチュアマンガ」としてコミケットや同人誌を分析している。マンガをテーマとする欧米圏の研究者にとっても、コミケットに代表される同人文化は20世紀の段階から視野に入っていたと考えられる [Kinsella 1998, 2000]。より時代が下ると、より焦点を絞りコミケットや同人文化を主題とした英語圏の論文も発表されている。例えば、Nicolle Lamerichs や Nele Noppe

などである［Lamerichs 2013; Noppe 2010, 2014］。

　なお、欧米におけるファン研究の学説をレビューした瀬尾祐一は、ファン研究をジェンキンズに代表される参加型文化論的アプローチと、多様なファン実践に着目するマルチパースペクティブ・アプローチの2つに整理をしている。参加型文化論的アプローチは、教科書において取り上げられる代表的なアプローチであり、様々なジャンルにみられるとまとめている［瀬尾 2020］。その一端が、同人文化であるといえよう。そもそもジェンキンズが初期に取り上げた欧米におけるスタートレックのファンフィクションであるスラッシュノベルは、日本における二次創作に近く、その敷衍も当然であったといえる。ただし、瀬尾は「参加型文化論的アプローチは、生産・流通へのファンの関わりという側面への着目から、二次創作や大規模な拡散といった現象を分析する際に有用だ。だが、このアプローチは、それが文化産業の革新という未来像の展望を目論むゆえ日常的に営まれるファン実践を視野の外に置きがちになる」として、そうした日常的実践を取り上げ、それがファンのアイデンティティ形成に如何に影響を与えるのかを問うマルチパースペクティブ・アプローチが対置される［瀬尾 2020］。

(2) 二次創作、サークル参加者の研究

　日本国内の同人文化研究に目を転じると、このような欧米のファン研究を参照しつつ一定の研究がなされてきた。中でも、ジェンキンズの影響を受け、参加型文化的アプローチから二次創作を中心に考察した研究が複数存在する。同人文化の研究は1990年代から見られるようになってくるが、それはジェンキンズの影響もあってか、主にサークル側、つまりファンが二次創作同人誌を作る行為や、そ

の二次創作作品の内容分析が試みられてきた。瀬尾が提唱する2つのアプローチに従うなら、国内の同人文化に対する研究は、参加型文化論アプローチによる二次創作やコミケットなどイベントを考察した研究からスタートし、その後に、本書の多くの著者も含めマルチパースペクティブ・アプローチへと広がっていったと見なせるだろう。

　具体的な調査に基づいた研究の初期事例としては、文化人類学的技法を用いた小林義寛によるコミケットの参与観察［小林 1996］や、特に二次創作に焦点を当てたものとしては、自身の体験を元にしながら同人誌に関する文化実践を論じた先述の名藤多香子［名藤 2007］、そして解釈共同体の議論をベースとして同人文化を概説した金田淳子［金田 2007］が挙げられる。名藤や金田は女性による二次創作を対象としていることもあり、ジェンキンズと同様に女性ファンが様々な快楽を生み出すというフェミニスト的アプローチをとっている。

　名藤、金田の後も、二次創作、特に男性同士の恋愛を主題とする「やおい」に関する研究は積み重ねられている*7。東園子は、やおいのコミュニティに着目し、その中で原作がどのように解釈され（妄想され）、二次創作されているのかを分析し、キャラクター間の関係性を基盤に置く消費を行うと指摘する。さらに、その恋愛コードの表現から、ホモソーシャルな共同体としてファンの女性たちのコミュニティを位置づけている［東 2015］。なお、東は、メディア論におけるデジタル化が進行する中でのメディアの物質性の議論と、同人文化におけるデジタル化の双方を踏まえ、デジタル化が進んでも紙の本を発行し続ける女性同人作家へのインタビューを利用することで、同人誌の物質性に焦点を当てた議論も行っている。そこでは、彼女たちの語りを「作品の発表」「活動情報の発信」「萌え語り」「交流」と

分析し、それは即売会のもつ機能でもあるとし、そのデジタル時代の変化を分析した [東 2013]。

　大戸朋子・伊藤泰信は、やおい作品を愛好する「腐女子」について継続的に論文を発表している。大戸は同人誌即売会に参加し参与観察を行った上で、メディアにおける表象とその当事者での内在化を研究し、さらに、ファン集団でありながら競い合う倒錯者集団である腐女子コミュニティにおける二次創作の規範意識を、個々に異なる作品への「愛」のコンフリクト解消という観点から分析している [大戸・伊藤 2010, 2019]。

　なお、テキストに基づいた研究も挙げると、石川優は女性向け二次創作を対象に、伊藤剛の〈キャラ〉概念を援用しながら、如何にして原作から新しい物語が成立するのかを探っている [石川 2007]。さらに近年では具体的に二次創作のやおい同人誌を収集し、その同人誌の表紙や物語の分析を行っている [石川 2017a, 2017b]。

　なお、同人誌等の創作物、特に二次創作をテーマとした研究におけるユニークな存在が、コミケットのジャンルコードを利用した分析である。コミケットでは、サークル申込を管理するためのジャンルコードに関して、申込が増加したジャンルを独立させてコード化する。つまり、大分類のなかで、申込サークルが増えた作品があると、その作品名で小分類のコードが割り振られる。アニメ・マンガ作品の人気の指標として利用できる経時的なデータは少ないが、コミケットのジャンルコードやカタログを分析することで、同人文化における人気の多寡やジャンル・コミュニティの形成がある程度分析可能となるのである。このジャンルコードを利用した分析としては、椎野庸一、井手口彰典などが挙げられる [椎野 2014; 井手口 2012]。なお、井手口は同人文化内で音楽を主に創作する同人音楽というジャンル

の研究をしており、商業的な音楽とも「インディーズ」とも異なる同人音楽について、デジタル化などの環境変化とあわせた議論を行っている［井手口 2012］。

(3) コミュニティや日常実践

　このようにサークル側や同人誌そのものを研究対象として捉える研究は多く、パロディ、二次創作、やおいをテーマとした研究か、ファン文化やコミュニティという視点での研究が目立つ。ジェンキンズと同様、複合的メディア受容、参加型文化という観点での分析がなされることが多く、ファンをただの「受容者」ではなく、相互作用をするコミュニティと見なす視点が共有されているといえるだろう。

　なお、国内の同人文化ないしオタクを巡る議論において、コミュニティは古くから分析概念とされてきた。社会学者として1990年代にオタクを論じていた大澤真幸は、（ジェンキンズなどの議論を参照することもなく）サークル内の会誌からコミケットなど即売会でのサークル外のファンへの頒布という変化を踏まえ、ファンが互いに共有している知識を前提に同志であることを確認し、それが分かる同志のみとのコミュニケーションを志向していると二次創作を論じた［大澤 1995］。

　近年では、河原優子が、同人誌即売会やインターネットで活動する二次創作集団を事例として、その社会集団の構造と機能を明らかにしようとした。河原は、その特徴として流動性と平等性を指摘し、二次創作集団は権威や分業を集団外部に置く一方で内部の平等性を保ち、外部企業の商業性をみとめる一方で集団内部の理念上の非営利性を保っているとする。さらに、ジンメルの社交の概念を援用し、その都度流動的な人間関係を構築しながら長期間二次創作集団が成

16　序章

り立つ動機を説明するなど、社会集団の議論を参照しながらファンコミュニティのあり方を議論している［河原 2020］。

　また、石田喜美は、読者コミュニティのあり方をエスノグラフィックインタビューにより検討する事例として同人誌を対象とし、同人誌にかかわるコミュニティのあり方・意識を分析した［石田 2007］。

　今井信治は「祭り」としての同人誌即売会を考察する。コミックマーケット準備会が「祝祭」という語を利用しているように、同人誌即売会は「ハレ」の場とみなされているが、コミケットを中心的な事例として社会宗教学の立場から分析する。そこでは、コミケットの理念や空間的特徴、そしてアンケート調査などの分析から、オタクたちが共同体を志向し、同人誌を用いたコミュニケーションにより、「ケ」の期間の活動も求められる参加者として「ハレ」の場を共有していることを描いている［今井 2018］。

　さらに、岡部大介『ファンカルチャーのデザイン』では、認知科学の観点からファン文化における実践的な知を考察し、コミケットとも関連するコスプレイヤーや二次創作も対象としている。参加型文化や密漁といったジェンキンズの概念を参照しつつ、フィールドワークから得られた会話から具体的な分析を行い、同人活動やコスプレにおける当事者の知や学習が記述されている［岡部 2021］。

　岡部の研究のように、ファン研究の枠組内でも、イベント当日や同人誌制作のみを捉えるのではなく、日常実践としての同人活動や創作活動を視野に入れたマルチパースペクティブ・アプローチに近い同人文化研究も行われていると言えるだろう。

（4）DIY 的自主制作と消費

　また参加型文化の議論と重なる部分はあるが、原作となるメディ

ア作品を前提とするファン、オーディエンスという枠を離れて、玉川博章や七邊（小林）信重などDIY的・草の根的表現メディアとして同人文化を捉える視点もある。玉川は、コミケットを中心とした同人文化を、参加型文化論的パースペクティブにおいて強調されがちなファンカルチャーに留まらない、より広い観点としてDIY的自主制作物頒布の場の構築という意義を加味した歴史的記述を試み、その特徴を論じた [Tamagawa 2012]。また、七邊も、営利的活動とは異なるクラフトという視点から、同人ゲームを題材に同人文化を分析している [七邊 2013]。また小林（七邊）は、プラットフォーム論に依拠しながら同人ゲームの制作・流通を議論してもいる [Kobayashi（Hichibe）and Koyama 2020]。

この DIY、草の根文化の自主制作物という位置づけで同人文化を論じる見方は、カルチュラル・スタディーズにおける抵抗という枠組みとも共通する。出版社を通さずに、作家が自ら出版をすることは、同人誌やコミケットの根幹でもある。そして、ファンコミュニティ研究において度々指摘されているように、商業主義を嫌う非営利性があり、同人文化内では非営利性が規範化されているともいえる。

ただし、その構図は現代では限界も指摘されよう。自主制作であっても営利を追求するサークル参加者も存在するし、二次創作を見込んだメディア産業側のメディアミックスなどの戦略は、消費様式に同人文化が組み込まれているとも見なせる。そもそも同人文化は、特定作品のファンカルチャーであると定義すると、それは原作の「消費」の一環となってしまう。

青少年の文化行動を消費社会化の観点から論じている中西新太郎は、やおいやコミケットにも言及している。彼は、情報環境の変化から「これまでは見つけにくく集まりにくかった「仲間」を全国的な規

模で見つけられる」ようになったとして、全体から見たら少数だが
数十万人いるマンガファンが集う場所としてコミケットを例示し、
「たとえ学校では自分一人しかマンガを描く趣味を持っていなかっ
たとしても、そうやって集まることが可能になった」とする［中西
2004］。さらに、中西は70年代末から80年代にかけ青少年向け消費
文化が進んだと論じ、「コミックマーケットがアマチュアのみならず
プロも参加するイベントであることはよく知られており、同人誌作
家がプロへの道を歩む例も少なくなかったから、消費文化の商業主
義が文化行動を制約するという観念よりも、市場の拡大が表現機会
を広げるという関係理解の方が実感的には通りやすい」と指摘する。
さらに、「例えば、コミックマーケットは、その組織も参加する同人
誌の大多数も「市場外」の文化としてあるが、同時に印刷市場等々、
巨大なイベントを可能にする種々のマーケットとかかわっている」
として、商業的な側面と無関係ではないことを指摘している［中西
2012］。

　消費概念からサブカルチャーの分析をする貞包英之は、コミケッ
トにおいて「参加者」が「消費者」や「客」となり巨大な市場へと変化
した歴史をまとめ、初期に「プロ」と「アマ」という構図の否定を理
想としたコミケットが、正規の市場では手に入らない商品を購入で
きる場所として消費社会のサブシステムとなったと指摘する［貞包
2021］。

　また、永田大輔は、同人文化に代表される「二次創作」が「消費」と
して論じられることについての分析を行った。本来「生産」である筈
の二次創作が、なぜ「消費」とされるのかという問題提起から、二次
創作を巡る日本国内の学説と消費概念を検討している［永田 2022］。

　このように若者文化を消費社会から考察すると、同人文化は、消

費社会化の中で、商業的なエンターテイメントメディアの下位の「市場」として拡大したといえよう。それは、アニメ・マンガ等のメディアミックス戦略の一端を担うものでもあり、その点から批判的な議論もなされている。

大塚英志は『シン・モノガタリ・ショウヒ・ロン——歴史・陰謀・労働・疎外』において、インターネットのCGM（消費者生成メディア）での投稿をユーザーの無償労働と捉えている。同様の指摘は欧米でも議論されているが、彼は、メディアミックスと呼ばれるように、日本のマンガ・アニメ・ゲーム・アイドル文化ではファン活動をエコサイクルとして取り込むことが前提となっているとしている。その「創造的参加」は同人誌周辺に成立し、それが拡張したと捉えており、その上で、楽観的なジェンキンズへの批判をしている［大塚2021］。

(5) 経済的視点やプラットフォームとしての即売会・印刷所

実際に、ビジネスの観点から同人文化を経済・市場（マーケット）として捉える向きもある。ニュースでコミケットは一日に数十万人という参加者の多さが言及されることも多く、どれくらいの金が動くのかという興味が湧くのは当然かもしれない。実際に、矢野経済研究所はオタク市場の市場規模推計調査を実施しており、その中には同人誌も含まれている[*8]。いわば、商業的なマンガ市場の外にあるもう一つの市場として同人文化を発見するような感覚であろう。

経済的な側面からの研究もなされている。それらは単に、ある程度の市場規模があることに終始するのではなく、商業出版の外側で資本に縛られない創作活動が行われていることを指摘し、同人文化を多様性にみちた作品や作家涵養の場と見なす。例えば、樺島榮一郎は、ミクロ経済学の視点で、日本における個人制作コンテンツの

拡大を音楽、ゲーム、出版から考察する中で、同人誌を事例として検討し、個人制作コンテンツをメディアの産業構造の変化と結びつけ論じている［樺島 2009］。また出口弘はコンテンツ産業の多様性を強調し、マンガ産業における多様性の事例として同人誌即売会を捉えている。その中で、非営利を掲げる主催団体が法人組織を持つことにもふれ、「実際、同人文化は社会運動としての側面と社会組織としての二面性を持つ。このような会社は同人活動というボトムアップな運動体を支援する NPO ともいえる。ただし、そのミッションはいわゆる社会的課題の解決ではない。そのミッションは敢えて言うならば表現の自由と文化的多様性を前提とし、それぞれの価値軸に従って開かれた知の構造の中で物語を生み出す、あるいは生み出すことを支援すること」と指摘する［出口 2009］。

　同人文化が語られる際には、同人誌などその表現活動と頒布ないし購入に着目がなされることが多い。これまでに触れた研究もしかりであるが、先述の中西の指摘のように、同人文化には印刷所などその活動を支える様々なプレイヤーが関係している。例えば、飯塚邦彦は、同人誌印刷所に焦点を当てた研究を行っている。飯塚は同人印刷所を同人文化のインフラと捉え、同人誌業界の拡大の中で印刷所がどのような役割を果たしたのかを分析した［飯塚 2016a, 2016b］。さらに、同人誌印刷所を巡る歴史的研究と関連づけながら、1970年代におけるミニコミと同人誌との関係についても議論をしている［飯塚 2017］。また、堀口は DTP や印刷技術についての論考の中で、同人誌印刷所を取り上げ、DTP やデータ入稿についての変化を紹介している［堀口 2021］。

　なお、同人誌即売会に関しては、その主催がファンによるボランティアであることも特徴のひとつである。コミックマーケット準備

会の組織やスタッフに焦点を当てた研究としては、ファンが頒布の場を作り上げる行為であることに着目し、コミケットの経緯を描いた玉川博章や、コミティアのスタッフを対象とした調査を行ったヴィニットポン・ルジラットがある［玉川 2007; ヴィニットポン 2011］*9。

そして、参加者や印刷所、出版社などの調整を図るのがイベント主催者の役割でもある。そこに着目し、稗島武はコンフリクトが生じた際の外部との調整に焦点を当て、コミックマーケット準備会の機能を分析した。その上で、準備会においては、その初期の理念が堅持されるのではなく、イベントの継続が目的化し、企業参加を認めていくなど、外部との折衝・調整のために理念を柔軟に変化させていることを指摘した上で、研究者が自身の視点から「抵抗」や「反権威主義」などといった意味をサブカルチャーに付与してしまうことへの警鐘を鳴らしている［稗島 2003］。

コミケットでは「理念と目的」がコミックマーケット準備会から発表されている。それが参加者の規範を作り出し、同人文化に大きな影響を与えていると考えられる*10。その歴史的分析を試みたのが、岡安英俊と三崎尚人である［岡安・三崎 2011］。

なお、コミケットでは、サークル参加者、スタッフ参加者、企業参加者、一般参加者（サークルでもスタッフでも企業でもない来場者）と区分をした上で、全てを「参加者」とし、「お客様」が存在しない、皆が主体的に作り上げるという概念化を行っている。ただし、玉川も指摘するように、これら参加者の区分は固定的属性ではなく、一人の「参加者」が「サークル参加者」であり「スタッフ参加者」であることもありうる。いわば、その時々のイベント内での役割を示すラベルが「○○参加者」である［玉川 2007］。ただし、学術研究者も関与し30周年、35周年、40周年と3回実施されたコミケットの周年記念ア

ンケート調査でも「サークル参加者」「スタッフ参加者」という区分を前提として、参加者区分ごとに調査を実施している。そして、研究者もこの「○○参加者」を相互に独立した集団概念と捉えがちである。いわば、研究者による議論も既存概念を自明とし、それに則り同人文化の実践を捉えがちといえる。この観点からは、同人文化が作り上げてきた慣習、概念を自明視せずに検討していく姿勢も求められよう。

(6) 多様なアプローチと多様な同人文化

このように同人文化に関する研究を概観したことで分かるように、様々な立場から同人文化の研究が可能である。複数の研究を比べてみれば、同様の立場では同じような部分を取り上げ事例として論じ、立場が違えば他の同じような部分を事例として論じる傾向に気がつくだろう。例えば、密漁的オーディエンスの抵抗に重きを置けば二次創作を焦点化し、経済的観点からは市場規模や自由な市場の可能性を取り上げる。よく言えば、多様性を持つ同人文化は、様々な学問分野からアプローチが可能である。

ただし、これへの批判もあろう。それぞれの立場から、コミケットの理念なり、二次創作の読み替え（「密漁」）なり、経済・文化産業的意義を分析すべく、事例として同人文化を取り扱う。それぞれの研究者が見ている同人文化は同じではなく、個々に別の部分を見ている可能性もある。言ってしまえば、個別の研究者（の立場）にとって都合のよい事例選択が可能ということである。

しかし、このような批判が可能であるからこそ、本書のような論文集に複数論者が多様な立場からの議論をまとめることに意義があると考える。

池田太臣は、ファン研究が多様な視点から行われてきたことを論じた上で、以下のように述べる。

　　重要なことは、ファン研究には多様なアプローチがあり、ひとつを選択することによって、他の選択肢が退けられているという事実を自覚することであろう。今回は3つのパターンしか紹介できていないが、様々なアプローチがある中で、自分はどの立場に立っているのか、そして同時に何を切り捨てているのかを意識しておくことが重要である。それが、過去のファン研究のアプローチパターンを知ることの意義である。　　［池田2012］

　事例の選択や依拠する視点、アプローチは個々の研究者にとって多様であり、その恣意性を完全に否定することは難しいといえよう。わたしたちは、多様な事例選択とアプローチが可能であることを意識した上で、研究を読み進めなければならない。
　個々の立場、研究者からの視点はどうしても限定的となる。だからこそ、複数論者による論考を一冊に集めることで、多視点、多事例による多様性の提示を試みる意義があるのではないだろうか。同人文化に関する研究の積み重ねはあるとはいえ、十分とは言い難い。まずは、様々なアプローチ・視点がありうることを本書では提示し、それを比較しつつ総体的に同人文化の理解を深めることを本書の目的として据えたいと思う。

3. 本書の内容

　では、本書の各章の内容を簡単に紹介しよう。
　第1章では玉川博章が中小規模の同人誌即売会に焦点を当てる。

同人文化において中心的な存在である同人誌即売会がどのように運営されているのかを考察する。それに際し、コミケットへの言及が目立つ現状への批判から、地方や首都圏の中小規模同人誌即売会の主催団体にインタビュー調査を実施し、中小規模の同人誌即売会の機能や、主催団体の中心スタッフがどのような意識を持ち運営に当たっているのかを解明する。本章は既存研究ではあまり取り上げられてこなかった部分に焦点を当てることで同人文化の多様性を示すとともに、続く各章とも関連する即売会への理解を促すことを企図している。

　続く第2章では、ヴィニットポン・ルジラット（石川ルジラット）が、スタッフ参加者についての論考を行う。ヴィニットポンはコミティアのスタッフとしての参与観察から、同人誌即売会を運営するスタッフの活動の仕方や意識を考察する。第1章の議論の対象が、主に代表者・責任者など中心的役割を負うスタッフであったのに対して、一般的なボランティアスタッフの観点から、同人誌即売会スタッフの営為を取り上げている。また、スタッフが同人誌の購入や制作・頒布を行うこともあり、具体的な事例から参加者にとっての即売会の経験のあり方を考察している。

　第3章では、小林（七邊）信重が、同人文化において作品制作を行い即売等で頒布をするサークル側の研究を行う。マンガではなく、ゲームや画像データを創作する同人ソフトというジャンルに絞り、サークル側の動機や交流に関して、アンケートやインタビュー調査を基に分析を進める。さらにゲーム・インディーズゲームを巡る環境変化を踏まえ、同人ソフトジャンルのサークルの2010年代の変化を解き明かしている。序章で取り上げたように、先行研究でも扱われることの多い非営利の表現活動としてのサークルのあり方を、具

体的な調査により分析し、その時代的変化を論じた研究であるといえる。

　飯塚邦彦による第4章は、1980〜90年代における同人誌即売会と印刷所の関係を歴史的に分析することで、同人誌印刷所がサークルが共通利用するプラットフォームとなっていった過程を描く。同人文化に関わる歴史研究を積み重ねてきた飯塚は、本章ではプラットフォーム論の議論を援用しながら、印刷所がクローズドなプラットフォームからオープン化した過程を文献資料やインタビュー調査により検討する。本章により、同人文化における即売会と印刷所の関係性や、他章の分析も含め、現在では当然と見なされているオープンプラットフォーム的な役割の分化が理解できるだろう。

　第5章では、杉山怜美がコロナ禍における同人文化を検討する。これまでの章はコロナ以前に実施された調査に基づいており、主にコロナ以前の同人文化を対象としている。コロナ禍は同人文化に大きな影響を与えたが、それを検討すべく、コロナ禍におけるイベント参加についてアンケート調査プロジェクトに参加していた杉山に執筆陣に加わってもらった。コロナ禍における同人誌即売会の開催状況・オンライン化の動向をまとめ、さらにアンケート調査から、参加者がコロナ禍でどのような要因で同人文化へ参加、ないし参加しなかったのかを分析し、同人誌即売会に求められる機能の変化を検討する。コロナ禍という大きな変化を分析対象に据えたのみならず、同人文化における即売会概念の再検討にまで至り、コロナ前後の同人文化を比較検討する示唆を与えてくれる。

　これら5章の論考に加え、付録として、本書の執筆者である小林と玉川が関わっていたコミケットにおける周年調査プロジェクトのアンケート結果を最後に収録している。これまでコミックマーケッ

ト準備会の発行物や調査報告書にて結果が掲載されてはいたものの、一般に流通するものではなかったため、この機に関係者の同意・協力の下で単純集計と簡単な分析を行った。本書では、同人文化の中心的存在であるコミケットについて正面から議論する章はないが、サークル参加者とスタッフ参加者の量的分析をこの付録で提示したいと思う。

　このように本書の各章は、同人誌即売会の主催団体、スタッフ参加者、サークル参加者、同人誌印刷所、コロナ禍での主に一般参加者と、分析対象はそれぞれ異なる。また、それぞれが依拠するディシプリンや視座は異なり、インタビュー調査を利用した執筆者が多いものの、参与観察、統計調査、資料に基づく歴史研究も組み合わせ、その手法も様々である。だが、その内容は互いに重なる部分もあり、そこから導き出される同人文化のあり方の共通点を読み取ることもできる。もちろん、個々の論者の主張全てが整合するわけでなく、同人文化の捉え方や分析対象から生じる差異もある。だが、そのような違いも意識しつつ、本書を通読することで、様々な対象、様々な視点・アプローチから同人文化のあり方が理解できるだろう。

注
＊１　同人文化においてコミックマーケットの略称は「コミケット」や「コミケ」とされることが多いが、本書では固有名詞・イベント名としてのコミックマーケットを「コミケット」の略称で表記する（インタビューや引用部分は除く。また、本書のサブタイトルでは一般社会での知名度を考慮して、例外的に「コミケ」を使用した）。開催回を付した「コミケット100」などについては、慣例に従い「C100」などと表記する。なお、同人文化内で、同人誌即売会を示す一般名詞として「コミケ」が利用される場合もあるが、本書では一般名詞として「コミケ」は使用せず、「同人誌即売

会」という表記を基本とする。

* 2　ミニコミと本稿で扱う同人誌（コミック同人誌）との関係性については、ZINE の歴史をまとめる中でミニコミやコミック同人誌を横断して紹介しているばるぼら・野中モモや、飯塚邦彦が論じている［ばるぼら・野中 2017; 飯塚 2017］。当事者そして研究者の意識では両者は別種とされているものの、一定の共通点も有していることを飯塚は指摘しており、両者の関係については今後の研究課題といえるだろう。

* 3　同人文化の歴史については、全てを網羅する通史はないが、阿島俊、玉川博章、ばるぼら・野中モモ、国里コクリ［阿島 2004; Tamagawa 2012; ばるぼら・野中 2017; 国里 2022（同人誌）］、コミックマーケットについては、準備会による『コミックマーケット 40 周年史』［コミックマーケット準備会編 2015］などが参考になる。なお、コミケット以前のコミック同人誌については、『COM』の特集「全国まんが同人誌」が詳しい［峠ほか 1968］。

* 4　本稿で述べてきたとおり、「同人」という語は、趣味を同じくする集団であり「サークル」のことである。そのため、会誌としての同人誌はその意を継いでいるが、本来は同人が自主制作であることを意味するわけではない。そもそも、コミケットの参加単位もサークルとなっているが、一人しか構成員のいない「個人サークル」も多く、同人文化内では元々の意味とは変わってきている。なお、この名称については、コミティアの代表であった中村が「ひとりでやっているのに「同人」という言葉は日本語としておかしいという疑問があった。だから“同人”という表記をやめたい」という考えから生まれたのが「自主制作漫画誌」という言葉だったんですけど、いまいち浸透しないまま現在に至ってしまった」と語っているが［ばるぼら・野中 2017］、現実的には「同人」が元の意味を捨て、自主制作で非商業流通のマンガを指す語として利用されるに至ったといえる。

* 5　同人誌即売会では、冊子体の同人誌、ゲームや音楽などの同人ソフトだけでなく、イラストを印刷したポストカード、アクリルスタンド、抱き枕、カレンダーなどのグッズも頒布されている。

* 6　池田太臣は欧米のファン研究をレビューした上で、解釈共同体や階層化の観点からファン集団内の相互作用に着目し、集合体としてのファンを

概念化する第1期、個人としてのファンに着目し個人の動機や快楽の分析を行う第2期、そしてインターネットにおいてプロデューサーとファンが収斂した「プロデュセイジ」の時代の第3期に整理をしている［池田 2012］。先にも挙げたジェンキンズは、第1期の中心的存在であるが、第3期においても「メディアコンバージェンス」として、その変化を分析し、影響力を有しているといえる。つまり、ジェンキンズは欧米におけるファン研究に大きな影響を与え、現在ではその視座をひきつぎながら、ないしそれへの批判的立場から分析が行われている。

＊7 やおいやBL（ボーイズラブ）研究の文脈においては、商業誌とならび同人誌がその涵養の場となったことから、同人文化を視野にいれた研究が多い。その中で、このレビューでは、同人としての創作表現やその担い手に重きをおいた研究を中心に紹介する。

＊8 参考までにその金額を紹介すると、コロナ禍前の2019年度で855億円とされている［矢野経済研究所 2021］。

＊9 コミケットに関しては、準備会が学術研究者との共同調査を定期的に実施している。本書の一部の著者も関与しているが、コミケットの周年記念として、コミックマーケット準備会と学術研究チームとの合同調査が、30周年、35周年、40周年と3回実施されている。一般参加者、サークル参加者、スタッフ参加者に対する質問紙調査を中心とし、基礎的なデータはコミックマーケット準備会から発表されている。なお、本調査の結果の一部は本書の第3章の小林論のほか、付録の「コミックマーケット35・40周年調査報告」にも掲載している。

＊10 コミケットの「理念と目的」は、コミケットの創設母体である「迷宮」を代表し亜庭じゅんが執筆した「マニア運動体論」に影響を受けている。同人文化の分析を主眼としてはいないが、その「マニア運動体論」と同時代のマンガ状況についての分析を金泰龍がおこなっており、コミケットが誕生した背景を知るのに参考となる［金 2017］。

参考文献

阿島俊 2004『漫画同人誌エトセトラ '82–'98——状況論とレビューで読むオタク史』久保書店

東園子　2013「紙の手ごたえ――女性たちの同人活動におけるメディアの機能分化」『マス・コミュニケーション研究』83（0）

東園子　2015『宝塚・やおい、愛の読み替え――女性とポピュラーカルチャーの社会学』新曜社

飯塚邦彦　2016a「コミック同人誌印刷所の成立――創作漫画文化の側から」『成蹊大学文学部紀要』51

飯塚邦彦　2016b「インフラ整備から見た同人誌即売会・同人文化の成長」小山昌宏・玉川博章・小池隆太編『マンガ研究13講』水声社

飯塚邦彦　2017「ミニコミとコミック同人誌――その共通点と相違点から見えるもの」『成蹊大学文学部紀要』52

池田太臣　2012「共同体、個人そしてプロデュセイジ」『甲南女子大学研究紀要　人間科学編』49

石川優　2007「二次創作における可能性――マンガ同人誌を中心として」『表現文化』2

石川優　2017a「「やおい」における物語の生成――物語世界と筋という視点から」『マンガ研究』23

石川優　2017b「関係性のテクスト――「やおい」における生成の動態性」『表現文化』10

石田喜美　2007「「読者コミュニティ」の構築――同人誌コミュニティについての語りの分析から」『読書科学』50（3・4）

井手口彰典　2012『同人音楽とその周辺――新世紀の振源をめぐる技術・制度・概念』青弓社

井手口彰典　2012「コミケットの「ジャンルコード一覧」に見る同人音楽コミュニティの成立過程」コンテンツ文化史学会『コンテンツ文化史研究』7

今井信治　2018『オタク文化と宗教の臨界――情報・消費・場所をめぐる宗教社会学的研究』晃洋書房

ヴィニットポン・ルジラット　2011「メディア融合社会におけるトランス・パーティシパントの台頭――日本のコミックイベント・スタッフのケーススタディ」『情報学研究・学環　東京大学大学院情報学環紀要』81

大澤真幸　1995『電子メディア論』新曜社

大塚英志　2021『シン・モノガタリ・ショウヒ・ロン――歴史・陰謀・労働・疎

外』星海社

大戸朋子・伊藤泰信 2010「同一嗜好の女子たちをめぐるメディア・表象・実践」『九州人類学会報』37

大戸朋子・伊藤泰信 2019「二次創作コミュニティにおける「愛」をめぐる闘争と調停」『コンタクト・ゾーン』11

岡部大介 2021『ファンカルチャーのデザイン』共立出版

岡安英俊・三崎尚人 2011「コミックマーケットにおける理念の変遷と機能——成長と継続を可能にしたプラットフォーム」『コンテンツ文化史研究』6

樺島榮一郎 2009「個人制作コンテンツの興隆とコンテンツ産業の進化理論」出口弘・田中秀幸・小山友介編『コンテンツ産業論』東京大学出版会

金田淳子 2007「マンガ同人誌——解釈共同体のポリティクス」佐藤健二・吉見俊哉編『文化の社会学』有斐閣

河原優子 2020「二次創作文化の集団論的検討」『京都社会学年報 KJS』28

金泰龍 2017「「マンガ世代」の少女マンガ言説の形成と変遷——『COM』から「迷宮」まで」『マンガ研究』23

国里コクリ 2022『同人誌即売会クロニクル 1975-2022』よつばの。

小林義寛 1996「from Folk to Filk ——「密漁的文化」あるいは草の根の創造的活動の可能性へ向けて」『生活学論叢』1

コミックマーケット準備会編 2015『コミックマーケット 40 周年史』有限会社コミケット

貞包英之 2021『サブカルチャーを消費する——20 世紀日本における漫画・アニメの歴史社会学』玉川大学出版部

椎野庸一 2014「1980 年代のコミックマーケットカタログにおけるカップリング表記の変遷（BL・やおい）」『マンガ研究』20

瀬尾祐一 2020「ファンカルチャーの理論」永田大輔・松永伸太朗編『アニメの社会学』ナカニシヤ出版

玉川博章・名藤多香子・小林義寛・岡井崇之・東園子・辻泉 2007『それぞれのファン研究』風塵社

玉川博章 2007「ファンダムの場を創るということ——コミックマーケットのスタッフ活動」玉川博章・名藤多香子・小林義寛・岡井崇之・東園子・辻泉『それぞれのファン研究』風塵社

出口弘 2009「絵物語空間の進化と深化」出口弘・田中秀幸・小山友介編『コンテンツ産業論』東京大学出版会

峠あかね・石森章太郎・佐藤まさあき・編集部 1968「全国まんが同人誌」『COM』4月号、虫プロ商事

永田大輔 2022「「二次創作」はいかなる意味で「消費」であるのか――大塚英志の消費論を中心に」『日本研究』65

中西新太郎 2004『若者たちに何が起こっているのか』花伝社

中西新太郎 2012『「問題」としての青少年』大月書店

名藤多香子 2007「「二次創作」活動とそのネットワークについて」玉川博章・名藤多香子・小林義寛・岡井崇之・東園子・辻泉『それぞれのファン研究』風塵社

ばるぼら・野中モモ 2017『日本のZINEについて知ってることすべて』誠文堂新光社

稗島武 2003「コミックマーケットの行方――ある「文化運動」に見る理念と現実の関係についての考察」『比較社会文化研究』14

七邊信重 2013「ゲーム産業成長の鍵としての自主制作文化」東京工業大学大学院社会理工学研究科2013年度博士論文

堀口剛 2021「プリントメディアの技術史――DTPとドキュメントの生産をめぐって」伊藤守編『ポストメディア・セオリーズ』ミネルヴァ書房

矢野経済研究所 2021「「オタク」市場に関する調査を実施（2021年）」（https://www.yano.co.jp/press-release/show/press_id/2836）（2022年9月1日閲覧）

Jenkins, Henry, 1992, *Textual Poachers: Television Fans & Participatory Culture*, Routledge

Jenkins, Henry, 2006, *Convergence Culture: Where Old and New Media Collide*, NYU Press（＝渡部宏樹・北村紗衣・阿部康人訳、2021『コンバージェンス・カルチャー』晶文社）

Kinsella, Sharon, 1998, "Japanese Subculture in the 1990s: Otaku and the Amateur Manga Movement", *The Journal of Japanese Studies*, 24（2）

Kinsella, Sharon, 2000, *Adult Manga*, University of Hawaii Press

Kobayashi（Hichibe）, Nobushige and Yuhsuke Koyama, 2020, "The Early History of the Hobbyist Production Field of Video Games and its Impacts on the

Establishment of Japan's Video Game Industries", *Replaying Japan Journal*, 2: 73-82

Lamerichs, Nicolle, 2013, "The cultural dynamic of doujinshi and cosplay: Local anime fandom in Japan, USA and Europe", *Participations*, 10（1）

Noppe, Nele, 2010, "Dōjinshi research as a site of opportunity for manga studies", *Comics Worlds and the World of Comics: Towards Scholarship on a Global Scale*, International Manga Research Center, Kyoto Seika University（＝2010「同人誌研究に見出せるマンガ研究の可能性」ジャクリーヌ・ベルント編『世界のコミックスとコミックスの世界――グローバルなマンガ研究の可能性を開くために』京都精華大学国際マンガ研究センター）

Noppe, Nele, 2014, *The Cultural Economy of Fanwork in Japan: Dōjinshi Exchange as a Hybrid Economy of Open Source Cultural Goods*（学位請求論文）

Tamagawa, Hiroaki, 2012, "Comic Market as Space for Self-Expression in Otaku Culture", *Fandom Unbound: Otaku Culture in a Connected World*, Yale University Press（＝2014「コミックマーケット――オタク文化の表現空間」辻泉・岡部大介・伊藤瑞子編『オタク的想像力のリミット』筑摩書房）

中小規模即売会からみる同人文化
主催団体代表・運営スタッフへのインタビューから見えてくるもの

玉川博章

1. はじめに

　「同人」「同人誌」「同人誌即売会」といった語を目にしたとき、どのようなイメージが思い浮かぶだろうか。多くはアニメ、マンガの二次創作や性的表現を含む同人誌や同人ソフト、また、それらが頒布されるコミックマーケット（コミケット）などを想起するのではないか。テレビやネットのニュースでも取り上げられコミケットは同人誌即売会を代表する存在といえるだろう。同人誌といえばコミケットというイメージがあると思われる。

　だが、他にも数多くの同人誌即売会が存在する。コミックシティやコミティアなど数万人を集める比較的大規模なものもあれば、小さな会議室で開催される数百人規模のイベントまで様々である。実際に、複数のイベントに参加してみればわかるが、その雰囲気も多様である。そうならば、同人誌即売会には1日に約20万人（コロナ禍以前）が参加するコミケットと数百人程度のイベントがあるということになり、それらを同様に扱うことができるのだろうか。

　そして、同人文化を構成するプレイヤーも多様である。その大小様々な同人誌即売会の中ではイベントを運営するスタッフ参加者、

出展するサークル参加者、そして購入等を目的に来場する一般参加者が存在する。それぞれに役割が異なり、それぞれの行動や意識も異なるだろう。それらを「参加者」としてまとめる言説がコミケットでなされ、ともに同人誌即売会を作り上げ「参加」する構成要素として理念化されている。さらに、サークル参加者の同人誌制作を補助する同人誌印刷所、企業出展するアニメ・マンガ・ゲーム関連の企業参加者、イベント運営に欠かせない会場やレンタル業者やケータリング等の飲食企業なども、同人文化に関係している。

つまり、一口に「同人」や同人文化といっても様々な人々・要素からなり、多様な理解、解釈、分析が可能であろう。同人誌を作る側なのか買う側なのか、それとも同人誌即売会を運営する側なのかによって、その見える景色や行動原理も異なるはずだ。さらに、参加するイベントの規模により、それが異なるのは当然だろう。

本章では、まず本書の全体的な前提知識の共有も兼ね同人文化の多様な側面を提示する。様々な人々が様々な立場で関わり構成される同人文化の多様性を確認し、既存言説では漏れていた部分、特に中小規模の同人誌即売会に焦点を当てたいと思う。そうすることで、同人文化の定義と多様性を確認するとともに、これまで研究がほぼされてこなかった小規模なイベントを分析対象とした新たな研究視座を提示したい。

2. 同人イベント関連の先行研究

本章では、同人誌即売会というイベントのあり方に焦点を当て、そのイベント運営をする中心的スタッフ（代表者や関与歴の長い幹部のコアスタッフ）についての分析を中心とする。序章でも同人文化を対象とした研究を概観してきたが、その対象は同人誌の二次創作と

いう性格であったり、作り手に関連する研究が多く、主催者やスタッフについての研究は限定的である。少ない中から運営側に焦点を当てた研究を紹介すると、稗島武は、コミケットの内と外を調整する機能に着目し主催者としてのコミックマーケット準備会を分析した［稗島2003］。また、玉川博章も、コミケットを中心に、二次創作などサークルが中心であった研究から視点を変え、表現の場としてのイベントを作る運動としてのコミックマーケット準備会と、そこから生まれた自主的な同人誌流通の場を考察した［玉川2014］。さらに、ヴィニットポン・ルジラットは、コミティアにスタッフとして参加することで参与観察を行っている（本書第2章参照）。このように、少数ではあるが、コミケットやコミティアについて研究が存在する。

　ここで本章の立ち位置を明確にすべく確認したいのが、本章では中小規模のイベントに焦点を当てることである。主催者やスタッフ参加者に関する研究においてはコミケットとコミティアに関する研究はあるが、他の小規模な同人誌即売会に関する研究はない。さらに、同人文化全体の研究に広げて考えても、首都圏の大規模イベントが中心であり、コミケットやコミティア以外のイベントについて具体的に研究されることも少なかった。

　ただし、中小規模イベントを視野に入れた研究や調査も皆無ではない。例えば、地方の同人誌即売会に焦点を当てた修士論文は管見の限り二つ存在する。一つ目は、坂本かおり「地方同人誌即売会におけるコミュニケーションの研究」［坂本2007］であり、坂本は大規模即売会と小規模即売会の差異を説明した上で、地方の小規模即売会における美術創作・発表の意義を検討するものの、定量調査などを行ったわけではなく自己の経験がベースとなった記述となっている。また、金石明日香「人・コンテンツ・地域社会を結ぶアニメ・まんが

イベントの提案——同人誌即売会を基点として」［金石 2015］では、地方におけるアニメ・まんがイベントの役割を考察すべく、同人誌即売会などの事例をフィールドワークした上で、自らが交流と展示の機能に重きを置いたイベントを開催し考察している。金石は、長崎の同人誌即売会では同人誌頒布ではなくグッズやアクセサリー頒布やコミュニケーションが中心であり、大規模即売会と地方の小規模即売会がもつ性格が大きく異なることを指摘している。

　また、学術文献ではないが、独立行政法人日本芸術文化振興会の調査報告書『我が国のマンガ・アニメーション分野における自主制作活動等に関する実態調査　報告書』は2018年に開催された日本全国の同人誌即売会を調査し概況をまとめている。その中では地方各地の多数のイベントがリストアップされ、関係者へのインタビューでは、地方の同人誌即売会が苦境にあることが示唆されている。ただし、地方の同人誌即売会については限定的な調査しかされていない［独立行政法人日本芸術文化振興会・非営利活動法人知的資源イニシアティブ 2019］。

　この状況を鑑みれば、中小規模のイベントが多数存在するにもかかわらず、同人文化の既存研究が、アニメ・マンガ・ゲームのファンが二次創作をし、「大量の同人誌が頒布される」コミケットというイメージに縛られていたといえるだろう。本章では、そのイメージが同人文化の全てではなく、一端に過ぎないことを、中小規模の同人誌即売会に焦点を当てることで示していきたい。

（1）同人文化外の視座——小規模イベントを扱うための関連分野の研究

　ここで同人文化から少し視野を広くとって、地方における文化活動や非営利の小規模な文化活動を考えるための研究を振り返ってみ

たいと思う。

　地方の文化活動については伝統芸能に関する研究はあるが、本章で同人文化と対照して考えたいのは近代的な商業的文化活動も成立しつつ、そこから逃れた活動も行われている分野、具体的には、演劇や音楽などに関する研究である。音楽ではプロミュージシャンがいる一方で、インディーズバンドや趣味での吹奏楽やコーラスなどの活動も存在する［宮入 2008］。演劇も、商業演劇と小劇場が併存する。佐藤は、小劇場演劇の商業化を文化生産論の立場から論じた。小劇場はチケット代として入場料を取る興行であるが、現実的には「儲からない」興行であり役者などの負担ありきで成り立つ構造である。立ち上げ直後の小規模劇団は、生活の手段というよりは表現の場として機能する。しかし、1980年代以降、小劇場ブームにより観客大量動員戦略をとることで、会場や外部スタッフ、舞台装置にかかるコストを確保すべく劇団の経済規模の拡大を果たしたとする［佐藤 1999］。このような音楽のインディーズや小劇場劇団は、営利を追求するわけでもなく、構成員もその活動から生計を維持する収入を得てはおらず、産業から離れた文化活動として研究がされてきた。

　また、シリアスレジャーという議論が近年されている。以前は、余暇活動は非営利で消費的側面を持つという構図が当たり前のものとされてきたが、ロバート・ステビンスがシリアスレジャーという概念を提唱し、プロフェッショナルのようにその活動で生計を立ててはいないが、専門的な知識やスキルを必要とし、本人にとって余暇というよりはアイデンティティの一部となるような真剣な活動を考察している。余暇と労働という区分から外れたアマチュアの活動を捉えるためにシリアスレジャーという概念は有効であり、同人文化に関しても、同人誌の制作や同人誌即売会の運営は専門性をもち、

その概念に適合すると考えられる［宮入・杉山編 2021; 杉山 2019］。

　シリアスレジャーという切り口以外にも、自主的文化活動、草の根文化活動に関する研究はなされてきた。例えば宮入編『発表会文化論』は「発表会文化」というキーワードで、様々な草の根のインディーズ活動を分析した。習い事や軽音部などの部活、合唱サークル、そして公募展やライブハウスまで幅広い分野を対象とした論考が集められている［宮入編 2015］。また地方の文化活動という視点で考えれば、各地の伝統芸能や映画祭、市民劇団などの市民活動も、これら「発表会文化」に類するものと考えられるだろう。そして、同人誌文化は、アマチュア文化活動であり、自らが制作したものを発表し、頒布する活動という、一種の発表会文化でもあるといえるだろう。

　このように、シリアスレジャー、草の根、インディーズ、発表会とキーワードは様々であるものの、商業的な文化産業だけでなく、趣味としての文化活動についての研究がなされている。

　ここで本章における分析軸として、個人の趣味と社会との関係性について、「趣味の社会化」という観点を導入したい。塩見は、個人の趣味の庭園鉄道がボランティアスタッフとともに公開された桜谷軽便鉄道を事例として、「社会化」という観点から考察を行った[*1]。この事例は、元々、個人の趣味として作られた庭園鉄道が、一般へ公開され、ボランティアスタッフと供に、来場者を乗客として乗せたり、運転させる活動にまで発展したものである。製作者が一人で作った個人の趣味が、他者と協力した運営体制をととのえ、一般の人のレジャーのために提供されることで一般へと開かれ、社会化した過程を、ボランティアスタッフ等へのインタビューから分析している［塩見 2019］。

　このような非商業的文化活動を巡る議論を踏まえると、これまで

によくなされてきたファン研究によるアニメ・マンガの受容者・ファンによる文化活動という側面よりも大きな視点で、マンガ等を中心とする自主制作の文化活動、文化表現として、いわばプロフェッショナルもアマチュアも関係ない創作の場として、同人文化を考えていくべきなのではないだろうか。先に述べた非商業的文化活動の研究事例は、小劇場のように商業的活動と地続きであったり、社会化し拡大したりすることで、一個人の趣味という概念でくくれるものではない。同人文化も、プロのマンガ家とアマチュアが同じ空間に机を並べ、そしてその同人誌即売会の運営は非商業的なボランティアに担われることが多く、類似性が見いだせる。

(2) 本章での視座・問題提起

　前項の議論も踏まえ、本章では、同人誌即売会を焦点化する。コミケットをめぐる外部からの視線は、ファンによる二次創作の場であり、大量の同人誌が売買されているといういわば「巨大な市場」とみなすものが目立つ。確かにコミックマーケットは数万サークルによる「巨大な市場」であり、その端緒から「マーケット」として「市場」の機能を切り出したことが特徴である。だが、それは決して経済的目的のみにより成立しているわけではない。例えば、参加者が数百人規模となる地方に視線を向ければ、そのような巨大な市場としての即売会というイメージは霧散してしまう。そこでの同人活動は、経済的視点のみにより説明されるものではないだろう。

　さらに、草の根＝非マス、ないし草の根＝非商業という軸は現在ではもはや成立しない。むしろ、同人誌即売会内でもマスとインディーズが同居し混在した場として、同人文化をいかに捉えるのかが現在の研究に求められている。その視点を持った「クラフト」という

概念を導入した小林の研究を引き継ぎつつも［七邊 2013］、より詳しく検討するなら、「巨大な市場」たり得ない小規模なイベントへの着目の必要があるだろう。

　その意味で、自身も含めて既存の同人文化研究の反省でもあるが、コミケットに集中する既存の「同人誌即売会」のイメージを是正すべく、「巨大な」市場とは見なすことが難しい即売会を紹介・分析することを試みたい。

　また、地方の即売会にも視野を広げることで、市民の文化活動としての側面も含め同人文化を捉えたい。発表会文化における公共ホールとの関係性を論じる氏原茂将は、「芸術創造の場」と「発表会の場」という相対する理想から語られる公共ホールは自主興行よりも住民や興行主への貸館によって、つまり「発表会の場」としての利用により支えられているとした［氏原 2015］。同人誌即売会も、公共ホールの会議室や公共施設であるコンベンションホールを借りることが多く、市民の文化活動のために貸館を利用する点で同様であり、合唱や演劇など発表会文化と同様の住民・市民の文化活動と捉えられるだろう。その観点からは、各地で開催される小規模な同人誌即売会への目配りが必要であろう。

　前項で見たような趣味・レジャーにまつわる研究を補助線に、同人誌即売会主催とはどのような活動なのかを考えたい。同人誌即売会主催は、趣味でありシリアスレジャーといえるのではないだろうか。さらにこの活動には、一般的な生活では経験しないであろう会場を借りイベントを開催するという専門的な経済的活動という側面もある。さらに、塩見が考察した趣味の社会化の一例でもあるだろう。不特定多数が参加するイベントを開催する社会化された行為である。もちろん、桜谷軽便鉄道と同人誌即売会主催とは異なる側面

もあるが、それについて具体的に検討をしたい。

　具体的な調査としては、コミケット以外の比較的規模の小さい即売会主催者にインタビューを行い、巨大な市場として機能し得ない即売会のあり方を探る。また、前述の報告書で指摘されていた地方即売会の困難な状況は同報告書では具体的な調査もされていないため、本研究ではインタビューから、主催者が同人誌即売会を如何なる場にすべく開催し、その維持をどのように考えているのかを検討したい。

3. 全国の多様なイベント

　具体的分析の最初に、比較的名前の知られているコミケット以外の中小規模の同人誌即売会について、どのようなイベントがあり、日本全国でどれくらいの規模なのかを紹介したい[*2]。

　そのために、本章では、2020年に発表された『我が国のマンガ・アニメーション分野における自主制作活動等に関する実態調査報告書』の掲載データを利用する。この調査は、これまで公的文化支援が行われてこなかった自主制作文化活動について、カトゥーン、同人誌、インディペンデント・アニメーションの3分野の現状把握を試みるべく、独立行政法人日本芸術文化振興会により実施された。調査では同人活動を行うサークル数や頒布規模の推定を行っているが、その一環として2018年に日本国内で開催された同人誌即売会の把握を試み、リストを掲載している。複数のネット資料から整理された同年開催のイベントがリスト化されているが、報告書では開催イベント総数を把握が目的であり、その詳しい分析は掲載されていない［独立行政法人日本芸術文化振興会・非営利活動法人知的資源イニシアティブ 2019］。

そこで、本章ではそのリストのデータを再分析し、全国に広がる同人誌即売会の量的理解を試みる。なお、同報告書はマンガの自主創作活動への支援を念頭に置いているため、対象としているイベントはマンガを中心に扱う即売会のみであり、マンガを中心的に扱わないと想定される音楽系のイベント（いわゆる同人音楽）や文芸系のイベントは含まれていない。ただし、同人音楽や文芸も同人文化には含まれると考えられるため、実際に「同人」という枠組みで考える際には、この数値よりもう少し大きくなると考えられる。

　同報告書では、2018年に開催された漫画系同人誌即売会を以下のように集計している。

- イベント内イベント等含む全ての同人誌即売会開催数：2,432
- イベント内イベント等を控除した同人誌即売会開催数：644

　なお、この数値については説明が必要と思われるので補足するが、複数日開催のイベントは1日ごとに1イベントと換算しており、例えば3日開催のイベントは3と計上されている。また「イベント内イベント」とは、1つのイベントの中で特定のジャンルを集めイベント名を変えて開催されるもので、会場や入口、そして入場チケットやカタログも同一であり、実質一体化したものである。また、会場を共同で借りるなどして複数のイベントが同一会場で運営される「併催イベント」もある。この場合でも、主催団体は異なるが、カタログ等は共同で作成したりし実質的には一体化したイベント内イベントに近いものもあれば、カタログが別個に用意され入場も別という独立した形式など、そのシステムは様々であり、厳密に区分ができるわけではない。同報告書では、これらイベント内イベントと併催イベントを併せて「イベント内イベント等」としており、これらの総計が2,432となっている。同一会場である程度一体として開催されてい

るものをまとめてカウントした場合でも、644イベントとなった。このように毎週どこかでイベントが開催されていることがわかる。

　これらイベントに参加した延べサークル数は、約32.4万サークルと推計された。ただし、公表されているサークル参加数を鑑みると、夏冬のコミケだけでこの5分の1を占める計算となり、コミケの比重の高さがわかる。また、日本全国で2018年に漫画系同人誌即売会に参加したサークル数（ユニーク）は、7.5万サークルと計算されている。そして、これらイベントへの年間総参加者数は、約372.5万人と推計されている。なお、公表されている同年の夏冬のコミケ参加者数が150万近くとなっているため、コミケが4割を占めるほどとなり、サークル以上に参加者ベースでみると、コミケットへの集中度が高いことがわかる。

　ここまでは2018年の漫画系同人誌即売会の全体的な概況を紹介してきたが、ここで地方への広がりを確認すべく、都道府県別の開催数を見てみたい。表①は、同報告書に掲載されているリストから、都道府県と開催日のデータを筆者が再集計し、都道府県別にイベント数をまとめ、さらに月ごとにイベント内イベント等を含むイベント開催数を表示した。

　表①をみればわかるように、イベント内イベント等を控除した数値で見ると、1都3県で300イベントと首都圏に約半数が集中している。他にある程度集中しているのは、関西（京都・大阪・兵庫で59イベント）であり、大都市圏に集中している事実は否定できない。

　ただし、他の地方にも同人誌即売会は存在する。単にイベント数の多寡だけでなく、コンスタントに開催されていることが、その場所での同人文化の活動が定常的に行われているとの判断基準と考え、漫画系同人誌即売会が開催されている月数をみたい。各都道府県で

表① 都道府県別イベント数

	合計(親イベントのみ)	合計(併催イベント含む)	1月	2月	3月	4月	5月	6月	7月	8月	9月	10月	11月	12月
北海道	41	118	2	18	5	15	14	5	25	4	15	7	1	7
青森県	6	14			1				1	9			1	1
岩手県	11	11		2	1		1	1	2		1		1	2
宮城県	11	63	10		13		13	13	10		1	1	2	
秋田県	1	1											1	
山形県	10	17		1	1		2		1	9		1		2
福島県	7	13	4			1		1	1	4	1	1		
茨城県	2	2			1							1		
栃木県	—	—												
群馬県	3	3			1				1		1			
埼玉県	21	37	2	3	5	1	6	1	3		6	3	6	1
千葉県	4	20				6	1	13						
東京都	219	1181	73	128	93	101	152	76	58	105	148	95	107	45
神奈川県	56	94	2	14	7	8	2	14	4		8	7	27	1
新潟県	8	14	1		1	1	6		2	1		1		
富山県	2	2			1				1					
石川県	9	28		4	1	5			7	8	1			2
福井県	2	2					1							1
山梨県	8	8	1		1			2				2	1	1
長野県	6	6		1				1	1		2		1	
岐阜県	2	3					2					1		
静岡県	16	24		1	1	3	2		4		3	5	4	1
愛知県	24	138	14	15	19	9	10	20	21	17	3	5	2	3
三重県	5	6			2	1			1		1	1		
滋賀県	1	1					1							
京都府	19	39		17	1	1		8	1				9	2
大阪府	31	227	13	14	9	27	15	25	18	18	27	24	37	
兵庫県	9	10	1	2	1	1		2			1	1		1
奈良県	1	1						1						
和歌山県	—	—												
鳥取県	—	—												
島根県	6	6			1			1		1	1		1	
岡山県	8	16	1		1	6	1		3			3		1
広島県	17	62		8	5		13	2	5	10	7	4	7	1
山口県	1	6		6										
徳島県	2	2							1					1
香川県	6	13	1		1				7			3	1	
愛媛県	5	12			1	2			7				2	
高知県	7	9	1		1				1	2		1	3	
福岡県	27	114	5	3	20	1	12	23	2	18	7	16	1	6
佐賀県	1	8	8											
長崎県	8	23			10	1	8	1	1	1				1
熊本県	2	10								10				
大分県	4	11			1			1		8				1
宮崎県	4	11	1			9						1		
鹿児島県	6	18	7			1				9		1		
沖縄県	5	28	5					7		8		8		
総計	644	2432	152	237	206	200	271	217	200	225	234	193	215	82

分析すると、年に6ヶ月以上開催されている府県は、首都圏の1都3県、関西（京都・大阪・兵庫）そして愛知の3大都市圏をはじめとして、北海道・広島・福岡、宮城、新潟、石川、静岡、岡山、岩手、山形、福島、島根、高知、長崎となった。

　北海道・福岡は毎月コンスタントに開催され、宮城、新潟、石川、静岡、岡山、広島といった各地方の中心となる政令市では1〜2ヶ月に一度は必ず開催されていたことがわかる。着目すべきは、岩手（8ヶ月）、山形（7ヶ月）、福島（7ヶ月）、島根（6ヶ月）、高知（6ヶ月）、長崎（7ヶ月）と、政令市をもたずとも活発な県もあることだろう。なお、栃木、和歌山、鳥取は開催がなかったが、残りの都道府県では同人誌即売会が開催されており、ほぼ全国的に広がっている。

　全国に同人誌即売会が広がっていることを確認したが、簡単に具体例を挙げていきたい。数量データからもわかるように、首都圏と関西圏に多くが集中し、北海道、新潟、石川、広島、岡山、福岡などの地方主要都市での開催数も多い。これら東京以外で開催されるイベント名を見ていくと、「コミックライブ」「おでかけライブ」という名称が多く登場する。これはスタジオYOU（株式会社メウメディア）が全国各地で開催しているものである。なお、コミケットをはじめ非営利を理念として掲げる同人誌即売会が歴史的には主流であったことから、営利法人が開催するイベントのことを「企業系イベント」、非営利のイベントを「独立系イベント」と同人文化では呼称することもある。この企業系イベントの代表例が、前述のスタジオYOUと、現在は首都圏や関西、福岡でコミックシティを開催する赤ブーブー通信社である。大都市圏で大規模イベントを開催する赤ブーブー通信社に対して、スタジオYOUは地方都市での小規模なイベント開催を行い、多地域で多数の開催をしていることが特徴である。

さらに、同一主催団体が、様々な名称の同人誌即売会を開催する
事例もある。首都圏を中心に様々なジャンルの中小規模イベントを
開催しているぷにケット準備会やコミック同人イベントフォーラム
（2021年活動休止）、九州や中国四国の各地で同人誌即売会を開催す
る合同祭実行委員会などがある。これらは特定作品を愛好するサー
クルが参加するオンリーイベントと呼ばれる形式であるが、複数の
ジャンルのオンリーイベントを同一団体が主催している。

　また、札幌、新潟、岡山など各地域の中核都市では、その土地の主
催者による即売会がある。札幌では2005年にスタートしたElysian、
新潟では1983年に第1回を開催したガタケット、岡山では1987年
から活動する岡山コミックイベント連合のぷちすげぇコミックバト
ルが古くからの同人誌即売会である。

　さらに、地方都市、具体的には岩手各都市、山形各都市、長崎、高
知、島根などにも、その土地に根付いた地元の主催者による独立系
のイベントが存在する。具体例を挙げると、島根では花鳥風月、長崎
では気分は上々が定期的に開催されている。岩手では滝沢市でイワ
ケット、奥州市にCRUSH!、大船渡市にポケットマニア☆と複数都
市にイベントがある。同人誌即売会が開催される月が岩手（8ヶ月）、
島根（6ヶ月）、長崎（7ヶ月）と多いのは、これら地元に根付いた即売
会が定期開催されているからである。

　なお、このような各地方のイベントは同人誌即売会の歴史の初期
から存在する。1975年にコミケットが始まると同人誌頒布を中心と
するスタイルが広がり、1970年代から各地で同人誌即売会が開催さ
れた。名前を挙げると、東京のコミケットと並んで名古屋のコミッ
クカーニバル（コミカ）、大阪のコミックバザール（コミール）などが
当時開催されていた。

その後の1980年代の状況がわかる資料として、C30のカタログ（1986年8月開催）に掲載された阿素湖素子による「全国同人誌即売会リスト」を取り上げたい。本記事は「ほぼ定期的に開催されていると思われる即売会のうち、特定キャラのファン集会的即売会を除き」リストアップされた119即売会を紹介している。具体的には42都道府県、83市町に同人誌即売会が確認できたとする。もちろん「今回リストアップした即売会の他にも各地で小さな即売会がたくさんあるようですが、直前に地元の書店　口コミで情報が入る類のもので、こちらでは把握しきれませんでした」という注意書きのよ

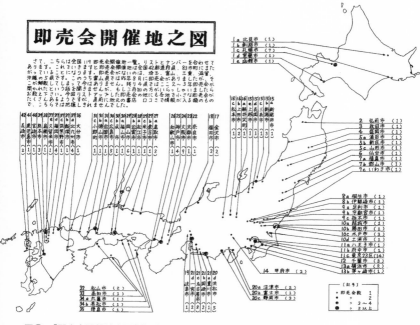

図①　「即売会開催地之図」［阿素湖 1986］

うに、現在のようにインターネットもなく、地元の参加者が中心となる地方イベントは告知を遠隔地にする必要性も低いことから、全てが網羅されているわけではない。だが、分布を見ると、図①のように、東名阪（首都圏、関西圏も含む）に加えて、北海道、静岡、新潟、福岡などで数が多いことがうかがえる［阿素湖 1986］。2018年のデータと比較すると、大都市圏や中核都市に集中しているというイメージは現在とそう変わらない。

　このように全国各地で同人誌即売会が開催されているが、その役割はどのようなものなのだろうか。以後の分析を進める前提として、前出の芸文振報告書を参照したい。地方で小規模同人誌即売会を開催しているスタジオ YOU の山崎暁はインタビューで以下のように語っている。少々長いが引用する。

　　1989 年頃から「おでかけライブ」として全国各地を回り始めました。東京の作家の面白い同人誌を地方の方にも読んでもらいたいとの思いで、地方都市に同人誌を持ち込んで開催しました。最初は読書会形式の立ち読みでしたが、当時は今ほど書店委託や通信販売が無く販売を望む声が多かったので委託販売を実施したところ、各地で受け入れられました。〔……〕
　　各地で個人の方も即売会を開催していましたが、地方で受け入れられたのは、東京からの新刊を心待ちにしている参加者が多かったからだと思います。
　　委託とサークルの直接頒布を比べると、委託で我々が持ち込んでいる本も同じくらい売れています。私たちの委託販売は、サークルがイベントで販売する価格と同様でしたので、書店が受け取る委託マージンがなく買いやすかったのかもしれません。

札幌、宮城、東京、名古屋、広島、福岡、沖縄くらいだと本の販売数としては直接参加サークルと同じくらいの比率だと思いますが、他地域では委託持込のほうが量は多くなっていると思います。多い時で 120 種くらいは持ち込みます。

　一方、弊社の委託販売では扱わないグッズを扱うサークルが地方では多くなっています。

［独立行政法人日本芸術文化振興会・非営利活動法人知的資源イニシアティブ 2019］

　このように、スタジオ YOU は 30 年以上前から東京のように同人誌が買える場として地方へ同人誌即売会を展開し、地域によっては地元の参加サークルより主催者が持ち込む委託分が多いことさえあると説明している。全国展開するスタジオ YOU の同人誌即売会は、このような店舗に代わる流通網としての「市」の開催という側面の一方で、その土地から参加するサークルがサークルブースを埋めている。しかし、この引用で注意すべきは、そのサークル参加者による創作活動は量的には限定的であり、マンガではなくスタジオ YOU が扱わないグッズが目立ち、地元でのマンガ創作が衰退していると示唆されていることであろう。

　同人誌即売会は多様な役割を果たしており、参加者によって求める機能も異なる。特に地方の同人誌即売会は主にその地域で同人誌を制作しているサークルがサークル参加する。その観点では、地方における自主制作物の発表・頒布の場としての機能が第一義に考えられる。また、大都市圏への移動がし難い地方在住の中高生等にとって、近くで開催される即売会は参加しやすく、芸文振報告書や坂本が指摘したように身近で参加のハードルが低い中小規模の即売会

は同人文化の入口とみなせる［坂本 2007; 独立行政法人日本芸術文化振興会・非営利活動法人知的資源イニシアティブ 2019］。しかし、同人誌を購入したい一般参加者にとっては、一般書店にない同人誌を購入する場所であり、スタジオ YOU の事例のように、他地域の同人誌が持ち込まれ購入できる市場としての機能も有している。さらに、サークル参加者、一般参加者、コスプレイヤーなどマンガやアニメファンが集まる場として、コミュニケーションの場としても機能している[*3]。

　このような多様な機能、役割があることを簡単に確認した上で、分析にあたり大都市圏と地方都市という対比をしていきたいと思う。多数の、そして多様な同人誌即売会が存在するが、その規模やテーマ等によって、その役割や機能も変化することが予測される。各地の同人誌即売会を紹介したが、大都市圏では大規模なオールジャンルイベントが存在し、さらに中小規模のオンリーイベントもある。一方、地方都市では参加者が少ないこともありテーマを絞ったオンリーイベントでは規模が確保しにくいこともあって、オールジャンルイベントとなっていることが多い。スタジオ YOU のインタビューにあったように、地方都市のオールジャンルイベントは大都市圏のイベントとは大きく異なる役割を負っていることは明確であり、それを実際の活動やインタビューから検討していく。

　以下ではさらに具体的に同人誌即売会のあり方を論じていきたい。本章では、これまで研究対象となってきた大規模な同人誌即売会ではなく、地方ないし大都市圏でもオンリーイベントなど比較的小規模のイベントに焦点を当てる。特にその主催者へのインタビューから芸文振報告書の指摘を掘り下げるとともに、小規模イベントを運営していくことはどのような文化的活動なのかを探りたい。

（1）同人誌即売会主催の流れ

　同人誌即売会主催についての分析を進めていくが、同人誌即売会の主催といっても、どのようなことをしているのか多くの読者がわからないだろう。そのため、インタビューを理解するのに必要なイベント構造の知識を簡単にここで説明したい*4。

　まず同人誌即売会主催団体の組織形態であるが、1人で全てを行うことは不可能であるため複数人が集まって作業を行う。それら運営業務を担う人を「スタッフ」と同人文化では呼ぶ。そして、そのスタッフの集合体をイベント主催者（主催団体）とみなすことが多い。その「○○準備会」などと名付けられた主催団体を詳しく見てみると、組織形態は様々であり、登記をしていない任意団体であることもあれば、株式会社等の法人や、代表が個人で行っていることもある（もちろん1人では運営不可能なため他にスタッフが手伝う形となる）。また、代表や中心的な人物以外のスタッフのあり方も様々である。スタッフが無給のボランティアであることもあれば、社員・アルバイトとして有給の雇用関係を有する場合もある。

　主催団体はどのような作業を行っているのだろうか。主催団体が目的とするのは同人誌即売会ないし付随するコスプレイベント等の場の提供である。そのために、会場を確保し、会場で必要となる椅子と机などの資材を手配する。さらに、参加者向けの告知をして申込みを集め、集まった申込みに関わる事務作業（申込み情報のデータ化や会場での配置決定、カタログなどの制作、参加者への案内）を行う。そして当日のイベント運営を行う。一般参加者として同人誌即売会に行くだけであれば、事前に開催を知り当日に行くのみであるが、主催団体は当日だけでなく長期間の事前準備が必要となる。そのため、当日だけのスタッフもいれば、事前準備にも参加するスタッフもお

り、代表者や中心的なスタッフは恒常的に同人誌即売会に関わる作業を担う。

　例えば、花鳥風月は「イベントの開き方」という同人誌即売会開催についての解説をウェブサイトで公開し、その中で標準的なイベント開催スケジュールを説明している。イベント開催1年前に会場予約を行い準備がスタートし、1ヶ月前から準備が本格化する（花鳥風月「花鳥風月の進行表」http://kacho.ne.jp/event-26.htm を参照）。なお花鳥風月は年6回開催のため、各回の本格化した事前準備が1ヶ月であっても、計6ヶ月は準備に追われていることになる。これはあくまで一例であるが、同人誌即売会主催団体において事前事務を担当し中心的に活動する人にとっては、同人文化への関わりも「日常」的なものとなりうるといえよう。

(2) 資金の流れ

　このような同人誌即売会の運営を収入や支出というお金の面からも考えてみたい。

　同人誌即売会は、主催者が会場を所有はせず文化施設や展示場などを借りて開催されることが通例であり、サークルが利用する机や椅子もレンタルされる（もちろんレンタルではなく購入する備品や消耗品もある）。他に参加者への配布資料やカタログの制作費等、そして送料などの通信費などの事務費用も必要である。また、即売会開催のために事務所を用意し、事務スタッフを雇用すれば、当然それらの費用も発生する。一方で、当日運営に関わるスタッフはボランティアのことも多く、その場合は運営に関わる人件費は抑えられる傾向にある。ただし、スタッフ以外に警備会社に警備を依頼する場合には、その費用も必要となる。コミケットでは規模拡大により会場

警備のための警備費用が計上されており、いわばボランティアスタッフにより賄えない部分の人件費といえるだろう。

　収入は、多くは参加者が支払うことにより生じ、サークル参加費とカタログ代（ないし入場料）、そして企業ブースがあればその出展料が挙げられる。また参加者以外からの間接的な収入としてはカタログ等に広告を入れる場合の広告費などもある。

　以上のような事情を踏まえ一般化すると収支項目は以下のようになるだろう。

○支出
　　会場費用／レンタル費用（机・椅子・その他備品）／備品・資材等購入費／スタッフ人件費・警備等外注費（ボランティアスタッフのみであれば不要）／カタログ・ポスター・チラシ等の制作費・印刷費／事務所賃料（自宅等であれば不要）／常駐事務スタッフ人件費（ボランティアスタッフのみであれば不要）

○収入
　　サークル参加費／企業参加費（出展料）／一般参加費（入場料）／カタログ販売費／広告・協賛金

　この収入と支出の差額が、イベントの収支となるが、赤字となる場合は主催者がその赤字分を補塡することになる。

　なお、コミケットは当初、イベントの収支を公開しており、それを一例として紹介をしたい［コミックマーケット準備会 1996］*5。1975年に開催された最初のコミケットの収支決算は翌1976年に発行されたコミケットレポートに記載されている。図②のように「会場費」が

図② 第1回コミケットの収支決算

過半数を占め、後は「連絡費」「諸雑費」とあるが、チラシ等の制作費や通信費、事務的費用が多くを占める。「ティールーム準備費」は、同人誌即売会に付随する企画であることを考えると、同人誌即売会部分の費用はほぼ会場費と通信費、事務的コストであったと言える。そして、参加費収入が6,600円と少ないこともあり、収支のバランスが取れず、赤字となったと推察される。その後もコミケットは収支報告を行っていたが、そこから推察すると、規模拡大に伴い予算規模も大きくなり、会場費、印刷費、通信費、交通費などに加えて椅子机のリース費、警備員代などが支出項目に並ぶ一方で、収入はサークルの参加費とカタログ代から構成され、サークル参加費だけでは収支が合わないために、カタログでその不足分を補塡する構造となっていく。なお、収支報告は1980年代後半にはなされなくなるが、1989年に参加費を値上げするにあたり、収支決算について触れてい

る。それによれば、前回、前々回、次回の経費、入金が重なり個別に収支は出ないと説明している。つまり、開催を継続的に行う組織体となり、長い支払いサイトでの入出金が行われ、さらに恒常的な事務組織を持つことで固定的な経費が発生していることが、この説明の背景にあると思われる（もちろん、これら恒常的な経費も各回に割り付け収支は計算可能だが、そこを明確にはしていない）。その上で、C37の収支概算を提示している。支出は会場費3,200万円、レンタル費1,000万円、警備費400万円、清掃費300万円、備品200万円、その他400万円、収入はサークル参加費5,500万円、各種販売利益300万円、企業関係協賛金200万円となっており、原則的に会場費やレンタル費用などの主要経費をほぼカバーできるようにサークル参加費を設定していることがわかる。

　収支についてコミケットの事例をみてきたが、あくまでこれは一例である。コミケットは（コロナ禍以前は）一般参加の入場料を徴収していないためサークル参加費が収入の主体となっていたが、他のイベントでは一般参加の入場料（入場チケット代わりであればカタログ代）が収入の中で一定の割合を占めることもある。また支出については、定期的な開催をすると事務量も増加し、事務職員を雇ったり、作業場所の確保のため事務所を確保したりする主催団体もある。法人組織としたり、専従事務員を雇ったり、事務所を賃貸契約したりすれば、定期的な支出が発生し、それを考慮に入れた長期的な「経営」が同人誌即売会主催には求められると考えられる（赤字垂れ流しをよしとしない前提であるが、この問題については後の分析で検討する）。

4. インタビュー調査

　同人誌即売会についての考察を進めるにあたり、筆者が実施した

インタビュー調査を利用し、より具体的に同人誌即売会の実像を分析したいと思う。インタビュー調査は以下のように、同人誌即売会主催団体の代表、ないしそれに近い中心的スタッフを対象に、同人誌即売会をどのように主催し、どのような意識をもって活動しているのかを聞いた。

○ 実施概要

　　対象者：大都市圏（3大都市圏）のオンリーイベントないし、大都市圏以外の地方の同人誌即売会主催者（代表ないし責任者クラスのコアスタッフ）（規模としては2000スペース以下）

　　対象者数：15名（男性9名、女性6名）（1回で2名参加もあるためインタビュー回数としては11回）

　　実施時期：2019年10月〜2020年2月

　　手法：半構造化インタビュー（90〜200分程度）

　以下では、インタビュー調査の一部を利用し、同人誌即売会の運営体制やどのように同人誌即売会を作り上げているのかを明らかにしたいと思う。

（1）運営体制

　まず、同人誌即売会の主催団体はどのような規模で、どのように運営されているのであろうか。表②は、インタビュー協力者が関与する主催団体の情報をまとめたものである（複数イベントの運営に携わる対象者については1つに絞れないため割愛）。イベント規模（参加サークル数で判断できる）やスタッフ参加者数、事前の事務作業などの準備を担当する人数も様々である。

表② インタビュー協力者が参加する主催団体（実施時の情報）

対象者	規模（サークルスペース数）	地　域	ジャンル	スタッフ全体人数	事前準備担当者数
A	160〜170	地方都市（政令市）	オールジャンル	約20	1
C	50〜100	3大都市圏	オンリー	約20〜25	1
D	1000〜1500	3大都市圏	オンリー	約20	4
G	50〜100	地方都市	オールジャンル	約20	4〜5
F	1500〜2000	3大都市圏	オンリー	約150	4（ただし会場調整や資金繰りは代表のみ）
I	150〜200	地方都市（政令市）	オンリー	10〜15	10
N	40〜60	地方都市	オールジャンル	約20	5〜6

　サークル数が増加しイベントが大きくなるほどスタッフも増加するのは当然と考えられるが、1000スペース以上の規模でも、100スペース程度の小規模イベントと同様の20人のスタッフで運営している団体もあり、少数精鋭での運営も可能であると考えられる。また、事前準備・事務については代表一人で全てを行うか、中心的なスタッフ数名を含めて行う体制が多い。サークルの配置や案内やカタログの作成・送付、イベントの準備という事前準備・事務と当日運営は作業内容も異なり、そこに関わる人的規模も異なることがうかがえる。

　なお、事前準備・事務も当日運営業務もどちらもマニュアル化・ルーチン化が可能である。例えば、特に当日運営業務は、あるイベントで活動するスタッフが他イベントに参加することも多く、同人誌即売会間でのスタッフ共通化といえる現象が起きている。

　――なるほど。そこら辺〔同地域のイベント〕とはスタッフはある程度被ってるって感じですね。

　M：そうですね。ある程度は被ってますね。

　――わかりました。ちなみにその中において、先ほどもちょっとお

話がありましたけど、なんとなくその技術の伝承というか、そういうものが共有化されてるっていうそういうイメージ？

M：そうですね。技術とかあとノウハウとかですね。あとおっきいのは、修正基準とかですね。

このようにスタッフは複数イベントに関わりノウハウの共有ができている。なお「修正基準」とは性表現に関してこれ以上はサークルに対して修正を要求するという基準であり、それが統一されていることで、イベントが異なっても同様の表現規制が実現できていることを意味している。つまり、当日運営業務にかかわるスキルを持った人材がこの地域では確保され、当日だけ手伝うスタッフもすぐ作業が可能なのである。

また、基本的にやるべき事前準備・事務作業にイベントごとで大差はない。

——主催の人によって色の差とかやり方の違いとかって出てくるもんなんですか？

F：ある程度は出てきますね。ただ、私がイベントやって、逆にあの何でしょうか、組織化じゃないですけどテンプレとかが半分うちと、〇〇〔都市名〕のイベントの事務方の関係で固定されたので、その二人が関わってるところ、その人が固まってるところはだいたい固定されます。やり方が。

——ああ。

F：はい。だいたいこういうテンプレートでっていうので、もう逆に毎年毎年開催できるようにっていうので、ちょっとタスク化されてるようなイメージが最近ありますね。

——それはもういわゆるタスクをマニュアル化してあって……。

F：そうです。最低ここは一緒にやらなきゃいけない、やらなきゃ
いけないものはこれですっていうので。あとは、ちょこちょこ
と個人個人でやりたいその企画とか個別個別に立てて、追加し
てるような感じだとは思います。色っていうところがちょっと
読めないんですけど、やり方はそんな感じであとはもうほんと
主催が何したいかを言ってそれに合わせてみんなが頑張るかぁ
っていってる感じですね。

　このように事務作業を関係の近い団体と共通化しマニュアル化を
しつつ、そのイベントごとの企画を織り込むことで差別化をしてい
る。
　なお、複数イベントの事務に関与する調査対象者もおり、事務作
業が得意な人間が担当することで、事務の共同化を図る動きもうか
がえた。実際に調査協力を得られた中でも、複数イベントの共同開
催や事前準備を担い、なかば同人誌即売会運営の共通プラットフォ
ーム化を目論む団体が2つあった。そのよう体制を組む団体は、複
数名義のイベントに関与し、同時に企画、サークル参加受付、資材準
備などを行っており、事前事務やイベント開催を単独の同人誌即売
会として切り分けることが難しい印象も受けた。
　以下は、そのような複数イベントの事務作業を担当し年10回程度
のイベントに関与する対象者の発言である。事務作業が多いと述べ
ながらも、一日の作業時間は1時間程度であり効率化をはかってい
る。

——ご自身の生活の中において、このスタッフというかその主催関

連業務──業務というと違いますね──の作業ってのは、どれぐらいのウェイトなんですかね？　その物理的な意味で。

E：やってるときは、まあ、基本、日に１時間あるかないかだと思ってるわけです。もうルーチンワークだと思ってるので僕は。休日にまとめて配置とかはありますけども、配置以外って基本的にサークルさんの個別の問い合わせ、入金してるかどうかチェックとかなんで。まあ、朝パパっとやってしまって、終わりかなみたいな。

──なるほど。そんなにいっぱい時間を食うような感じではないということですね。

E：そんなことではないです。ただ、それができない人はすごく多いんですね。あの、事務ができない人、苦手な人は、毎日何かを決められた時間を決められたときにやるっていうのが苦手な人が多いので、そうなると僕はそれは負担に特に感じないので、まあそういう意味だと強みなのかなと思います。

このように自らが事務に向いているとした上で、事務の合理化を説明した。

E：事務のところだと正直、言いましたけどシステム化して組んでるので。かなり楽はさせてもらってると。他のところであると、作り上げるにあたって当然ものすごい労力をかけてますけども。あのメールを送りましょうと。メールを何個かテンプレとか作ってあって〔それに流し込むので手間はかからない〕。

──まあ。

E：もうデータ流し込んで配置やるんで間違いないよね。で、その

申込みのデータの吐き出すCSVとか参照するので、カタログの配置も間違いないよねと。結構それで楽をしてるってところありますね。で、僕は苦手なのはやっぱり当日苦手ですね、一番。だからこの始まるまではすごく僕好きなんですけど、始まってからもうものすごくテンションこう下がることあるんですけど。

このように事前準備・事務を中心とするスタッフは、トラブル対応などが発生する当日よりも、事前準備を得意と意識し、当日よりも多くの時間を事前準備・事務に使いながらも効率化を進め、イベント運営を支えることを目指していた。

なお、今回のインタビュー対象者の中には同人誌即売会主催によって生計を立てているものはいなかった。そのため、代表ないし中心的スタッフではあるが、ボランティアスタッフという位置づけであることに変わりはない。

(2) 適正規模

芸文振の調査やインタビュー調査対象のイベントをみても、同人誌即売会の規模は、数十サークルから数万規模まで様々である。代表は、自らのイベントの規模をどのように考えているのだろうか。

F：200〔サークルスペース数〕までだったら一人で事務方は回せますっていうのはよく思います。200を超えると一人では無理ですって。

――なるほど。そういった意味で言うと200ぐらいが。

F：そうですね。事前で、一人で、知ってる人が一人で頑張れるのが200ぐらいまでかなと思います。

――あの100から300ぐらいまでは、企業としては成立しないってお
　話もありましたけども。

D：はい。その数では企業としては成り立たないと思います。主催
　者と参加者が、お互いの顔を見てやりとりできる、趣味の交流
　会として成り立つ数だと思います。

――今のお話ですと数十から500ぐらいまでのイベントやられてい
　るわけですけども、その中において、やりやすいというか適正と
　いうかいろいろあるかもしれませんけど、それが運営しやすいで
　もいいですし、なんか主催としてでもいいですけども、適正規模
　とかそういったのあります？

E：多分ですけど、100前後が一番楽ですよ。楽だとは思います。そ
　うですね。100サークルぐらいだと一般参加者5掛けの500人ぐ
　らい。〔……〕サークル参加に対しての5掛けから6掛けぐらいが
　一般参加者だと思っているので。そうなると500人から600人
　ぐらいだと、まあいうて500人600人ぐらいだったらコントロ
　ールできるかなと思いますし、なんかあったとしても会場内で
　解決ができるであろう規模です。

　500スペースを超えると本業の片手間では事前準備・事務なども
難しいという指摘もあったが、大枠の認識としては100〜300ス
ペース程度が、代表が一人で運営できるやりやすい規模と考えられて
いた。
　地域や経験したイベントの規模の大小を問わず、多くの対象者が
自分一人である程度会場を把握して運営できるかどうかを、イベン

トの規模感の境目の目安として言及していた。この規模感は、同人誌即売会の雰囲気や性格、そして代表への属人性と大きく関係づけられていた。

　この大規模イベントとは異なる規模感は、イベントの雰囲気に影響し、さらに主催者としての参加者への柔軟な対応の可否とも関係していると言及された。

　例えば、大規模イベントでは申込みの〆切や書類不備にも厳格な対応がされるが小規模イベントなら申込者に連絡を取ったり修正するなどの対応もとれるし、当日も参加者数は限定的なため余裕があり、イベント内で企画も実施できる。

C：あと、だから逆に規模がちっちゃくないとできないのかなぁっていうことは確かに事実ですね。あとは、サークルに人がたくさん来ないので、それほど混雑もしないので、まあ混雑してもあれぐらいなんで、そのスタッフもピリピリしてるわけじゃない。最初にほんとの数分の入場か入場導線がどうのこうのっていうときだけピリピリするかもしれないけど、それ以外はもうずっとほんわかほんわか、ゆっくり楽しもうよっていう風な感じを持っていけるっていうのは、やっぱりちっちゃいイベントだからこそかなぁっていう。あと、もう一つ私の感覚的に、ちっちゃいイベントだからこそできるネタっていうのはたくさんあると思うので。さっきの○○〔同人誌即売会内での企画名〕もそうですけど、コミケだったらできないじゃないですか絶対。

D：〔……〕私個人的には、300ぐらいがなんとなく楽しいし文化祭のノリみたいなのでできる数じゃないかなと思ってるんです。

──なるほど。300ぐらいのときがひとつの、まさに文化祭ってお話ありましたけど、好きな人が集まってみたいに。

D：集まった人たちに対して目も全部届くし、細やかな対応もできる。「申込みすいません遅れました」とか「これサイズ違いましたよ」なんかの対応もできる。数が大きくなるとそういうことは難しくなるので、どうしても事務的になってしまう。作業も、分担分割してやらないと追いつかないっていうこともあるので。

M：〔……〕まあ100から300ぐらいだと思いますね。いわゆる代表が好き勝手できるイベントっていう意味では。やっぱそれ以上になってくると、あの、やりたいけどもこれは厳しいなとかいう制約がどうしても出てきちゃうなぁという印象はありますね。あの関わってくる人も多いですし、相談しないといけないことも増えますし、何よりそれをやってる余裕がないという。

　このように、100〜300スペース程度の規模感が、代表の「目が届き」一人で運営が可能で、イベントの性格を代表が決めコントロール可能と考えられている。この規模を超えると、代表一人での運営が不可能なため「代表が好き勝手」しにくくなるのである。

(3) 個性化

　前項でみたような代表の目が届く範囲の規模感は、同人誌即売会の差異化・個性化と関係していると考えられる。なぜなら、代表がイベントを作り上げるからである。

C：〔……〕自分でアイデア出して運営してって、要するに代表じゃないですか。要するに自分でやらなきゃ始まらないっていう風な気分があったりすることと。あとは、サークル〔申込み〕期間、これ僕ずっとほんと、毎回思ってるんですけど、サークル申込み中は自分のイベントプロデュースして、イベント締め切り後は参加サークルの宣伝本部長やって、当日はみんなの補佐役っていうポジションが、実はこれをずっとこうやりたいなっていう。こうでありたいなっていうのが僕のポリシーなんですね。

B：〔……〕代表が違うとイベントの雰囲気も全く変わっちゃうんで、おもしろいですね。同じジャンルでも、代表代わった瞬間ジャンル、もうイベントの当日の雰囲気全く別のものになるんで。

このように代表が企画をし、同人誌即売会を作り上げる。いわば同人誌即売会自体が、代表による「創作物」ともいえる。では、代表はどのように自身の同人誌即売会を個性化していくのだろうか。第一には、オンリーイベントであればテーマ設定が他との差異となる。

B：同人誌のイベントってやっぱり、代表がそのジャンルの枠を決めて。でその中で、あとはみんながどこまで自由に表現をできるかっていうのをその頑張って作るところだと。中身に関しては、もちろんみなさんがいろんな物を持ってきてくださるんで、それは。なんでこっちはあの、自由度をどれだけ広げてあげられるかだと思うんで。

代表はサークルのように同人誌を作るわけではない。だが、どの

ようなサークルに参加して欲しいか、そのサークルがどのような同人誌を頒布するのかをコントロールできる。サークル募集時にテーマを明示することで、テーマに関係する同人誌を頒布することが必須となる（一冊でもそのテーマに合致すればよく他テーマの同人誌が頒布可能なこともあれば、他テーマの同人誌の頒布を禁止することもある）。Bはテーマを設定した上で、その範囲内で自由に表現してもらう旨を方針としていたが、自由度を上げるのか、それともテーマを狭めてマニアックな同好の士を集めるのかも代表が決定する。

　ただし、このような差異化・個性化が可能なのは大都市圏だからである。同人文化の参加人口が多い都市部では、テーマを限定しても一定のサークル参加者、一般参加者が集まるため、代表が自分の好きな同人誌即売会を立ち上げることが可能となる。そして、コミケットやコミックシティなど、大規模オールジャンルイベントが存在するからこそ、差別化されたオンリーイベントが成立するのである。反射的に推論すれば、人が集まりにくい地方都市では、ジャンルにより分かれるオンリーイベントは参加者数が少なくなりすぎるため困難でオールジャンルイベントとして開催せざるを得ないだろう。

　なお、同人誌即売会の個性化はテーマの設定のみで作られるわけではない。同人即売会終了後に行うアフターイベント、開催時間中に実施する各種企画により差別化ができる。アフターイベントでは抽選会や交流会を実施する。また開催時間中でも、コスプレの可否や、抽選会やトークショーなどを実施し、会場内に参加者を滞留させる企画を実施する即売会もある。それらの有無や内容によって、終了時間まで参加者が残るか否か、参加者間のコミュニケーションの機会が左右され、それが即売会の雰囲気や個性へと影響する。

　このように代表により個々の同人誌即売会の個性が作られていく

が、芸文振報告書でも指摘されていたように、複数の同人誌即売会を一緒に開催することが増えている。一見、イベントの差異化・個性化とは反するようにも考えられるが、主催者はどのように考えているのだろうか。

　　──あと今もお話にありましたけど、いわゆるその併催イベントは最近流行りというか、いろいろやってますけど、どういう風に思われてるというか。なにかあるんですかね他との……単独開催ではなく併催を〔選ぶことには〕。

　Ｅ：併催は２つ考えがあると思うんですけども、単純に会場を押さえていて、予定数に達しそうにないなというのがあらかじめわかっている場合は、まあその会場側の理由が主になるものと。併催はジャンルがまるで被ってないっていうのは、併催は僕は相乗効果はあると思うんですよ。

　──被ってないことがですか？

　Ｅ：被ってないが、まあお祭り感覚みたいな感じになるのかな。縁日ってなんかいろんなもん出てるみたいな感じになるところもあるとは思うんですが。今まで併催したことあるのは、基本、○○〔ジャンル名Ａ〕と△△〔ジャンル名Ｂ〕だったら、○○〔ジャンル名Ａ〕は女の子のアイドル育てようとスクールアイドルなんで親和性も結構〔あり〕、要は参加者被ってることも多くて。で、あっちも気になるけど、こっちも気になるみたいな人がいたりで楽だなと。あとはそうですね。会場借りたときにやっぱり、上のホール余ってるよと。どう？　みたいな感じ。

　──なるほど。

　Ｅ：そうですね。規模感考えて、そろそろやりたい頃だよなってい

うのは考えながらやってます。基本、僕らは春秋にやってますけども。で、年1から年2でやるときに、そろそろこのイベントやりたいよねっていうところを加味しながら、併催をすることはあります。併催のメリットはいろんなお客さん来るよと。まあ、良くも悪くもサークル参加数が、見かけ上合計数は一定数に達するので、イベントとして成功しやすいであろう。単独開催の方はまあ、それが好きで集まる人しかいないので、その空気感っていうのはまたお金ではとても出せないものあるかなとは思います。

　　──やはり、それは単独の方が理想的ではあるんですかね。

　E：そうですね。実際、今、なるべく単独にしましょうという風には言ってます。

　イベントの個性化という観点では単独開催が望ましいが、開催規模が大きくなり多様な参加者が集まること、さらに会場の融通も可能で、大都市圏ではイベント主催者間の横の繋がりや前述の事務作業の共通化によって、併催としたほうが効率的な運営がしやすいこともあるようである。

(4) 代表とスタッフ

　即売会主催団体には代表に加え様々なスタッフがかかわっている。代表と他のスタッフとの関係性はどのようなものなのだろうか。

　先述の通り、事前準備・事務は一人で行うことも可能である。その一方で、事前準備・事務を複数人で協働する団体も存在する。調査範囲内の分析にはなるが、事前準備・事務をほぼ一人で行うパターンは大規模即売会スタッフ経験がある代表に多かった。それは大規模

即売会のスタッフ経験があることで、当日のみ手伝ってくれるスタッフを調達可能で、当日の運営ノウハウも共有されているからだろう。複数人のコアスタッフで事前準備・事務を協働する団体は、独自にスタッフによる運営体制を構築している様子がうかがえた。つまり、他団体とあまり交流がない、ないし地方都市で他に同人誌即売会が存在しないなどの背景が影響していると推察された。

　そして、当日のみのスタッフと事前準備・事務を行う代表やコアスタッフとの大きな差異も語られた。

　M：あと、事務をやる人っていうのはどうしても負担がおっきいので、そこをどうしていくかですよね。何せその普通の、普通のっていうか参加スタッフの人っていうのは、まあ強いて言うと前日の会議とか、まあ強いて言うならその前に1回会議があるかないかで当日来てやるって、3日か2日ぐらいなんですけども。事務スタッフになってくると当然そんなわけにはいかなくて3ヶ月4ヶ月ぐらいずっといろいろ関わるとかっていうお話になってきますし。スキルも結構ですね、カタログの編集だったらカタログの編集スキルが要りますし、その発送、発送をなんかこう詰めたりとかっていうのもありますし、昔だったら、結構人海戦術でそのあんまりスキルがなくても人海戦術でやってる事務って結構あったんですけども……カタログもね。こう切って貼ってっていう話で。今はもう InDesign〔印刷物のレイアウトソフト〕とか使ってやってるんで、もう InDesign 使える人なんて何人いるんだって、そもそも InDesign っていうソフトが高いじゃんみたいな話で。であの事務をするにもやっぱり Excel、Word が使えないととかってなってくると、当然そういうのが

家にあって使える人でってなる。〔……〕

　じゃあ、代表は一人で頑張るっていう基本的なスタンスにはなってしまう。特に、中小イベントだとそういう傾向が強いんですけども。

　このように、事前準備・事務は当日だけでなくある程度の期間作業を担当しなければならないだけでなく、Excel、Word など一般的な事務作業やカタログやポスター作成のための DTP のスキルなどが必要とされる。ある程度の専門的スキルが要求され、敷居が高いといえるだろう。

　では、イベントの中心となる代表の役割はどのようなものなのだろうか。都市部のオンリーイベント代表へのインタビューでは、代表が作りたいイベントを作れば良いという観点が語られた。

　M：そうですね。そこは今そういう話をちらほらとはしてるんですけども、代表交代っていうのも若干考えてはいますけども。やっぱりオンリーイベントっていうのは、さっきのようにコミックマーケットさんはもう場を維持することが目的で、で我々小さいイベントっていうのも、代表がやりたいからやるっていう話をさっきして、〔そう〕なってくると、イベントって結構、代表の属人的なものっていう形になるんですよね。〔そう〕なってきたときに、代表の交代っていうのは、じゃあそれをどう考えるかっていう問題がありまして。スタッフも当然あの代表がやってるイベントだからちょっと手伝ってみようか、やろうかっていう人たちも当然大勢いますので。で、代表が代わるってイベントが変わっちゃうじゃん、じゃあそれってイベントを続け

る意味があるの？　それこそ、そいつが新しく立ち上げ直した方がいいんじゃないのって考える方も結構おられます。ただまあ、○○〔イベント名〕ぐらい大きくなるとやっぱりそういうわけにもいかないっていうのが、イメージもまあ出てきますけども、それこそ100スペ〔ース〕ぐらいのイベントであれば、まあ代表は替えるぐらいだったらもう新しくやり直してもいいんじゃないかなっていう話は前やはり、チラッとは出ますね。

──なるほど。それはやっぱりスタッフだからなんですかね。サークルとか一般って……。

M：まあ多分誰がやってるっていうのは、あんまりそんなにあれではない〔気にしない〕と思うんですよね。ただ代表が代わるとどうしても雰囲気は変わりますので、それを変わったあとで感じとるって部分はあるかもしれないですけども。ただ、スタッフはそういうのを、特にやっぱり運営として長く関わるっていうのでやっぱりそういうのに結構敏感な方が多いイメージはありますね。

　会場に机が並びサークルが参加する同人誌即売会はどれも外形的には同じようにみえるかもしれない。しかし、代表によって同人誌即売会の個性、雰囲気が作られている。代表が交代し、それが変わるのであれば、新しく作れば良いという意見である。サークルなど他の立場や外部から距離のあることは自覚しつつも、代表としての経験をつむことで同人誌即売会はやりたい人がやればいいという考えとなる。

　ただしこれは大都市圏のオンリーイベント代表の発言であり、地方に目を転じると、代替わりや継続性についての考え方は異なって

いた。その地域に他に同人誌即売会が存在しない場合、自らが辞めてしまうとその地域の同人文化が維持できないという危機感から、継続を視野に入れている。

　　――そういう意味でいうと、モチベーションとしては、本当にその場をいかに維持するか。

　G：そうですね。維持するか。なんか、昔いくつも、やっぱり当時盛んなとき、私の学生のころは、本当に月に2回とか、イベンターももう何組もあって、結構多種多様に。やっぱり選択肢もあったから、お客さんも選択できたんですけど、だんだん皆さんがこうやめていかれて、でもやめてく人ってやっぱもっと好きなやりたいことがあるとか、本当苦しいからやめる人もいたかもしれないんですけど、私結局そんな何か違うものに傾けられるような情熱がないままずるずるとやって。でも、ほかの団体さんみたいに、そんなに高い理念があるわけでもなく、なんかやめたらやめたでなんかこの子たちも行くとこないとかわいそうかなって思うのと、なんかもうしんどいみたいなのがずっと25年、ずっとこうせめぎ合ってて、やっと今ちょっと本当愚痴みたいにやめたいが口に出せるようになったのが、本当に最近で、それまではやっぱりそれすらもどこにも言えないしっていう、なんか今めっちゃ愚痴言うんですけどね。

　G：一応ね、ちょっとだけ文化の一端をね、やっぱこう、○○〔都市名〕の中でもこのジャンルの一端を担ってるかなっていうふうには思ってます。だからといって、なんとかして少しでも楽にならないかなって思うんですけどね。

他にも、Aは地方都市でイベントを主催しているが、3〜4回でやりたいことはやってしまい、あとは惰性だと自身の活動を振り返りながらも、それでもなぜ続けているのかを以下のように説明した。

　──そうですね。まあ先ほどモチベーションとしては特にないというお話でしたけど、それはあれですか……やりがいというか何かないんですか？
　Ａ：実はですね。どこまで行っても赤字なんです。
　〔……〕
　Ａ：で、そんなことしなければ、無駄遣いしなければイベントができるだろっていうかもしれませんけど、やっぱりその私の根底のモチベーションっていうのは、やっぱりモチベーションが低下しているものは、お金が儲からないから。
　──うん。
　Ａ：ええ。どんどん赤字だしどんどん出て行くだけだから、やっぱりモチベーションは下がる。でも、何とか維持してるモチベーションの根底は何かっていうと、自分がやっぱり生まれ育った○○〔地域名〕や△△〔都市名〕っていう土地に、やっぱりこの二次的なイベントとして定着させること、やっぱサブカルとして、あのイベントがまだあるじゃんっていう風に言ってもらえるように、やっぱり維持していく。あとそれから、何とか残していくっていうものを、まあ意地としてやってるようなものですね。だからここまで来ると、独りよがりに近い感じかなぁって思います。あと止め時を失っているっていうのもあります。
　──なるほど。

〔……〕

A：ただやっぱり、先ほどのお金の話すれば、要は、限度とかもう限界がそのうち来るわけです。で、それだって、もう間近に感じてるんです。でも、できるうちはやりたい。

なお、今回の調査では収支について質問したが、具体的な金額に言及せずとも過半数の団体が黒字に収めていた。さらに、以下のように黒字にするべきという意見も聞かれた。

M：イベントのですね、基本的に継続するつもりであれば、赤字にするなっていう風に言っており、私もイベントやりたいっていう人に言います。私自身も言われてるところではあるんですけども、どうしても赤字だとこう、なかなか回らない、継続していくのが厳しくなってくる。で、大赤字になっていくと続けられなくなったってイベントもやっぱりいくつかありますので、そういう意味ではやっぱり一定の黒を出さないといけない。
〔……〕

——なるほど。それはあくまで、**スタートとしては非営利だけど結果的にそうなってしまうのは仕方ない**っていう。

M：そう、なりますね。まあ続けられなくなってしまうのでね。続けることを考えるのであれば、まあいずれ営利という。

このような発言も踏まえると、Aが限界を感じる背景は赤字が大きいと思われる。それでも、この場所で継続しなければという使命感がAに同人誌即売会を続けさせるのだろう。

このように、地方都市の代表にとっては、「辞めたくても辞められ

ない」という意識もあり、継続が目的化していることが見受けられた。

　ただし、継続を求めるなら、代表の属人性を解消する必要がある。前述のように、地方都市の主催団体は事前準備・事務を複数人で分担し、代表一人への集中を避ける傾向も見られたが、代表の交代は簡単なものではないという意見がきかれた。

　G：もちろんうちのスタッフにも、私も、私のイベントちょっと継いでくれないかなっていうのはちょっとね、1回ナンバー2の子に話はしたんですけど、やっぱり手伝いはいいけど受け継ぐのは嫌だみたいな、やっぱその責任が重たいのはみたいな。なんか、それを言われてしまうと、まあどうしようもないなと。

　――お伺いした感じだと、比較的その複数の方で運営されてるので、バトンタッチはしやすいかなと外部的に思うわけですけど、それでもやはり代表が代わるっていうのは、なにか大きな困難っていうのがあるんですか。

　N：イベントやってこうっていう……みんなその意思はあるとは思うんですけども、いざその代表者とか主催者みたいなポジションっていうのはなかなか難しいところがあるみたいで。はっきり言っちゃうと、私が20年やってきた中で、イベントのために複数回仕事変わってるんですよ。

　――なるほど。

　N：これ続けられないなって、会社辞めますって何回かやってる。そこまで求めないし、しちゃいけないんでしょうけど、本来は。そのぐらいいかないと……いけないようなことがどうしてもあ

ったもんですから、それをじゃあお願いねっていうのは、やっぱり酷なところはあるのかなっていう気はしますね。単に私がやり方が駄目だっただけで、もっとなにかやり方はあるのかもしれませんけども、やっぱり、よそのところに聞いてみても、あの、代表代わるっていうと、そちらはどうかなって聞いても、うーん、ちょっとね、みたいなところはありますね。

　このように、事前準備・事務を担当するコアスタッフであったとしても、「代表」の重圧・負担は重いものと語られた。コアスタッフであっても自分が負担できる業務・責任として大きな意識の違いを生んでいるようである。その意味では、大都市圏でオンリーイベントが多数存在し、「イベントやりたい人がやればいい」という既に代表である人々と、他にイベントが存在せず継続性の確保に苦心している地方都市の人々とでは、イベント主催に対する意識の差異が大きいと考えられる。

5. 分析・結論——個性化と趣味の社会化

　インタビュー調査から、中小規模の同人誌即売会について、その姿や主催者の意識を紹介した。最後に、先行研究も踏まえつつさらに分析を進めたい。

　まず、コミケに象徴される大規模イベントとは全く異なる同人誌即売会の姿、異なる性格があることが明らかになった。コミケも小規模イベントも、写真で見ればホールに机が並んでいる光景は同様でも、その現場の「雰囲気」、そして運営側の意識や意図は異なる。事務や会場設営、当日の運営など基本的なオペレーションは大規模でも小規模でも大差ないという発言もあったが、それ以外のアフター

イベント、場つなぎの企画等比較的見えにくいところ、いわば同人誌を頒布するという「市場」外で個性が現れる。主催者もそれを意識した差別化を行っており、だからこそ代表一人の目が届く範囲のイベント規模が重要と意識されていた。

　さらに、代表がやりたい即売会を可能な限り自分で仕切って作るDIY 的イベントであることで、個性が生まれる。大都市圏ではこの傾向が強かったが、コミケのような無色透明な大規模イベントや委託書店という同人誌流通の場が確立しているからこそ、それとの差別化もあり、中小規模同人誌即売会は個性的なものにしなければならないのだろう。コミケは選別や権力性を可能な限り排除し、ジャンルサークル比率も申込み比率をベースとするなど多様性の確保をする結果、その個性はなくなり無色透明な運営となり、巨大化の道をたどることになった［玉川 2007, 2014］。無色透明な市場としてのコミケの巨大化と、代表のやりたいように個性化した小規模イベントの対比は、同人文化の多様性の一面でもある。全ての同人誌即売会が巨大なマーケットや多くの参加者数を目指しているわけではない。

　また、今回の調査で明確となったのは、「スタッフ参加者」と総括される運営側も、地域や状況により代表の考えも様々であり、さらに代表・コアスタッフと現場のスタッフでは大きく役割や見方が異なる可能性である。企画から事前準備・事務も行う代表と、当日だけのスタッフでは関与する作業が大きく異なる。インタビュー調査の対象は代表やコアスタッフのみのため推察するしかないものの、当日のみのスタッフとは同人文化に対する意識も異なる可能性がある。さらに、事前準備・事務を行うコアスタッフにとっても、同人誌即売会を作り上げ、責任者となる代表への敷居は高い。事務などの作業内容はそう変わらないと推察されるが、代表を手伝う立場と、自ら

が主宰することは、責任感や意識が大きく異なる。だからこそ、地方都市の主催団体では、自分たちのイベントがなくなると地元の同人文化が潰えてしまう危機感がありながらも、世代交代が困難と語られるのである。

　大都市圏では大規模イベントも存在することから、中小規模イベントは、スタッフの共通利用・事務の効率化を進め、多様な同人誌即売会をやりたい人が好きに開催すれば良いという意識が見え隠れしていた。それに対して、地方都市の代表者等は、地元の草の根的表現メディア、文化活動としての同人文化を支えることを強く意識していた。つまり、同じ小規模イベントでも地方のオールジャンルイベントと大都市圏のオンリーイベントでは全く異なる意識を持って運営されている。インタビューによって、芸文振調査では掘り下げられなかった地方同人誌即売会の実態を、一端ではあるが解明することができた。

　また首都圏のオンリーイベントと地方のオールジャンルイベントに共通する側面もある。中小同人誌即売会は多くが個人の立場での開催である。数百スペースでは経済規模が小さく、法人化するメリットもなく、そもそも生活するほどの利益が出ない[*6]。例えば、サークルが200スペース、一般参加1000人というイベントを仮定しよう。サークル参加費2500円×200スペースで50万円、カタログ一冊500円×1000冊で50万円となり、この2つからの収入は100万円に過ぎず、会場費や机のレンタル費等がかかることを加味すれば、年数回の開催で生計を維持する規模の利益が出ないことは明確である。

　この観点からは、代表も「ボランティア」であり専門性を活かした趣味としてシリアスレジャーであるといえる。シリアスレジャーの議論では、継続性が重視されてもいるが、今回の分析では、その継続

性を確保するために黒字化が必要とされていることが明らかになった。つまり、経済原理が皆無ではなく、営利目的ではないにしても開催継続のための黒字化は意識されていた。いわば、労働として生活の糧にすることはなくとも、消費的な趣味の支出として大きな支出をし続けることは忌避されていたのである。ボランティアとして事前準備・事務にかかる時間を割くことはできるが、さらに金銭的負担があるとモチベーションが維持し難い。多くの同人誌即売会代表は自らの実践を非商業・非営利と位置付けながらも、経済的観点も加味して意志決定を行っており、市場を参加者に提供し、自身の同人誌即売会の収支は合わせるという目標を達成しようする趣味の活動と解釈されよう。それは、従来の消費的側面の趣味ではないが、プロフェッショナルとして生計を立てることは目的とせずに高度な専門知識が必要とされるシリアスレジャー的活動なのである。

　なお、イベントが巨大化するほどスタッフ組織も大型化し、それがスタッフ活動を阻害する可能性がある。大規模化したコミケットスタッフのアンケート調査では、スタッフは役割が上に行くほど自由度は上がるが対人関係が問題化していた。多人数のボランティアスタッフを組織としてまとめていくことの大変さがうかがえるが、中小規模イベントと対比して考えれば、自分で小規模イベントを主宰すれば自由度も上がり、スタッフ人数も減るため気心の知れた人とやれば対人関係も問題化しにくいといえるだろう（本書付録「コミックマーケット35・40周年調査報告」参照）。小規模なイベントを志向することで、イベントの個性化が図れ、代表の好きなように同人誌即売会が作れるだけでなく、スタッフ活動における対人関係のコンフリクトも減少し、活動がしやすくなるのである。

　最後に、趣味に関する集団化、そしてその意志決定という問題に

ついて、趣味の社会化という観点から考えたい。塩見によれば、桜谷軽便鉄道では庭園鉄道を製作した個人の趣味が社会化したことからNPO化が検討されたが、NPOではみんなの総意で決めなくてはならず、製作者の好きな電車を作れなくなるかもしれないという理由でNPO化を回避したという。製作者の趣味が社会化することで趣味性が失われ、「個人の趣味が人々に開かれ、なおかつ継続的に営まれていくことには、こうした危ういバランスが保たれなければならないことを桜谷軽便鉄道の事例は示している」[塩見 2019]。

　この事例と比較すると、同人誌即売会では、他者に同人誌即売会を提供することが代表の趣味である。元々個人の中で閉じていた個人の趣味が「社会化」して開かれていくのではなく、元から社会化された趣味といえる。同人誌即売会主催は、不特定多数に同人誌即売会の場を提供することが意識され、それは社会化した活動といえる。ただし、インタビューでうかがえたように、代表がイベントに大きな影響を与えることが規範とされていることで、代表は自己の好きなイベントを作ることができる。みんなの総意をとる必要はない。極論すれば、意見が違うならば、自分で同人誌即売会を始めれば良いというのが、大都市圏のオンリーイベントの規範ともいえる[*7]。だからこそ、あくまで個人での主催をベースとしつつ、関係の深い（言い換えれば、代表が仲の良い）同人誌即売会間での事務の共通化を図るのであろう。

　一方、地方都市の主催団体では、個人の趣味の「社会化」がより顕著となり、地元のサークルに活動の場を提供するという地方の文化活動の一端を担う社会的活動という意識を持ち、やめるわけにはいかないという継続性へと結びつく。ただし、インタビュー調査の協力が得られた団体に限っての話ではあるが、代表の属人性は変わら

ず、後継者不足に悩み、個人の趣味と「社会化」のバランスが取りにくくなっているのが現状と思われる。地方都市のオールジャンルイベントに個性化はあまり求められないとも考えられ、継続性を求めるなら NPO 化も 1 つの方向なのかもしれない。ただし、インタビュー調査では多くは代表が中心という体制をとっており、同人誌即売会主催団体に「みんなできめる」意志決定がなじむのかは不透明である。また、NPO 化をすると、それは NPO の市民活動、社会貢献であり「趣味」ではなくなってしまうともいえるかもしれない。

なお同人文化に関わる NPO も存在している。福岡市の NPO 法人 Project Arbalest は九州一円の同人活動の支援を目標に掲げ、自分たちで同人誌即売会を開催するだけでなく、複数の主催団体を集め共催イベントを実施し互助的活動を行っている。同法人は 2005 年に NPO 法人となり現在まで活動を継続している。これまで見てきたようなイベントとは異なった形態での同人誌即売会主催形態もありうるとはいえるだろう。

結局、他者が表現活動をするための場を作り上げる活動が、同人誌即売会のスタッフ活動である。他者の余暇・趣味をサポートすることが、趣味となっている構造は特異なものであろう。それは、アマチュア／プロフェッショナル、非商業／商業、趣味／仕事、趣味／社会活動という区分で整理することができない活動であるといえる。クラフトやシリアスレジャーなど、既存概念を見直す考察もされているが、それすら適合し難いのが同人誌即売会のスタッフ活動や代表のあり方なのである。

6. おわりに

インタビュー調査からの分析を結論として述べたが、本調査も不

完全なものである。ただし、本章から浮き彫りになったことは、同人文化というリアルに開催されるイベント、フィールド（現場）がある研究において、カタログ等の紙資料や同人誌など作品ではわからない部分をいかにすくい上げるかが課題であることだろう。中小同人誌即売会は1970年代から存在したにもかかわらず、開催記録やカタログを除けばまとまった資料もほぼ存在しない。本章ではインタビュー調査によって、その一端を記録し、明らかにすることを試みたが、その結果、既存研究のコミケット中心の同人文化像が偏ったものであることは理解できるだろう。

　同人文化について、50万人以上を集める巨大なコミケットが存在するという決まり文句で、大規模な文化実践であると語ってしまいがちである。また、カタログ等の資料、関係者の記録や発言も多いことからコミケットが研究しやすいことも事実である。だが、それが多様な同人文化の理解を妨げているのではないかと、自己反省も含めて改めて問いたい。中小同人誌即売会の代表は、コミケットやコミティアのスタッフ活動とは大きく異なる。本章では中小規模のイベントに焦点を当てたが、例えば同人誌委託書店を中心的に利用するサークルや購入者が見ている同人文化もコミケット中心の同人文化とは大きく異なるはずである。

　第1章として、コミケット中心の同人文化像の是正を指摘することで論考を終えたいが、以下の各章も様々な同人文化の姿を明らかにしており、それらも含め、本書から同人文化の多角的な議論が今後進むことを望みたい。

注
＊1　ここでの「社会化」は、社会学でよく使われる個人が教育等によって社会

の構成員となる意識を身につけ適応する意味の「社会化」ではなく、個人の行為が社会性を有するようになったという意味である。

* 2　なお、本章で参照している調査データはコロナ禍以前のものであり、現在の状況を反映したものではなく、コロナ以前の同人文化の記録・分析であることは念頭に置いてほしい。

* 3　コミュニケーションについては、本書第2章のヴィニットポン論や付録「コミックマーケット35・40周年調査報告」を参照。

* 4　コミックマーケット準備会については、おーちようこ『コミックマーケットへようこそ』［おーち 2022］に業務内容や各セクションについて説明がされており、参考になる。

* 5　本節の分析にあたっては、『COMIKET 20's』［コミックマーケット準備会 1996］に再録されたコミックマーケット準備会発行資料を利用した。

* 6　数百スペースのイベントを年間に何十回と開催する場合は別である。

* 7　これは、好きな本が存在しないなら、自分で同人誌を作れば良いというサークル側の規範と同様である。

参考文献

阿素湖素子 1986「全国同人誌即売会リスト」コミックマーケット準備会『コミックマーケット30カタログ』

氏原茂将 2015「発表会が照らす公共ホールの役割」宮入恭平編『発表会文化論』青弓社

おーちようこ 2022『コミックマーケットへようこそ』星海社

金石明日香 2015「人・コンテンツ・地域社会を結ぶアニメ・まんがイベントの提案――同人誌即売会を基点として」（長崎県立大学シーボルト校修士論文、非公開）

コミックマーケット準備会 1996『COMIKET 20's』コミックマーケット準備会

坂本かおり 2007「地方同人誌即売会におけるコミュニケーションの研究」（三重大学教育学研究科修士論文、インターネットで公開）

佐藤郁哉 1999『現代演劇のフィールドワーク――芸術生産の文化社会学』東京大学出版会

塩見翔 2019「「社会化」する自作庭園鉄道」神野由紀・辻泉・飯田豊編『趣味とジェンダー——〈手づくり〉と〈自作〉の近代』

杉山昂平 2019「レジャースタディーズにおけるシリアスレジャー研究の動向——日本での導入に向けて」『余暇ツーリズム学会誌』(6)：73-81

玉川博章 2007「ファンダムの場を創るということ——コミックマーケットのスタッフ活動」玉川博章・名藤多香子・小林義寛・岡井崇之・東園子・辻泉『それぞれのファン研究——I am a fan』風塵社

玉川博章 2014「コミックマーケット——オタク文化の表現空間」辻泉・岡部大介・伊藤瑞子編『オタク的想像力のリミット』筑摩書房

独立行政法人日本芸術文化振興会・非営利活動法人知的資源イニシアティブ 2019『我が国のマンガ・アニメーション分野における自主制作活動等に関する実態調査報告書』

稗島武 2003「コミックマーケットの行方——ある「文化運動」に見る理念と現実の関係についての考察」『比較社会文化研究』14

七邊信重 2013「ゲーム成長産業の鍵としての自主制作文化」東京工業大学博士学位論文

宮入恭平 2008『ライブハウス文化論』青弓社

宮入恭平編 2015『発表会文化論』青弓社

宮入恭平・杉山昂平編 2021『「趣味に生きる」の文化論』ナカニシヤ出版

森啓編 1991『文化ホールがまちをつくる』学陽書房

第2章
メディア融合時代における参加型文化
コミティアのスタッフを実例として

ヴィニットポン・ルジラット

（石川ルジラット）

1. はじめに

　本稿は、著者がおよそ1年間（2009年）コミティア（一次創作のみの同人誌即売会、詳しくは後述）のスタッフとしてフィールドワーク調査を行った、修士論文のための研究を基にしている。当時、ファンによる参加型文化の実態を明らかにすべく、同人誌即売会に注目した。特に、金銭を介さずに、ボランティアとして即売会を支え、運営する「スタッフ」を研究対象として選択した。また、博士課程に進学してからは、コミティアだけではなく、世界最大の同人誌即売会であるコミックマーケット（以下、コミケット）にもスタッフとして参加し、これによってコミティアのスタッフのイメージがより鮮明になった。本論では、それらの経験から、著者が実施した研究方法を紹介し、スタッフの参加型文化について研究結果を提示する。

（1）なぜ同人誌即売会のスタッフに注目したのか？

　インターネットの普及によって、受動的なイメージだったオーディエンスは能動的な生産者となり、マスメディアが情報を独占する時代はもう終わったと言われる。特にウェブ2.0におけるYouTube

やニコニコ動画、ブログ、SNS、pixiv、Twitter（現・X、以下同じ）等のようなプラットフォームを通じて、ユーザー生成コンテンツ（UGC）が活発になっている。また、ヘンリー・ジェンキンズは『コンヴァージェンス・カルチャー――ファンとメディアがつくる参加型文化』の中で、参加型文化（Participatory Culture）を「ファンをはじめとする消費者が、新しいコンテンツの創造と流通に積極的に参加する文化」[Jenkins 2006＝2021: 290]と定義した。ジェンキンズは、参加型文化は従来の受容的なメディア観客と異なると主張している[Jenkins 2006＝2021: 3]。また、メディア融合（media convergence）の環境においては、消費者と生産者という構図を考えるより、そこに関係する人全員を「参加者」と考えた方が適切であると強調している。したがって、このメディア融合社会という新しい環境の中で、参加者はどのような行動をしているかを明らかにする必要がある。

　しかし、人々が能動的にふるまい、自由に表現できること自体は、特段新しいことではない。インターネットが普及する以前には、ラジオの海賊放送やパブリック・アクセス運動、ファンによる出版物の自主制作などが既にあった。日本においても、肉筆回覧同人雑誌に始まり、1975年には初めてコミケットが開催された[相田 2005]。現在、コミケットは日本最大の同人誌即売会になり、漫画をはじめとして、小説、音楽、コスチュームプレイなど、様々なジャンルが含まれている。2004年夏（C66）には、3日間の参加者総数が50万人を超え、2007年夏（C72）からコロナ禍直前までは、参加者総数50万人以上が継続した。コミケットをはじめとするイベントは、漫画愛好者にとって祭り的な意味を持つようになった。これはバーチャルプラットフォームがUGCで盛んとなっても、リアルな世界の「場」もまだ必要とされている1つの証である。この状況はメディア融合を

研究する適切な事例であると考え、本研究は日本における同人誌即売会を、参加型文化の「場」として取り上げることにした。

　また、著者は様々な同人誌即売会で参与観察を行ってきた。その中で分かったのは、日本全国では様々な規模の同人誌即売会が行われており、そこには3種類の参加形態が存在していることである。それは、一般参加、サークル参加、そして、スタッフ参加である。コミケットにおいては、企業参加とコスプレイヤー参加も存在している。これらは表現する者という観点から、サークル参加として考えてもよいだろう。

　本論では、いわゆる読み手（一般参加）と描き手（サークル参加）ではなく、即売会を運営するスタッフに焦点を当てた。理由は2つある。1つは、玉川博章 [2007] によっても指摘されているように、これまでスタッフ参加者に関する研究が少ないことである。もう1つは、スタッフ参加者は、金銭を介さずに、ボランティアとして同人誌即売会を支え運営する、ファンの中でもかなり熱心なファンと言えるからである。といっても、彼らは最初からスタッフになったのではない。スタッフ参加者もはじめは漫画の一読者として同人誌即売会に参加していた人が多い。また、サークル参加者だった者もいる。つまり、一人のスタッフ参加者が、ファンやオーディエンス（読み手）、サークル（描き手）、そして、スタッフという、いわば複数の役割を担っているケースもあるのである。このような参加状態の変遷に注目し、本論では、参加者の代表として、スタッフを取り上げ、日本のメディア融合社会における参加型文化の実態を明らかにする。

(2) コミティアとは？

　コミティア（COMITIA、自主制作漫画誌展示即売会）とは、間もなく

40年をむかえる歴史のあるオリジナル作品（一次創作）のみの同人誌即売会である。1年に4回のペース（2月・5月・8月・11月）でコミティア実行委員会により開催されており、第1回が1984年11月18日に練馬産業会館で開催された時には、参加サークルは103サークルであったのに対し、現在は東京ビッグサイトで約3000〜4000のサークル・個人の出展者を集めるまでに拡大し、来場者数は約1万5000〜2万5000人となっている。これは私が参与観察した2009年当時と比べほぼ倍の規模である[*1]。

コミティアの公式サイト（https://www.comitia.co.jp/）の解説によるとCOMITIAという語はCOMITIUM（集会場）の複数形で、古代ローマの民会を意味する言葉である。名前の由来からわかるようにコミティアは描き手と読み手の場を作ろうとしている。また、コミティアへの参加はオリジナル作品に限られているため、コミケットで主流である同人誌、いわゆるパロディ・二次創作作品は禁止されている。逆にいえば、オリジナル作品であれば、漫画以外の表現（イラスト、小説、評論、音楽、グッズ、商業誌コミックスなど）は認められている。2023年5月5日に開催されたCOMITIA144のサークル参加申込には、20のジャンルがある。それは、少年まんが、少女まんが、青年まんが、SF、ファンタジー、JUNE・BL、百合・GL、ギャグ、アダルト・成人向け、動物、歴史、旅行記、イラスト、文芸、評論・情報、音楽・映像、ゲーム・ソフト、アート・デザイン（素材集・技法書含む）、グッズ・雑貨とその他である。なお、二次創作の禁止により、漫画やアニメをモチーフにしたコスチュームプレイも禁止されている。

コミティア初代代表中村公彦氏への2009年のインタビュー[*2]によると、コミティアが始まったきっかけは、1975年にコミケットが始まり、その後似たようなイベントが出現し始めたことだそうだ。

当時彼は『ぱふ』という漫画雑誌の編集部で同人誌コーナーの担当をしていて、面白い同人誌を紹介し続けていた。その頃 MGM という創作オンリーイベントが開催され、自身の参加体験を通して「面白い」という印象を持った。彼は参加作家数の規模を含め、その「面白さ」に作品の新しい可能性を見出した。中村氏は「そこに、凄くこれからのマンガの新しい潮流が見えた気がした」と述べ、彼もそのような「場」を作りたいと思い、スタッフと一緒にコミティアを開催したという。

　2009年には、コミティアというイベントは東京だけでなく、名古屋・大阪・新潟でも開催されていたが、現在（2023年）では、東京の他、大阪、名古屋、新潟、北海道、福島、福岡の6都市で開催されている。しかし、いずれもその地元でそれぞれ独立した団体として、相互に協力しながら企画や運営がなされているそうである。

　さらに、コミティアは一次創作のみのイベントであるがゆえに、様々な企画が可能になる。その1つは「出張マンガ編集部」と題し、出版社が会場で漫画やイラストの持ち込みを受け付けることである。大手のサークルが出版社にスカウトされプロデビューするのではなく、アマチュア作家が自分自身で作品をアピールする場である。プロ作家を目指している人にとって、編集部へ直接アピールが出来、コメントをもらえる機会であり、そこで作品や手腕が認められれば、プロデビューも可能である。すなわち、出張マンガ編集部は出版社とアマチュア作家との交流の場である。もう1つは「見本誌読書会」（以下、読書会）というサークルからイベント当日に提出された見本誌を、後日読む会である。中村氏は、読書会の大切さを以下のように述べた。

オリジナルの同人誌って、パっと見て判断がつかないでしょう。〔……〕でも、やはり即売会の中にじっくり読んで判断はできないことがあって、読書会やりましょう。そこで、じっくり読んで、あーこのサークル見落としたけど、この本があったんだ。〔……〕取りかかりは少ないと、やはり続作は繋がっていかないですよ。1回きりで終わってしまうもののために、そういったことを作るようになった。

　ここで「一次創作」と「二次創作」の違いに注目したい。二次創作はパロディ作品として読者に共感してもらいやすい作品である。作品の選択にかかる時間も一次創作より短い。しかし、一次創作作品を買うためには、ある程度その本を検討する時間が必要となる。そのためコミティアが終了した翌週日曜日に、読書会が開催され、無料でサークルが提出したすべての見本誌が読める機会が設けられている[*3]。これによって、読者の増加や、読者とサークルの繋がりが生まれるという。コミケットやスーパーコミックシティなどのオールジャンルイベントの規模と比較すれば、そこまで大きくはないコミティアではあるが、このような試みによって、一次創作オンリーイベントの中では代表と言われる。

　先行研究を見ると、コミケットは研究の対象としてよく取り上げられている［玉川 2007; 相田 2005; 稗島 2003］。それは日本の同人誌即売会の代表であると考えられるからであろう。しかし、著者はあえて他のコミックイベントを取り上げようと考えた。それによってコミケット以外の場においてのファン活動が、これまでコミケットを中心に研究されたことと同様であるかを確認出来ると考えたからである。また、著者はフィールドワークを行う前から一次創作のイベン

トに興味を持っており、それらの理由から本研究のフィールドワークの場をコミティアとし、研究対象をコミティアのスタッフとした。

2. 研究方法

　本研究の研究方法は、著者自らのフィールドワークを基にした、エスノグラフィーとしての参与観察とインタビューの実施である。インタビュー時にはその内容を個人の経験として把握するために、過去から現在までの活動を質問の中心とする。また、日本社会におけるオーディエンスのあり方を明らかにするため、コミティアにおけるスタッフ参加者のライフヒストリーとしても捉えたい。

参与観察

　著者が自らコミティアという創作オンリー同人誌即売会で、スタッフ参加者（以下：スタッフ）として参与観察を実施したことを基に、考察を進めたいと考える。参加前にコミティア代表に連絡をとり、自分の経験のため、また研究のフィールドワークとするために、スタッフとして参加させてほしいと依頼した。その後、代表から承認を受け、一般の新人スタッフと同様に参加することとなった。つまり、著者は研究していることを事前に知らせて参与観察を行ったことになる（Overt Participatory Observation）。

　コミティアのスタッフはコミケットと同様に有志ボランティア活動であり、すなわち、金銭が介在せず自分の意志で参加している。よって、スタッフの作業や活動は、本来の「仕事」と意味が違うと考えられる。そのため固いニュアンスを避け、その作業や活動をひらがなで「しごと」と表現する。また、参与観察のノートのとり方としては、受けた全てのメールを検討した上で、現場におけるしごとを観察した後、家に帰ったらすぐブログやノートに書き留めた。参与観

察の最中に書き留めるのが一番望ましい方法であったが、スタッフのしごとは、集中力や体力が必要であるため、現実的にほとんど出来なかった。

　また、スタッフのしごとを深く理解するために、スタッフだけでなく他の参加形態も体験しようと考え、本研究の参与観察を表①の

表①　参与観察したイベント名と著者の役割

イ ベ ン ト 名	役　　　　割	期　　　　間
コミケット74回	一般参加	2008年8月15日（1日目）
コミケット75回	一般参加	2008年12月30日（3日目）
コミティア87回	スタッフ集会	2009年2月8日
コミティア87回	前日設営スタッフ	2009年2月14日
コミティア87回	スタッフ（巡回＋委託）	2009年2月15日
コミティア	スタッフ（カット作業）	2009年2月21日
コミティア読書会	当日スタッフ（準備）	2009年2月22日
某女性向けイベント	スタッフ集会	2009年3月
某女性向けイベント	当日スタッフ	2009年3月
コミティア花見会	スタッフ交流	2009年3月29日
コミティア88回	スタッフ集会	2009年4月29日
コミティア88回	前日設営スタッフ	2009年5月4日
コミティア88回	企画スタッフ	2009年5月5日
コミティア読書会	一般参加	2009年5月17日
関西コミティア34回	サークル参加（委託）	2009年5月24日
コミティア	カット貼り	2009年7月14日・18日
コミケット74回	一般参加	2008年8月14日（1日目）
コミケット76回	サークル参加	2009年8月15日（2日目）
コミティア89回	前日設営スタッフ	2009年8月22日
コミティア89回	スタッフ（ゲート販売）	2009年8月23日
コミティア	スタッフ（カット作業）	2009年8月29日
コミティア読書会	当日スタッフ（受付）	2009年8月30日
コミティア	スタッフ（委託返送）	2009年9月5日
コミティア	スタッフ（広報発送）	2009年9月6日
コミティア	事務スタッフ	2009年9月
新潟コミティア	サークル参加（委託）	2009年9月27日
某女性向オンリーイベント	一般参加	2009年10月
コミティア90回＋Pixiv	スタッフ（巡回＋ゲ販）	2009年11月15日

網掛なし：スタッフ参加
網掛あり：一般参加・サークル参加

ように実施し、スタッフの他、一般参加（以下、一般）とサークル参加（以下、サークル）としても実施した。また、他のイベントでサークルとして参加し、委託販売を行うこともあった。

インタビュー

　上記で説明した参与観察は、あくまでも著者自身のスタッフ体験にすぎない。様々な作業に参加し、ある程度の経験はしてきたが、まだベテラン階層までには到っていない。従って、他のスタッフがどのようにスタッフになってきたか、スタッフになる前の同人誌即売会への参加形態、スタッフとしてどのようなことに力を入れてきたか、インターネットがなかった時代と現在との同人誌即売会の情報入手方法の違い（インターネット利用調査）等について考察していく。

　ここで強調したいのは、コミティアのスタッフを調査対象として限定しても、同人誌即売会をコミティアに限定するわけではないということである。本稿において同人誌即売会と書く時には、コミティアだけでなく、同人誌即売会一般を指している。

（1）インフォーマントの構成

　本研究は12人のスタッフを対象にインタビューを行った。出来る限り多様な年齢、職業、スタッフ経験、同人誌即売会経験をもつ人々を対象とした（表②）。

　インフォーマント12人の中の男女性別は6：6。年齢は20～40代であり、最少年齢は26歳、最高年齢は47歳、平均年齢は35.17であった。また、同人誌即売会スタッフの経験期間は、最短で1年間、最長は25年間、平均経験期間は10.3年間であった。インフォーマントの職業は様々である。同人誌即売会に関係がある職業として、同人誌即売会主催団体代表やイベント会社の会社員、漫画家、出版社の

表② インフォーマントのプロフィール

番号	性別	年齢	コミックイベント経験年数	職　業
①	男	47	25	同人誌即売会主催団体代表
②	女	26	3	漫画家
③	男	29	1	会社員（コンピュータ関係）
④	女	34	1	フリーター（漫画アシスタント）
⑤	女	37	19	会社員（出版社）
⑥	男	34	7	会社員（情報系運営）
⑦	男	27	2	製造業
⑧	女	26	1	会社員（コールセンター）
⑨	男	44	21	会社員（ラジオ関係）
⑩	女	41	20	会社員（イベント会社）
⑪	女	40	19	会社員（イベント会社）
⑫	男	37	5	SE／プログラマー

会社員、フリーター（漫画家アシスタント）、同人誌即売会と関係がない職業としては、一般会社員や公務員、派遣社員、コンピュータ関係である。ここで注目したいのは、インフォーマントは全員「社会人」であることである。これは、コミティアスタッフ85人でもほぼ同じであった。著者以外、学生である人は極めて少なかった。18歳以上という年齢制限があり、スタッフのしごとはアルバイトではないために、交通費や給料は出ないという事情によって、まだお金を稼げない学生には多少厳しいことが原因であると考えられる。

（2）インタビューの工夫

　また、本研究のインタビューにおいて、いくつか考慮しないといけない課題があった。2009年当時、著者は来日してからわずか2年で日本語も決して流暢とは言えない状態だった。同人誌即売会においては日常生活では使われない専門用語がとびかい、更にライフヒストリーの情報を聞くことは、お互いの人間関係にも関わる。よって、口頭のインタビューのみではかなり難しいと考えた。そのため、著者はインタビューデータを集める際、次の3つの方法を工夫し、使うことにした。①コミックイベントライフグラフ、②インターネット利用のアンケート、③コミックイベントの「力入れ」レーダーグ

ラフである[*4]。

①コミックイベントライフグラフ

　スタッフ個人の同人誌即売会に関するライフヒストリーを把握するため、一般的なインタビューを行ってみたところ、過去のことを思い出すにはかなり時間がかかることが分かった。その著書 *Fan Culture* の中で Matt Hill は、自らファンになった作品をグラフ化し、自分のこれまでを再考するため（オートエスノグラフィー）、「ファンダムレベル」をY軸、「年齢」をX軸にし、自分がファンになった様々な作品の関係を例証している（図①）[Hills 2002: 81-88]。著者はそのグラフを、オートエスノグラフィーだけではなく、個人ライフヒストリーをインタビューする際にも活用できるのではないかと考え、若干修正し、本研究に導入した。

折れ線グラフの書き方

　インフォーマントに書いてもらう折れ線グラフは3色である。黒線は「一般参加」、青線は「サークル参加」、そして赤線は「スタッフ

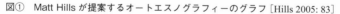

図①　Matt Hills が提案するオートエスノグラフィーのグラフ［Hills 2005: 83］

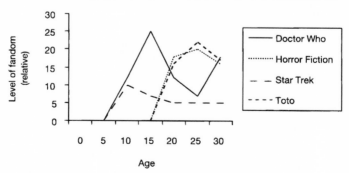

参加」である。なお、インフォーマントによっては、3つ全ての方法で参加してきたとは限らないので、その人たちには、1色ないしは2色の線のみ描いてもらう。

まず、X軸には、自身で年齢を自由に記入してもらう。これは平等数列でなくてもよい（例：12、15、16、24、25……）。次に、特に自分の節目になった年に、なぜ節目になったかという簡単な説明をつけてもらった。なお、年齢を書くためのガイドとして既に10線が描いてあるが、もし足りなければ、自由に増やすことも出来る。

一方、Y軸は愛好度を指す。愛好度はインフォーマントのその行動に対する愛情である。愛好度という言葉が伝わりにくければ、漫画愛好者の間でよく使われる「熱中度」や「萌え度」と説明した。

折れ線グラフを基にしたインタビュー

描かれたグラフを見ながら、インタビューを行う。インタビュー

図② インフォーマントに配ったコミックイベントライフグラフの記入例
　　（一緒に未記入の用紙を配り、そちらにインフォーマントの情報を記入してもらった）

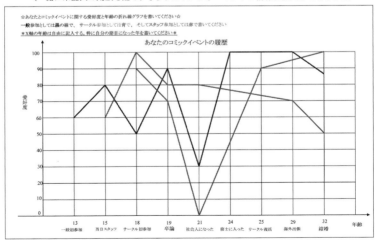

の仕方は基本的な流れとして、一般参加、サークル参加、スタッフ参加のような順番で聞いていった。その年齢における愛好度変化のきっかけや、その時の様子、参加した動機、同人誌即売会の情報把握の方法等を説明してもらう。

②インターネット利用のアンケート

　デジタル化社会についても検討する。スタッフのインターネット利用について、簡単なアンケートを実施し、ライフヒストリーの聞きとりの後に、アンケートを基に、詳しくインタビューした。

　本研究のアンケートの目的は、量的なデータを集めるよりも、インターネット利用に関するインタビューのきっかけとなるデータを仕入れることにある。よって、アンケートの質問は基本的な質問から（例：いつパソコン使い始めた、使っている端末、1週間の利用時間等）、コミックイベントに関する質問（例：自分のSNSにコミックイベントについて記述したことがあるか等）まである。

③コミックイベントの「力入れ」レーダーグラフ

　以上の折れ線グラフとアンケートで不足している情報は、現在インフォーマントが同人誌即売会で、実際にどのような活動を行っているかである。参与観察から分かったことだが、一人が同人誌即売会で単数の活動を行う場合は極めて少ない。従って、インフォーマントの現在の同人誌即売会における複数の行動について明確にする必要がある。イベントの「前」「当日」「後」という3つの大きい時間区分の中で、どのような行動に、どのぐらい力を入れるかを「レーダーグラフ」で表現してもらう。参与観察を実施した結果から、同人誌即売会に関する行動は7つの項目を抽出でき、それを基にレーダー

グラフを作った。各項目の説明や内容は表③の通りである。

レーダーグラフの書き方

　インフォーマントにはコミティアだけでなく、参加している同人誌即売会全体について、どの項目でどのくらい「力」を入れたかをレーダーグラフの0〜100までのスケールに3色の線で描いてもらっ

表③　活動項目と内容

	活　動　項　目	活　　　動　　　内　　　容
A	スタッフ活動	事前集会、事務作業、前日設営、当日作業、撤収、見本誌読書会、反省会等
B	買い物	情報集め、買い物、買い出し、買い物チェック等
C	コスプレ	コスチュームの準備、当日コスプレ、写真チェック等
D	撮影（コスプレ、会場）	事前準備、当日撮影、後日整理、公開等
E	サークル活動	事前準備、原稿執筆、コピー・製本作業、当日参加（自分のサークル・売り子）、撤収、計算等
F	交流	打ち上げ会、直接交流、インターネット交流、メール感想、スケッチブック、掲示板、ブログ等
G	その他	観光、会場内歩き回り、その他

図③　インフォーマントに配ったコミックイベントの「力入れ」レーダーグラフ原紙
　　　（これに手書きで3色のグラフを描いてもらった）

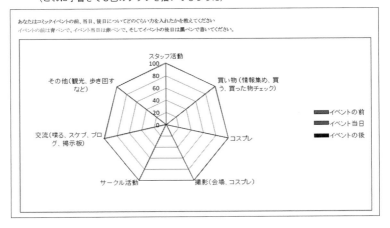

た。色は、イベントの前の行動については青、イベント当日は赤、イベントの後は黒を使うことにする。

　なお、複数の同人誌即売会に参加しており、各会で力を入れる行動が大きく異なる場合は複数枚のグラフを描いてもらった。例えば、インフォーマント⑩は、同人即売会の会社員であり、社員として担当するイベントと一般として参加するイベントの力入れの差が極めて大きいため、2枚に分け、レーダーグラフを作った。

レーダーグラフのインタビュー

　インフォーマントが記入したレーダーグラフを基に、イベント前、イベント当日、イベント後という順番で質問を行う。7つの項目の中で一番力を入れた項目から順に、すべての項目についてそれぞれの値はどういう意味を持っているかを問う。

　①〜③のインタビュー用紙を可能な限り、事前にインフォーマントに渡した（その中にグラフの書き方の例も付いている）。家でゆっくり考える時間を確保してもらうためである。しかし、やむを得ず事前に渡せない場合、インタビューする前の約1時間でグラフとアンケートに回答してもらった。グラフとアンケート結果によってインタビュー時間は異なり、1〜3時間程度かけて行った。インタビューする場所は、インフォーマントの都合により決めた。主な場所はカフェ、コミティア事務所、イベント会場の控え室などであった。

3. 研究結果①──スタッフの「しごと」

（1）コミティアのスタッフになる方法

　まず、著者がコミティアのスタッフになった方法を紹介する。著者はまずコミティア公式サイトを調べた。2009年1月下旬にコミテ

ィアサイトを訪問し、サイト上の「コミティアスタッフ大募集中」の
バナーをクリックすると、「コミティアスタッフってどんな作業して
るの？」という漫画が載っていた。この漫画では4人のスタッフが
スタッフ作業を紹介している。当時、著者は同人誌即売会のスタッ
フを経験したことがなかったため、スタッフのしごとは1日限りで
終わると誤解していた。しかし、これらの情報により、イベントの日
を迎える前に、スタッフには様々な準備作業があるということが分
かった。

　また、スタッフへの応募にあたり、いくつかの注意点が載ってい
る。例えば、18歳以上、家族の了解が必要で、加えて、スタッフの活
動はアルバイトではないために給料や交通費の支給はない点などが
注意されている。さらに、「過去に1回以上、一般もしくはサークル
参加の経験がある人に限ります」といった注意点も書いてあり、ス
タッフになる前に、「コミックイベントの参加経験」が必要とされて
いる。著者は当時コミティアに参加経験がなかったのだが、これま
での他の同人誌即売会での経験を説明し、研究と体験を目的として、
2009年2月2日、応募メールをコミティア実行委員会に送った。

　その5日後、2009年2月7日に「コミティアの中村です」という表
題の、中村氏からの返事を受けた。「コミティアスタッフへの申し出
有難うございます」が最初の挨拶メッセージであり、事務所で一度
会おうと書いてあった。また、メールと共に添付されたファイルは
3つあり、それは「コミティアスタッフ登録票」「新人ガイダンス用」
「新人ガイダンス用当日」であった。添付されたファイルとウェブペー
ジのスタッフ作業を理解した上で、次の日に登録票を記入した。
添付されたファイルには、ウェブサイトよりも詳細にコミティアの
スタッフのしごとが説明してあった。

もらった資料の中で、「コミティアスタッフ登録票」について考察する。この登録票は4つの部分に分けられており、パーソナルデータ、スキルデータ、緊急時データ（非公開）、その他（自由記入）である。個人情報などはパーソナルデータに記入する。ここには「スタッフ歴」と「お休みの日」という項目も含まれている。スタッフ歴はコミティアにスタッフ参加した回数であり、お休みの日には仕事がない日や決まっている休日等を記入する。これは事務作業の日程を決める上で大切な情報になる。また、スキルデータには、特技、パソコン能力、自己紹介等の項目があるが、注目したいのは「得意ジャンル」である。そこには「同人誌や漫画などで得意なジャンル（好きな作家なども）」と書いてある。ここから、スタッフを申し込む人々はほぼ皆、自分が好きなジャンルを持っていることが分かる。のちのスタッフの個人インタビューからも、インフォーマントがそれぞれ好きなジャンルを持っていることが明らかにされるが、これは本稿の1つの主な論点となる。それについては後ほど詳細に説明する。

　中村氏からのメールを受けとった後は、資料を読み、内容を理解し、登録票を記入し、待ち合わせの日を決め、中村氏と初めて会い、簡単な面談をした。すでに述べたように、申し込みメールの中で研究と体験を目的としてコミティアスタッフに参加したいと説明していたため、中村氏との面談は30分程度で終わり、その内容は簡単な自己紹介、著者の母国（タイ）の同人誌即売会の事情、母国と日本におけるコミックイベントでの体験と研究などであった。

　2009年8月の時点では、コミティアの登録スタッフ数は85人で、男女の比率は7:3くらいであるのに対し、コミティアが初めて開催された1984年は、スタッフはおよそ10人であった。また、インターネットがなかったため、スタッフを募集する手段は、『ティアズマガ

ジン』（コミティアのカタログ）に情報を載せることや、会場内に大きい看板を掲げることであった。そうした努力にもかかわらず、スタッフ不足になることがあったという。

　中村氏によると、スタッフの数は「3ヶ月に1人か2人なので、1ヶ月では0〜1人です。でも、これは最近の話で、昔は全然来なかったよ。1年に1人か2人で。1年にゼロもあった」そうで、過去のスタッフ応募の状況はかなり異なっていたという。そして、2020年には、コミティアスタッフは100人を超える規模になった。現在と過去の違いはどこにあるのだろうか。規模の面ではコミティアは大きくなった。節目となったのはコミティアの公式サイトに、スタッフ募集を載せたことだという。中村氏はスタッフ応募者の数とインターネットの影響について以下のように語った。

　　これははっきりあったね。ただ、あれがあったのは、はっきり目的があって、2年前に初めて2ホールをやった時に、人手不足が明確になって、これ〔ウェブサイトの漫画〕さえやらないと。もっと人を増やさないと無理ですよ。じゃ、ちゃんとやろうといって、そういう作業の内容説明する漫画を載せて、スタッフ募集を載せて、で、人が来るようになった。増えるようになった。

　前述したように著者の場合も、コミティアサイトに載っている漫画とスタッフ募集を見て応募した。これらはインターネットによる効果といえるであろう。2023年12月現在でも、スタッフ公式サイトには「スタッフ募集」の項目があり、変わったのは冒頭に「コミティアではスタッフになってくれる仲間を求めています」という言葉がはっきり提示されていることである。コミティア拡大に伴いスタッ

フ不足も深刻化しつつあると説明され、また、以前漫画で説明され
ていたスタッフのしごとは、写真へと変更され、スタッフ同士の懇
親会も紹介されている。しかしながら、インターネットに情報を載
せたからといって、紙媒体である『ティアズマガジン』上の募集のメ
ッセージがなくなったわけではない。メディアの本質として、イン
ターネットの方がスペース的にも漫画や情報を載せやすく、ホーム
ページを訪問する人ならば、誰でも見ることができる。そこには無
論、コミティアに参加したことがない人も含まれる。一方、『ティア
ズマガジン』は、コミティアに入場する人すべてが手にする物であ
る。すなわち、そもそもコミティアに興味を持っている人をねらっ
て募集することが出来る。このようなアナログとデジタルメディア
をコラボレーション的に扱うことは、現在の社会において特徴的な
1つの現象であると考える。

(2) スタッフになる前に──「一般参加」を入口として

　では、他のコミティアスタッフはどのような経緯でスタッフにな
ったのか。

　コミケットをファンダムの「場」として考察した先行研究では、そ
の場がファンの活動の場として創られ、陽気に楽しむ第三の場所で
あると述べられている［玉川 2007］。では、コミックイベントに参加し
た人々は参加する前に、何かのファンであったのだろうか。本項で
はインフォーマントが、同人誌即売会という場に初めて参加すると
きの経験に基づき、考察したい。

　同人誌即売会における一般参加、サークル参加、スタッフ参加と
いう3つの参加形態の中で、物を売りに行くサークル、会場の準備
をするスタッフよりも、一般参加は参加しやすい形態と言えるであ

ろう。また、前項で論じたように、コミティアのスタッフ募集項目を見ると、「過去に1回以上、一般参加もしくはサークル参加の経験がある人が対象です。ぜひ、一度コミティアに参加してみて、その雰囲気を知ってから応募してくださいね」と書かれている。言い換えれば、スタッフになるために、少なくともその同人誌即売会に参加した経験がある人が望ましいとされている。

　インタビューによると、コミティアスタッフである12人のインフォーマント全員が、スタッフになる前に、イベントに参加した経験があったという。また、ほぼ全員（11人）が、コミックイベントに初めて参加した時に、「一般参加者」として参加したと述べた。1人だけが、サークルの売り子として参加したという（インフォーマント③）。ただ、インフォーマントへのインタビューによれば、一般参加のきっかけとして「スタッフになりたいから」という答えは一切ない。すなわち、別の何らかの理由でインフォーマントは初めてコミックイベントに行くのである。

　本研究のインフォーマントの場合、全員が10代から漫画を読むこと、アニメを見ることが好きだったという。漫画愛好者だからこそ、同人誌即売会に興味を持つようになった。更に、どんなメディアで同人誌即売会の情報を手に入れたかについて質問すると、その結果は大きく分類すれば「知人」と「雑誌」であった。また、その情報を知った自分が同人誌即売会へ行くきっかけとなったのは、「好奇心」と「連れて行かれた」という回答を得た。

　　『ぱふ』という雑誌の立ち読みで、そういうイベントがあることを知って、一人でイベントに参加しました。その時同人誌とは何かという確定な認識がなくて、初めて行ってみて、そんなに

盛り上がっていなかった。特に何かのファンでもなかった。面白いものがありそうで行ったわけ。

（インフォーマント⑦／初参加：一般・コミケット、愛好度：20）

16歳から、漫研……漫画研究に入って、高校1年でした。そこで同人誌というのを知って、それから一般参加することになります。友達と2～3人だったね。あーなんか凄い自分の知らない世界で。出口とか凄いデカくて、アマチュア集まってしかも自分の作った本、皆並べていて、でイラストも彩りよく飾ってあって、なんかワクワクしたのを覚えています。

（インフォーマント④／初参加：一般・コミックシティ、愛好度：90）

ダッシュされました。先輩に連れられました。空いているよねとか。じゃここに行こう。やっぱり君の傾向は創作が好きだろう。連れて来られた。イベントって何だろう？　その時意味が分からなくて、ただの漫画好きがイベント来てみた。

（インフォーマント⑥／初参加：一般・コミティア、愛好度：50）

　以上はインフォーマントの回答である。コミックイベントライフグラフから見ると、彼らが初めて参加した時代は、インターネットがまだ今ほど普及していなかったため、情報を把握する方法は雑誌と口コミが主であった。また、初めて参加する時には、同人誌や同人誌即売会がどういうものかまだよく知らず、とりあえず好奇心で行ってみるという人が多い。加えて、初参加する時の愛好度を検討すれば、2つのグループに分けられる。「かなり盛り上がった」と「あまり盛り上がらなかった」グループである。

コミックイベント初参加の時、「かなり盛り上がった」グループ、すなわち愛好度が70以上のグループは、自分が好きなジャンルが決まっている傾向がある。一方、まだ好きなジャンルが決まらずに、ただ参加してみるだけだと、会場内をふらふら歩き回り、暑かったことしか覚えていない人もいる。とりわけ、コミケットのような巨大なイベントだと、事前に準備していない初心者が、迷ってしまうことも珍しくない。例えば、愛好度20のインフォーマント⑦は、特に何かのファンとして参加したわけではなかったため、ただいたずらに会場内を歩き回るだけだったという。それは「あまり盛り上がらなかった」原因の1つであろう。

　しかし、ライフグラフの続きを見ると、「あまり盛り上がらなかった」グループは、次に参加する時には「盛り上がる」グループになる場合が多い。理由を聞いてみると、「歩き方が分かった」、「事前に好きなサークルリストの準備をし、参加するようになったから」など、その場に慣れたことがわかる発言が多く見られる。加えて、一般として参加することによって、サークル参加やスタッフ参加への願望もめばえると考えられる。同人誌即売会に参加するために、一般参加が「入口」としてあることは、コミティアスタッフになる条件を鑑みても妥当である。

(3) スタッフへ踏み込むきっかけとやり続ける動機

　前項は同人誌即売会に初めて参加したときの状況と理由について述べた。本項では、インフォーマントが、当初の一般やサークルとしての参加形態から、何をきっかけにスタッフのしごとに踏み込んでいったかを明らかにしたい。前述したように、スタッフの活動は完全にボランティアである。インフォーマントの中には、自分が一般

として参加していた時、スタッフとの間にかなりの距離感を感じたと述べた人も多数いた。

インフォーマントにインタビューした結果によると、スタッフとして参加しようとした理由は様々である。大まかには、「自発的」と「知人の誘い」の2つのグループになるであろう。しかし、2つのグループを詳細に考察すれば、自発的と言っても同じような理由で参加するとは限らない。また、いずれにしても2、3回程度スタッフを経験すれば、好奇心も収まり、知人からも誘われなくなるだろう。だが、インフォーマントの中には何年間もやり続ける人が何人もいる。例えば、次に取り上げるインフォーマントの中には、知人に誘われて始め、21年間スタッフを続けた人や、会社員になっても、ずっとスタッフとして参加し続ける人もいる。本項ではこのスタッフ参加に踏み込んだきっかけと続ける動機を解明する。

自発的に参加する例

自分がサークルとして参加したイベントに、トラブルがあった。それで、自分もスタッフってどういうことをやるんだろうと疑問に思い、単純に自分が参加しようと思った。で、参加してみたら、楽しかった。
（インフォーマント⑩／初スタッフ参加：地元イベント、愛好度：80、スタッフ経験：20年、現在：2つのイベントスタッフ）

コミケの方はサークルが全部落選したが、自分がまだイベントに参加するのは楽しいから、参加したい。しかし、体力は追いつかない。朝から並ぶのはもう嫌で、結局、スタッフ参加としてやり始めた。コミティアの方は自発で、裏方の仕事が好きだから。

（インフォーマント⑥／初スタッフ参加：コミケット、愛好度：60、スタッフ経験：7年、現在：2つのイベントスタッフ）

知人の誘いの例

なんとなく、友達の縁ですね。なんとなくこの場に馴染んできて……コミティアのスタッフになったらサークル参加は無料ですよと言われて……じゃ、働きます。これが第一の理由でした。
（インフォーマント⑪／初スタッフ参加：コミティア、愛好度：10、スタッフ経験：19年、現在：2つのイベントスタッフ）

仕事の関係で、知人に誘われて、23歳とりあえずやってみよう！ まず、イベント当日に本部で1日座りました。
（インフォーマント⑨／初スタッフ参加：コミティア、愛好度：40、スタッフ経験：21年、現在：コミティアスタッフのみ）

　自発的にスタッフ参加に踏み込んだきっかけとして、「最初から興味を持っており好奇心でスタッフ参加を試みた」、「裏方の仕事が好きで自らイベントを主催したい」、「サークルとしては参加できず（サークル落選）、それでも自分が同人誌即売会に参加したくてスタッフになる道を選択した」など、インフォーマントは多様なきっかけを語った。また、知人の誘いの中には、最初に誘われて参加し、サークル参加無料を理由としてスタッフ参加するようになったケースもあった。
　2つのグループから2例ずつを取り上げた。自発的にスタッフに参加した人の愛好度の方が高いということが分かる。といっても、愛好度のグラフの続きをみると、知り合いからの誘いの2例は、そ

の後に愛好度が大きく向上することが分かった。愛好度が増加した理由を聞くと、少しずつスタッフのしごとをやってみるうちに、自分に特定のしごとが任せられ、楽しくなってきたことが挙げられた。知人の誘いによる参加グループのインフォーマントは、現在一人はイベント会社の会社員で、もう一人は会社員であり、二人ともスタッフ歴はおよそ20年を経過している。

　2つのグループそれぞれの、同人誌即売会へのスタッフ参加のきっかけは様々である。だが単なる好奇心や知人の誘い、サークル参加無料などのきっかけだけで、ここまで長く続けることができるだろうか。スタッフ活動を続ける動機についての、一番多い答えは「やめる訳がないから」という回答であった。これは「いずれにしろ自分がコミックイベントへ行くから、スタッフとしてやった方が仲間もいるし」ということである。また、他の回答は「やめることを考えたことない」、「見本誌で面白い本が1冊もなかったら、やめると思った。でも、毎回ニューカマーが出てくるね」等と語っている。

　これまでのインフォーマントの説明をまとめてみると、コミティアのスタッフ参加としての利点は、情報を早く取得出来る、自分が役に立つことが出来る、サークル参加無料、見本誌読み放題、仲間増加、交流等である。その中でもインフォーマントが最も強調しているのは「交流」である。調査によると、コミケットにスタッフとして参加する理由として「仲の良いスタッフと一緒に活動できるから」が26.2％、「普段と違ったことができるから」が24.6％、そして「多くの人と知り合いになれるから」15.0％と「何か人の役に立ちたいから」13.1％が挙がっている［杉山 2008］。しかし、「交流」という言葉には、単にそれだけの意味しかないのだろうか。確かに仲の良い人と一緒に活動するのは大切な動機である。しかし、その交流をもう少

し広い意味で捉える必要があるのではないか。

　スタッフ間の交流は一緒に活動するだけではなく、コミティアの全体的な情報を交換することでもある。コミティアのような2000〜3000人規模のイベントは、一人だけで全てのサークル情報を把握することは困難である。特に大量に買うスタッフは、休憩時間だけでは足りず、他のスタッフと共同購入する場合もある。インフォーマントの好きなジャンルを見ると、全員が一次創作好きで共通しているが、ジャンルはかなり異なる。創作ならば何でも好きな人もいれば、男性同性愛（BL）、可愛い女の子（ロリ系）、評論（株、技術）、ファンタジーだけが好きな人もいる。また、二次創作が好きなインフォーマントも半数近い。あるスタッフはスタッフの交流について次のように語った。

　　同じ趣味じゃないかなー。スタッフって結構多様だよ。それは確実のことだけれども、逆にこの辺の、若手が頑張っている、スタッフの中で支えたいという気持ちですね。他のスタッフさんから面白い本を紹介してくれる。

　スタッフ同士の情報交換は、自分の好きなジャンルだけに留まらず、他のイベントの情報や面白い本、ニコニコ動画などを紹介しあうことも珍しい風景ではない。

　インターネットがあっても、同人誌即売会の情報を全て把握することは難しい。インフォーマントも一般、サークル、スタッフとして、自分が関心を持っているイベントに参加したいと思い、それゆえに、スタッフになるということは、自身の愛好者としての活動を後押ししている。コミックイベントのスタッフとして参加するいくつかの

利点の中で、「交流」は最も大きな続ける動機だと考えられる。その「交流」はスタッフの中だけに留まらず、「同人誌即売会全体との交流」である。自らイベントに参加したいと思い、スタッフとしてその場を創り、サポートし、運営し、情報を交換し、同人誌を購入し、歩き回り、サークルとして作成した同人誌を販売し、読者やサークル同士の幅広い交流を味わうことができるのは、スタッフ参加の大きな動機であろう[*5]。

(4) コミティアスタッフの「しごと」の流れ

　スタッフのしごとが祭りのように短い期間で終わると思う人は多いだろう。実際に参加したことで、特にコミティアは1年に4回行われているため、スタッフ作業は1年中あるということが分かった。コミティアの「新人ガイダンス用」という文書によると、主なしごとは2つに分けられる。1つは「事前・事後作業」、もう1つは「前日・当日」である。

　まず、「事前・事後作業」はほとんどコミティアの事務所で行われている。このしごとは平日(月曜日を除く)も行われる。毎月20日頃に事務所から届く来月の作業確認メールには、日程、時間、募集したいスタッフ人数が書いてある。そして、スタッフ個人が担当者に連絡し、自分の都合に合わせて作業に参加する。事前・事後作業の流れを図④に示す。

　事前・事後作業の流れは最初に①「告知・宣伝」から始まる。まず前回イベントの事後作業としてコミティアの『広報ティアズ』を作成し、前回参加サークルに郵送し、ホームページのアフターレポートなどを書き込む。それに加えて、次回のコミティアのための事前作業である告知チラシ(申込書)の作成と配布も行う。次に、②「申

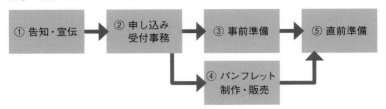

し込み受付事務」として郵送の申込書を開封し、データ入力をする。ここには他の即売会での直接受け付けやオンライン申し込み*6も含まれる。

　その後、2つに分かれ、会場図面のサークル配置作成やサークル参加案内書発送、委託参加受付などの③「事前準備」の活動をするとともに、④「パンフレット制作・販売」を行う。コミティアのパンフレットである『ティアズマガジン』には、サークルカットの紹介や、記事、広告などが載っており、一般参加者がコミティアに入場するための入場券ともなる。パンフレットを作成した後、通信販売と書店販売などの手配をする。最後に、⑤「直前準備」を行う。「前日・当日」とつながる作業である。例えば、当日のスタッフマニュアル作成と発送や、スタッフの事前集会、混雑しそうなサークルに対するアンケートの配布と集計、設営の準備などである。

　「しごと」のもう1つは「前日・当日」であり、一般の祭りの運営と似ていると言えるであろう。図⑤は前日と当日の流れである。白抜きの「前日設営」は前日に、以降の4つは当日に行われる作業を示す。

　「コミティア新人ガイダンス用当日」では、「前日設営」は「ハコ作り」と隠喩的に説明されている。夕方から開始し、机椅子を並べ、机シールを貼り、アンケートを配る。また、スタッフではなく、一般参加の協力者にも手伝ってもらう。前日の設営は簡単に見えるのだが、

図⑤　前日・当日の作業の流れ

| 前日設営 | 開場前 | 開催中 | 撤収 | 打ち上げ |

実際に行ってみると、毎回使われる様々な知識が再活用されていることが分かる。基本的には1つの机に2つのサークルが配置され、1つのサークルに1〜2脚の椅子が必要である。ゆえに、2009年8月のコミティアを考えてみれば、2000以上のサークルが直接参加したため、ホールの中に少なくとも、テーブルは1000台以上、椅子は2000脚以上を設置することになる。1ヶ所誤っただけで、全体のやり直しの恐れもある。事前集会の時にスタッフに「会場配置図」を配り、それに従って、スタッフが基準になる机（「たんじょう机」）を作り、その後、協力者が基準机に沿って並べる。これらの基本的なやり方はスタッフマニュアルにも書いてあるが、実際に行われる際には、新人のスタッフはベテランスタッフを「見習う」ことが多い。設置する時のグループ割りの段階で、まずベテランスタッフがチームのリーダーになり、それに新人スタッフはついていくという形である。

　また、当日のしごとは「ハコに中身が入る」と表現される「開場前」から開始する。朝集合し、腕章と名札を身に着けてから当日の作業が始まる。来場する一般の列を整理し、サークル入場が始まると、巡回受付を行い、ゲートでの入場チェックをし、ゲート販売でパンフレットを売る。「11時になりました。コミティア○○回が開催します」というアナウンスが流れ、会場内に拍手の音が響くと、一般参加者の入場となる。「ハコを維持する」と呼ばれる混雑サークルへの対応や見本誌スペースの見張り、委託参加サークルの販売などの作業も開始する。開場と同様に終了する時も「15時30分になりました。

コミティア◯◯回が終了します。ありがとうございました」という
アナウンスが会場内に放送され、皆が拍手して終了するという流れ
である。これはコミティアだけではなく、他の同人即売会でもよく
見られる風景であり、コミケットから始まった同人即売会の習慣で
ある。イベントが終了した後は、「ハコをつぶす」という「撤収」作業
に入る。一般やサークルからの協力を得ながら、机・椅子、掲示板、
見本誌などを撤収し、会場を元の状況に戻す。最後に、スタッフが集
まり、各部の代表が今日の作業の状況、反省点、注意点、良かった点
などを報告し、スタッフが各々自分の作業レポートを書き、参加し
た作業、気になったことなどを報告する。その後は、場所を変え、「打
ち上げ」が始まる。

(5) スタッフの「参加形態シャッフル」

　前項では簡単にスタッフのしごとの流れを説明した。その中には
様々なコミュニケーションやベテランの技、学習環境、メディアの
利用が含まれている。のちに詳しく検討するが、ここでその1つを
取り上げたい。イベント開催中の「スタッフスケジュール」である。
　表④を検討してみると、ある特徴が分かった。それは、どのスタッ
フも、1時間しごとをすると、1時間の休憩時間があることである。

表④　コミティア開催中のスタッフスケジュール（一部）
　　　（実際のスタッフのスケジュールを基にして著者が作成）

	開	催		中
	11:00〜	12:00〜	13:00〜	14:00〜
出張編集部	A	B	A	B
ゲート（入口）	C	D	C	D
ゲート（出口）	E	F	G	H
ゲート販売	G	H	E	F
見本誌管理	K	L	K	L

例えば、AさんとBさ
んは交替で出張編集部
を管理する。Aさんは
11時から12時まで出
張編集部にいた後、B
さんが担当する13時
までは休憩となる。ま

た、EさんとFさんのように、1つの場所だけを管理するのではなく、
休んだ後に、他の場所に移動する場合もある。この休憩時間は要す
るに「自由時間」である。

　参与観察を実施したことにより、スタッフは自由時間にどのよう
な行動をするのかが明らかになった。飲食と私事の他は、「買い物」
と「歩き回る」が極めて多い。「買い物しに行った？」などと質問され
ることは珍しくない。また、買った物を他のスタッフに見せること
もよくある。特に、同じジャンルが好きな人同士の場合である。し
かしながら、好きなジャンルの人とだけ交流するわけではなく、自
分が好きなジャンルを他のスタッフに紹介することもある。例えば、
新しいジャンルである同人音楽について著者が初めて知ったきっか
けは、あるスタッフからの紹介であった。更に、スタッフとして参加
しながら、サークルとして参加するスタッフも多少いる。コミティ
アは1日限りのイベントであるため、両方に参加する人は、友人や
知り合いに「売り子」を頼んだり、または、自ら休憩時間に自分のサー
クルに座り、1時間後にスタッフのしごとに戻り、また1時間後に
サークルに座るといった行動を繰り返す。

　3日間開催されるコミケットに対し、コミティアは1日で終わる
イベントである。すなわち、スタッフが一般参加者のように買い物
したければ、もしくは、サークルとして参加したければ、1日で両方
を行うしかない。また、コミティア代表の中村氏はインタビューで、
休憩時間は「それはサークルに戻ったり、買い物したり、ご飯食べた
りという自由な時間ですね」と述べた。すなわち、中村氏は、スタッ
フが一般、及び、サークルとしても参加していることを認識してい
る。スタッフ参加しながら、休憩時間を使い、一般として、サークル
として参加することは可能なのである。つまり、3つの「参加形態シ

ャッフル」である。このような行動は本論が提案する新たなオーディエンスのあり方の1つの要素である。

(6) スタッフの育成

　次に検討したいことは、スタッフの育成である。著者はこれまでいくつかの前日設営と事務作業に参加してきた。作業している間に、気になったのが「ベテランさん」「ベテランのスタッフさん」という言葉である。『広辞苑』によれば、ベテランとは、英語の veteran とフランス語の vétéran に由来する外来語であり、意味はその方面について経験豊富な人、老練な人という。著者は、前日設営に初めて参加した時に、何も知らずに、ほぼベテランスタッフの指示を聞くだけであった。その後、3回目の前日設営参加で、「お手伝いさん」*7 の質問に対応出来るようになったものの、ただ一連の流れが分かり、答えられる程度であったため、とてもベテランとは呼べないだろう。観察の結果によると、ベテランは、イベント設営全体というより、ある部門のしごとに、非常に詳しい人と考えられる。では、スタッフはいつからベテランと呼ばれるようになるのであろうか。コミティア代表の中村氏は、場合によるが「3年やれば、ベテランという感じですね」と答えた。言い換えれば、基準などは決まっておらず、このようなしごとならばこの人に任せられるという、他のスタッフからの信頼を受ける人が「ベテラン」なのであろう。

　それでは、新人スタッフはいかに育成されるのだろうか。様々な役割の中で、新人のスタッフへどのような仕事を最初に与えるかについて、中村氏に質問した。

　　　最初は色んなことをやりながら、話しているうちに、これをや

ってみたいというスタッフもいるし。あと、見ていて、これが向いてそうだなと思ったら、誘ってみて。それで、そこからは本人次第なんだよね。本人がどんどんそっちの方に力を入れてやるようになれば、それ君担当ね。なっちゃうし。かみ合わなかったら、じゃ、次これをやってみるといういろんな提案をしていて、やっているうちにだんだん役決まっていて、つまり、気が長い感じだけどね。

　まとめれば、最初は様々な作業に触れながら、自分と合うしごとを見つけるということである。前述したようにコミティアのスタッフは、ボランティア活動である。したがって、日常生活に過度に影響を与えないことも重要とされていると考えられる。例えば、ほとんどのスタッフ参加者は社会人であるため、平日の作業参加はメーリングリストで送られてくる作業確認を見て、自由に時間を調節する。

　次に、スタッフはどのように作業の技を学ぶかという質問に対し、中村氏は、ほとんどのスタッフは「見て覚える」と答えた。事前集会や作業の日に配られるマニュアル等もあるが、中村氏によると、「でもそれは皆同じものもらっているんじゃないですか。それは現場で、先輩に教えてもらいながら、やっていると思うんでね」だそうで、すなわち、体験が重視されていると考えられる。

　それはただ「見て学ぶ」だけであろうか。それを確かめるために、事務作業を検討する。著者がこれまで参加した事務作業の傾向から見ると、各作業には少なくとも事務所の人かベテランが一人付いている[8]。更に、初参加であれば、作業については、事務所の人やベテラン、以前参加したことがあるスタッフから教わる。作業自体はそこまで複雑ではなく、始めれば徐々に慣れる。そして、参加し続けれ

ば、ほどなく初参加のスタッフに教える側になる。

　Etienne Wenger らの Community of Practice（実践共同体／同じ趣味や関心を持っている人の集まり）の概念によれば、そのグループの中でコミュニケーションすることにより、自分の知識と熟練技能は向上するという［Wenger 2002］。コミティアの作業中では、新人スタッフはベテランスタッフなどに教わりながら、他のスタッフとも話し合い、自分が知らなかった技が学べる。例えば、広報発送の住所のラベル貼りは、誰でもできるような簡単な作業であるが、数千枚も貼るので、貼り方によって速さの差も見られる。スピードが速いスタッフから、技を聞くか、自分から見習うことで、その技を身に付け、自分のスタイルを用い、熟練技能を向上させることが出来る。このような学習環境は、1つの小規模な実践共同体と言えるであろう。このような実践共同体があるからこそ、スタッフの作業が続けられるのではないかと考えられる。

4. 研究結果②──コミックイベントにおける行動の多様性

　前節ではコミティアのスタッフになる方法とスタッフの「しごと」を考察した。本節では、書いてもらったレーダーグラフを中心に分析し、インフォーマントの多様な側面を、参加、嗜好、消費という3つの要素から浮き彫りにしたい。

（1）Multi-Participation（多様な参加）

　1つ目は、本研究のキーワードである「参加型文化」と関係している。本研究はコミティアにおけるスタッフを対象として、参加の形態を検討した。まず、同人誌即売会における3つの参加形態である一般参加、サークル参加、そしてスタッフ参加について説明した。ま

た、参与観察を実施し、スタッフのしごとを考察し、そこでどのような行動がなされるかを説明した。更に、スタッフ個人の体験から、コミックイベントへの参加が、時間的、空間的、メディア的にいかに行われるかが明らかになった。その中では、3つの参加形態の重なりにより、複数の参加型の「行動様式」が顕著に見出されることになった。

①参加形態シャッフルと多様な場

　ここで強調したいことは2つある。1つ目はインフォーマントが3つの参加形態をシャッフルしながら参加していること、2つ目は、インフォーマントが複数の場に参加していることである。

　まず「参加形態シャッフル」についてだが、スタッフたちは同人誌即売会を運営する側、つまり場づくりの側になってもなお、一般、またはサークルとしてイベントに参加している。

　それに加えて、レーダーグラフの結果を見ると、複数の行動は、自分がスタッフ参加しているコミックイベントに限らず、他のイベントでも見られる。これが強調したい2つ目の点、複数の場への参加である。イベントにより力の入れ方は異なるが、1つの行動だけに力を入れているわけではないことは明らかである。具体的な例としてインフォーマント⑩のレーダーグラフ（図⑥）を見てみよう。インフォーマント⑩はイベント会社の会社員であり、自分の会社が主催するイベント（図⑥左）であれば、スタッフ活動が主な行動となり、買い物や歩き回ること等はあまりできていない。一方、自分の会社が主催しないイベント（図⑥右）に参加する際には、チラシ撒きなどの活動はあるものの、主な行動としては買い物やサークル活動、交流であるという。

　ここに取り上げていない回答も含め、インフォーマントは同人誌

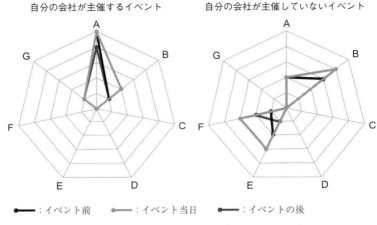

図⑥　イベント会社社員（インフォーマント⑩）のイベントごとの行動

自分の会社が主催するイベント　　　　自分の会社が主催していないイベント

●：イベント前　　　●：イベント当日　　　●：イベントの後

A：スタッフ活動　　　　　　　　　　　　D：撮影（会場、コスプレ）
B：買い物　　　　　　　　　　　　　　　E：サークル活動
　　（情報集中、購入、買い物チェック）　F：交流（喋る、スケブ、ブログ、掲示板）
C：コスプレ　　　　　　　　　　　　　　G：その他（観光、歩き回るなど）
※ A～G の活動項目の詳細については、表③を参照

即売会に参加する際、1つの参加形態として参加するだけではない
ことが明らかになった。また、参加形態だけではなく、参加する場も
複数のイベントにわたっている。

②受け手・送り手・場の創り手——多様なコミュニケーションの役割

　また、コミュニケーションの役割として考えてみれば、同人誌即
売会の場では「受け手」「送り手」が存在しており、更に「場の創り
手」がいる。それぞれが自分の役割を果たすだけでなく、あるイベン
トに一般として参加する一方で、他のイベントにサークルとして参
加することも可能である。一般参加だからといって、ひたすら受け

手役を果たすとは限らない。また、イベントでは一般参加者であっても、バーチャル世界において、自分のブログにイベントのレポートを書き込み、買った本をレビューするという情報発信の行動をとることも珍しくない。

　ファン／消費者は自分が好きな作品に対し、ファン活動や二次創作を行うことが、参加型文化に関する先行研究ですでに明らかになっている。本研究はその参加が、複数の意味を持っていることを強調したい。ある同人誌即売会に対し、一人の参加者が持ちうる参加形態は1つではない。また、その複数の参加形態は時間が経つにつれて、更に重なっていく可能性もある。それぞれの参加形態は、他の参加形態に対し、ポジティブなだけではなく、ネガティブな影響を与える可能性もある。こういう複数の参加型を、「Multi-Participation（多様な参加）」と名付け、本論のインフォーマントの特徴の1つとして取り上げたい。

（2）Multi-Affection（多様な嗜好）

　次に、本研究がコミティアのスタッフを研究対象とする理由を述べる。これは先行研究から残っている課題であるが、ファン研究の中には単数的な研究が多い。しかし、これまでのインタビューとアンケートによれば、一人のファンは1つの作品のみの愛好者とは限らない。その結果を語る前に、まず、愛好者の集まりを意味するFandom（ファンダム）という言葉について説明したい。

　ファンダムとは、ファンを意味する英語のFan（Fanaticの略）にdomという接尾辞を付けることで成り立っている言葉である。小林義寛は、簡単にいえば「ファンの集まりである」と述べ、暫定的ながら「メディアを媒介にして、メディア資源を利用しながら、何らかの生産

活動をおこなっているファンおよびその集まりとその活動」と定義している[小林 1999: 186]。また、Francesca Coppa はメディア・ファンダムの歴史を研究し、ファンダムという言葉は1930年代から使われ始め、特にスポーツや劇場に来る観客たちを対象に使用されたという。その後にサイエンス・フィクション（SF）の愛好家（Enthusiasts）に伝播し、1960年代に「メディア・ファンダム」という言葉がスタートレックもしくは U.N.C.L.E. のファン活動から生まれた。また、インターネットの普及につれて、ファンダムもオンラインへと移動し、1990年代後半にはコミック・ファンダム、メディア・ファンダム、有名人ファンダム等がぶつかりあい合流する事態（Collide）になったという。すなわち、ファンダム同士が交流し始めたと指摘した［Coppa 2006]。

　小林によるファンダムの定義を検討すると、集まりの規模よりその行動の方が重要と考えられる。よって、小規模の創作オンリーイベントであれ、大規模のオールジャンルイベントであれ、ファンダムが生まれることは可能と言えるであろう。また、Coppa の指摘するインターネットにおけるファンダムの合流は、後述するように、著者によるインフォーマントへのインタビューによると、バーチャル世界だけでなく、リアル世界でも発生している。つまり、両世界においてファンダムはぶつかって合流したと考えられる。

　しかし、本項はそのファンダムを検討するだけではなく、愛好者が対象とする作品にも注目したい。複数のファンダムに参加することは、つまり、愛好する作品も複数あるということである。

　　なんとかのジャンルが好きでそのジャンルはどのサークルがあるかというサーチの仕方はしないから、逆に、そのサークルの

ウェブに新刊があるかないか、入稿しましたというブログに書いているかどうか見る程度。　　　　　　　　　（インフォーマント⑨）

　引用したのはインフォーマント⑨の本の購入方法である。彼は本を購入する時に、自分が好きなジャンルで本を購入するのではなく、好きなサークルを中心に買い物をするという。アンケート結果である表⑤を見ると、インフォーマントは1つの作品のみのファンではなく、複数の作品のファンであることが分かる。一次創作が好きな人が多いが、1つの作品だけが好きと答えた人は一人もいない。
　インフォーマントが属するファンダムについては、大きく見れば、「リアル」と「バーチャル」に分類できる。強調したいのは、インフォ

表⑤　インフォーマントがよくアクセスするウェブサイト、好きなジャンル

	よくアクセスするウェブサイト	好きなジャンル
①	Mixi、2ch、コミティア、ターザンカフェ、週刊プロレスモバイル、食べログ	一次創作全般
②	コミティア、Yahoo!、猫ブログ、小学館、友人のサークルHP（10人ぐらい）	一次創作：ギャグ、青年、ファンタジー、エッセイ 二次創作：ゲーム系
③	Slashdot（JP）、インプレスWatch、日経ビジネス、2ch（画像掲示板も）、コミティア	一次創作：評論（投資、PC自作、DIY）
④	Pixiv、創作検索サーチ	ファンタジー
⑤	Yahoo!（ニュース、検索）、月刊フジ（ZAKZAK）	一次創作：ノンジャンル
⑥	特になし	創作少女、青年、同人音楽
⑦	Yahoo!、Mixi、2ch、コミティア、コミケ、サンクリ（主にイベント主催社）	一次創作：可愛い女の子（ロリ系）（二次創作は苦手）
⑧	コミティア	痛いのと汚いもの以外（ジャンルを問わず）
⑨	新聞社系、Mixi、Wikipedia、居酒屋礼賛、世界飛び地領土研究会、コミティア	小説以外
⑩	2ch、コミティア、J庭、ケットコム、Circle.ms、赤ブーブー通信社	一次創作：少女漫画、少年漫画、JUNE／BL 二次創作：攻殻機動隊、パトレイバー、海外ドラマ、映画
⑪	友人のサイト、参加サークルのサイト、ほぼ日	一次創作全般、JUNE、映画、三国志等
⑫	ニコニコ動画、はてな、ITMedia、Mixi、ニュース、Amazon、Google、オペラハウス、J庭、コミティア、コミックシティ、ケットコム、自分のサークルサイト	一次創作：SF、ファンタジー、青年、少年、少女 二次創作：Type-Moon、東方、なのは等

ーマントは1つのファンダムのみに参加しているわけではないこと
だ。例えば、インフォーマント⑥は少女ジャンルが好きで、同人誌即
売会というリアルな場に参加し始めた。最近は同人音楽というジャ
ンルにも関心を持っており、他のスタッフと同人音楽のサークル活
動を始め、現在では同人音楽向けのブログを作り、バーチャルにお
いても交流している。しかし、少女漫画ファンダムを捨て、同人音楽
の愛好者になったわけではなく、両方の愛好者としてファンダムに
参加し続けている。更に、サークルとして参加していることで、自身
が制作した作品のファンになった人も誕生し、他の同人音楽サーク
ルとの交流も始まった。すなわち、インフォーマント⑥のケースは、
少女漫画のファンダムから同人音楽ファンダムに「広がった」もの
と考えられる。これはCoppaが述べたファンダムのぶつかりと合流
（collide）と言えるであろう。しかしながら、これはインターネットの
バーチャル世界だけでなく、リアル世界にも生じた現象である。

　しかし、その動きはいつも「広がる」わけではなく、「転移」する可
能性もある。特に二次創作物ではこのような転移はよくあると考え
られる。著者が参与観察を行った2009年夏のコミケットでは、「擬
人化」というジャンルのファンダム、特に『ヘタリア』[*9]に関するサ
ークルが急増し、2009年冬のコミケットでは「少年（FC）」ジャンル
から独立して、新たなジャンルコードが割り当てられた。それに比
べて、『テニスの王子様』はこの3年間でサークルの数が減少してい
た（1258→550サークル）[*10]。1980年代の『キャプテン翼』ブームで
も、ある時期に自然に人気が落ち、ファンたちが他のファンダムに
転移していった。

　このようなファンダムの流動性を「Multi-Affection（多様な嗜好）」
と名付けたい。Multi-Affectionの場は、バーチャル及びリアルの両

世界に存在しており、作品やジャンルも多様である。参加者の流動
的な動きにより、一人が多数のファンダムへと広がり／転移しなが
ら、両世界のファンダムに参加している。

（3）Multi-Consumption（多様な消費）

　インフォーマントへのインタビュー結果には、著者が予想してい
なかった発見があった。著者が仮説として考えていたのは、スタッ
フといえば「運営側」のイメージが強く、本の購入などの買い物には
あまり力を入れないであろうということだった。しかし、それは間
違いであった。図⑦⑧の4つのレーダーグラフはその例証である。

　まず、インフォーマントを、サークル参加している／参加してい
ないという2つのグループに分類し、それぞれの行動を確認した。

　サークルとしても参加する例から分析したい。図⑦の2つのレー
ダーグラフを見ると、左側のインフォーマント②はサークル活動と
交流に最も力を入れるのに対し、右側のインフォーマント⑧はスタ
ッフ活動と買い物に最も力を入れるということが分かる。インタビュ
ーによると、当日の行動では、左側のインフォーマント②にとっ
て、当日のサークル活動が一番大切であり、一般参加者と直接交流
できる機会であると述べている。一方、右側のインフォーマント⑧
は、当日のスタッフ活動は主な行動ではあるが、買い物も同じよう
に重要であると説明した。

　また、サークルとして参加していないグループのレーダーグラフ
（図⑧）を見ると、当日の行動として、左側のインフォーマント①は
買い物に最も力を入れているのに対し、右側のインフォーマント⑨
が最も力を入れたのはスタッフ活動である。インタビューによれば、
左側のインフォーマント①にとっては、スタッフ活動はイベントの

図⑦　イベントにサークルとしても参加するインフォーマントの行動

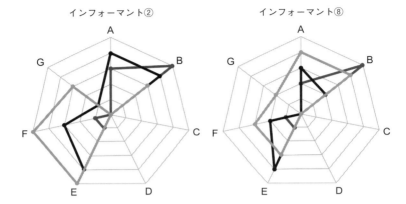

図⑧　イベントにサークルとしては参加していないインフォーマントの行動

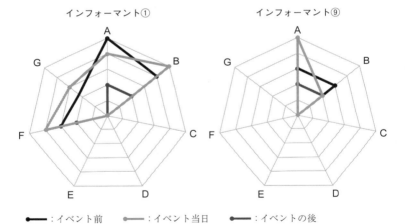

●━━：イベント前　　　●━━：イベント当日　　　●━━：イベントの後

A：スタッフ活動
B：買い物
　　（情報収集、購入、買い物チェック）
C：コスプレ

D：撮影（会場、コスプレ）
E：サークル活動
F：交流（喋る、スケブ、ブログ、掲示板）
G：その他（観光、歩き回るなど）

前日準備の方が大変であるため、スタッフ活動に力を入れたのは当日よりも前日ということになる。インフォーマント①にとって、当日は買い物を中心として、交流しながら会場内を歩き回ることが重要である。一方、右側のインフォーマント⑨は、当日はスタッフ活動と買い物すること以外、力を入れないという。

　ここで大事なのは、取り上げた4つのレーダーグラフの共通点である。確かにスタッフが、スタッフ活動に力を入れ、サークル参加者がサークル活動に力を入れるのは当然である。しかし、注目したいのは「買い物」という項目である。4人が買い物に力を入れたパーセンテージは異なるが、全員ある程度の力を買い物に入れている。これは4人だけではなく、インフォーマント全員に当てはまる。「買い物はあまりしない」と言うインフォーマントであっても、少なくとも当日は本を1冊ぐらいは買うという。

　なぜならインフォーマントは、スタッフ経験の面では多様であるが、漫画愛好者としては皆10年以上の経歴があり、スタッフである以前に「ファン」だからである。そのため、ファンとしての消費行動である買い物も必要不可欠となる。恐らく同人誌即売会の研究者や関係者・参加者から見ると、これは当たり前のことなのだが、来日して日の浅い著者は勘違いしていた。それがわかったのは、修士論文を書いた数年後、ある企業が主催した参加型イベントにスタッフとして参加していたときのことである。著者は研究者の立場であるため、歩き回ることができたが、当日の他のスタッフは主に社員やアルバイトで、「仕事」の一環であるため、買い物どころか参加者としてイベントを楽しむこともほとんどできていなかった。それを見て、自分がなぜスタッフにとって買い物は重要ではないと仮説を立てたか理解できた。一般的にスタッフといえば「仕事」であり、自分もそ

う認識してしまっていたのだが、コミティアの参加者の場合は、スタッフとして「しごと」をすることも、ファンとして買い物することも、同じく大事な行動なのである。

　このように同人誌を購入することは「消費」であるが、コミックイベントに関する情報もまた、「消費」されている。以下はインフォーマントに、メディアをいかに扱い、リアルとバーチャルにおいてコミックイベントに関してどう行動しているかを説明してもらったものである。

　　メール送ったり、ホームページに書き込みしたりとか、ミクシィだったりとか、コミュニケーション・ツールとしても使えると思うですけど、私は特にそういう点ではあまり、特に同人誌とかイベントとかに関しては、私自身は、その面は使っていないので、どちらかというと「情報集める」とか一方的に情報を享受する。あの、どこのイベントに出ますとか、サークル参加しますとか、本はどんな本が出ますとか、どんなジャンルやっていますとかというのを調べる。後は、気にいったサークルさんがいれば、そこのブログを時々覗きに行くとか。そのぐらいですかね。一方的に私が情報を受け取るだけで、交流はしないですし。
　　　　　　　　　　　　　　　　　　　　（インフォーマント⑪）

　以上のように、多様なメディアを扱い、リアルとバーチャルの様々な場を行き来しながら、物と情報を消費することを、本論は「Multi-Consumption（多様な消費）」と名付ける。

　本研究では、参与観察とインタビューを通じ、インフォーマント

の3つの多様な行動が明らかになった。

5. まとめ──スタッフの観点から新たなオーディエンスのあり方へ

　本稿は、メディア融合時代においてオーディエンスの概念はどう変遷したかという問いから始まった。まず、Jenkins の参加型文化の概念を借り、全員が「参加者」という位置づけで研究対象を分析してきた。また、この新しいメディア環境の中で、参加者はどのような行動をとっているかを明らかにした。コミティアのスタッフ参加者は、インターネット普及以前から活動しており、新しいバーチャルプラットフォームが誕生しても、リアルから離れるのではなく、行動範囲を拡大し、バーチャルの場にも参加している。その行動はより複雑になり、これまでの研究結果を踏まえると、図⑨のような相互作用の構図が描ける。多様な参加があるからこそ、多様な消費が起こり、同様に、多様な嗜好も起こっている。

　また、研究を実施した当時（2009年）は、SNS やソーシャルメディア、スマートフォンが現在ほど普及していなかった。今はより気軽に作品を作り、拡散できるようになった。そのため、これから「オーディエンス」「ファン」「参加者」を研究する際、単なる受け手やファ

図⑨　3つの多様な行動の関係性

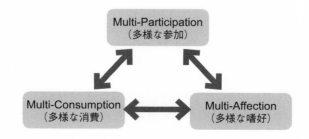

ンの嗜好等にとどまらず、より幅広く「オーディエンス」を吟味し、上記の多様な行動も要素として考慮する必要があると主張したい。

　2009年はウェブ2.0とユーザー生成コンテンツ（UGC）の黄金時代と言われ、新たに誕生したプラットフォームに対し、人々は様々な期待を抱いていた。それでも、本研究はバーチャルだけではなく、リアルで主催する即売会も重要だという問題意識をもって取り組まれ、研究結果でもそれは少なからず示唆された。それから十数年を経て、コロナ禍により、同人誌即売会をはじめ、様々なイベントが延期や中止を余儀なくされた。しかし、ソーシャルメディア上で実施する「エアコミケ」や、同人誌即売会という場を維持するためのクラウドファンディング等、参加者は活動を諦めていなかった（本書第5章杉山論文参照）。これらの体験に基づき言えるのは、このメディア融合社会における参加型文化において、リアルな場もバーチャルなプラットフォームも、同じく必要不可欠だということである。

注

* 1　2009年ではサークル・個人の出展者は約2000〜3000で、来場者数は約1万〜1万5000人であった。

* 2　中村公彦氏（コミティア（自主制作漫画誌展示即売会）代表）へのインタビューは、2009年7月18日（土）に池袋某所にて行った。以降の中村氏の発言は本インタビューによる。

* 3　2009年5月の参与観察時には、参加料金として500円が必要だったが、2020年のCOMITIA132見本誌読書会より無料になった。

* 4　当時は「同人誌即売会」ではなく、「コミックイベント」という言葉を使用していた。

* 5　各イベントには個性があるため、他の同人誌即売会の場合、例えば日給がある等、スタッフがやり続ける動機が異なる可能性がある。

* 6　同人総合ポータルサイト http://circle.ms/ を参照。

＊7　スタッフではないが、前日設営を助けてくれる人々。

＊8　コミティアはコミケットと同様に法人を有し、法人に所属しその事務所
　　　等で働く従業員と、それ以外のボランティアにより運営されている。

＊9　『Axis powers ヘタリア』の略。日丸屋秀和によるウェブ・コミック作品。
　　　世界史をモチーフの主軸とし、国を擬人化した作品である。2009年当時
　　　にはすでに、日本国内にとどまらず、世界中で知名度が高い作品になっ
　　　ていた。擬人化作品では、他に『刀剣乱舞』や『ウマ娘』などが有名。

＊10　Myrmecoleon「ジャンルコード別サークル数一覧（C70 ～ C76）と夏コミ
　　　告知」（2009年08月11日）（2023年6月取得、https://myrmecoleon.haten-
　　　ablog.com/entry/20090811/1250008156#20090811f1）。

参考文献

相田美穂　2005「コミックマーケットの現在——サブカルチャーに関する一考
　　察」『広島修大論集　人文編』45（2）: 149-201

小林義寛　1999「テレビ・アニメのメディア・ファンダム——魔女っ子アニメ
　　の世界」伊藤守・藤田真文編『テレビジョン・ポリフォニー——番組・視聴
　　者分析の試み』世界思想社

杉山あかし　2006『おたく文化系コンベンションのカルチュラル・スタディー
　　ズ的研究』2003年度～ 2005年度科学研究費補助金（萌芽的研究）研究成果
　　報告書

杉山あかし　2008『コミック同人誌即売会「コミック・マーケット」の文化社会
　　学的研究』2004年度～ 2007年度科学研究費補助金（基盤研究（B））研究成
　　果報告書

玉川博章・名藤多香子・小林義寛・岡井崇之・東園子・辻泉　2007『それぞれの
　　ファン研究』風塵社

稗島武　2003「コミックマーケットの行方——ある「文化運動」に見る理念と
　　現実の関係についての考察」『比較社会文化研究』14: 115-127

Alasuutari, Pertti , 1999, *Rethinking the Media Audience,* SAGE Publication

Bacon-Smith, Camille, 1992, *Enterprising Women: Television Fandom and the
　　Creation of Popular Myth*, University of Pennsylvania Press

Baym, Nancy K., 2000, *Tune in, Log on: Soaps, Fandom, and Online Community*,

SAGE Publications

Bertrand, Ina, & Hughes, Peter, 2005, *Media Research Methods: Audiences, Institutions, Texts*, Palgrave

Bruns, Axel, 2007, "Produsage: Towards a Broader Framework for User-led Content Creation", Creativity & Cognition

Certeau, Michel de, 1984, *The Practice of Everyday Life*, University of California Press.

Consalvo, Mia, 2003, "Cyber-Slaying Media Fans: Code, Digital Poaching, and Corporate Control of the Internet", *Journal of Communication Inquiry*, 27 (1):67-86

Coppa, Francesca, 2006, "A Brief History of Media Fandom", Hellekson, Karen and Busse, Kristina, eds. *Fan fiction and fan communities in the age of the Internet : new essays*, McFarland

Hills, Matt, 2002, *Fan Cultures*, Routledge

Jenkins, Henry, 2006, *Convergence Culture: Where Old and New Media Collide*, NYU Press (＝渡部宏樹・北村紗衣・阿部康人訳、2021『コンバージェンス・カルチャー』晶文社)

Meyer, Michaela D. E., & Tucker, Megan H., 2007, "Textual Poaching and Beyond: Fan Communities and Fandoms in the Age of the Internet", *Review of Communication*, 7 (1): 103-116

Wenger, Etienne, McDermott, Richard A. and Snyder, William M., 2002, *Cultivating Communities of Practice: A Guide to Managing Knowledge*, Harvard Business School Press

第3章

同人サークルの制作動機とその変化
デジタル化とグローバル化の時代の同人ゲーム制作者に注目して

小林信重

1. 目的と背景

　本稿の目的は、サークルと呼ばれる同人制作者の制作動機の特徴と、デジタル化とグローバル化の時代における近年の変化を、同人ゲーム制作者に注目して明らかにすることである。

　日本では、「同人」という概念は、「趣味や嗜好を同じくする人びと」を意味する言葉として用いられてきた。近年では特に、「マンガ、アニメ、ゲームなどの大衆文化を愛好し、その消費・生産活動を共に行う人びと、仲間」を指す概念としてこの言葉が用いられる。後者の意味での同人は、大衆文化を孤独に享受する代わりに、その文化を仲立ちとして同好の士と交流してきた。たとえば、最大規模の同人誌即売会「コミックマーケット（以下、コミケット）」には、コロナ禍以前には70万人以上の「同人」が参加していた。そこでは、自作した創作物を頒布するサークル、サークルや企業の創作物を求めてやってくる一般参加者、マンガなどの登場人物の扮装をするコスプレイヤー、即売会を運営するスタッフなどが、積極的に交流している。

　こうした同人たちについて、社会学者や経済学者たちは、同人たちの多くに共有されている考え方（性向）、活動、創作物、いいかえれ

ば文化［小林 2020a］の実態やその影響を明らかにしようとしてきた。たとえば、サークルが作るパロディ同人誌はどのようなものか、それはなぜ作られるのか、スタッフはどのような活動を行っているか、同人たちはそのような創作を通してどのような社会関係・集団・市場を形成しているか、などを解明してきた［金田 2007; 玉川 2007, 2008; 名藤 2007; 出口・田中・小山 2009; 井手口 2012］。

　先行研究と同様、本稿も同人たちの考え方、特に、同人サークルの制作動機の特徴を明らかにする。一方、本研究には、先行研究と異なる次のような特徴がある。第一に、先行研究のように、同人の考え方の実態や影響に注目するだけでなく、同人を取り巻く社会的文脈（状況・環境）が、同人の考え方にどのような影響を与えたかにも注目する。具体的には、同人誌即売会や同人誌委託販売店、オンラインプラットフォーム、ソーシャルメディア、あるいはよりマクロな社会が、同人たちの考え方、特に制作動機にどのような影響を与えてきたかを分析・考察する。

　第二に、先行研究がほとんど注目してこなかった、同人やその社会的文脈の「変化」を探究する。デジタル化やグローバル化のようなマクロ社会の変化や、それらがもたらした新しい制作・流通・交流のためのプラットフォームが、同人の制作動機や創作物をどう変化させたか、また、同人の主な活動・交流の場であったコミケットの位置づけをどう変化させたかについても分析・考察する。

　上記の問いに答えるため、本稿は、同人サークルのうち、「同人ソフト」や「同人ゲーム」と呼ばれる自主制作ゲームソフト（以下、「同人ゲーム」*1)）を制作する同人サークルを取り上げる。同人ゲームサークルに注目する理由は2つある。第一に、同人ゲームサークルの制作動機が、同人誌などを創作するサークルの制作動機と共通して

おり、同人ゲームサークルの考え方を明らかにすることによって、サークル一般の考え方の特徴を明らかにできると考えたためである。後述するが、同人ゲームサークルの多くは、非経済的動機に主に基づいて創作活動を行っている。一方で、同人誌即売会や同人誌委託販売店などから構成される同人流通に頼りながら、主に経済的動機に基づいて創作活動を行うサークルもある。本稿の知見は、これらの同人サークル一般の制作動機の特徴を解明する際にも貢献できると考えられる。

　同人ゲームサークルに注目する2つ目の理由は、同人ゲームサークルの社会的文脈や制作動機の変化が、同人サークル一般のそれらの変化と共通すると共に、それらに先行していると考えられるためである。Steam、App Store のようなオンラインプラットフォーム、さまざまなソーシャルメディアのような新しい制作・流通・交流プラットフォームは、同人ゲームサークルの交流・販売のあり方や制作動機に大きな影響を及ぼしている。これに関する本稿の分析・考察は、マンガ同人誌や同人音楽などを制作する他のジャンルの同人サークルの社会的文脈や制作動機の変化について調査研究していく際にも、参照可能であると考えられる。

　以上の理由から、本稿では、「同人ゲームサークルの制作動機は何か？」「それはサークルを取り巻く同人誌即売会という社会的文脈からどのような影響を受けてきたか？」「デジタル化・グローバル化するマクロ社会の中で、サークルを取り巻く社会的文脈とサークルの制作動機はどう変化したか？」を明らかにするため、次のことを行う。まず、問いに答えるために必要なデータの収集・分析方法と分析概念を示す（第2節）。次に、同人ゲームサークルの制作動機とその社会的文脈を明らかにする（第3節）*2。第三に、2010年代以降の同

人ゲームサークルの制作動機と社会的文脈の変化を論述する（第4節）。第四に、これらの連関の変化について理論的に考察する（第5節）。最後に、論文全体のまとめと今後の課題を示す（第6節）。

2. 方法

(1) データ収集・分析方法

　本稿の問いに答えるために、インタビュー調査、質問紙調査、資料調査によってデータを収集・分析した。

　インタビュー調査は、主に2004年7月〜2014年8月に、同人誌即売会でゲームを発表している自主制作者（同人ゲーム制作者）78人と、コミケットスタッフ、委託販売店などに対して行った。調査期間が長くなった理由は、著者が他の研究プロジェクトや業務に従事しなければならなかったためである。また、インタビューの方法は、主な質問項目を制作者に事前に伝え、インタビュー中やその後に追加の質問を行う半構造化面接法である。インタビューは著者が一人で行うことが多かったが、他の研究者・制作者が同席することもあった。

　インタビューを行った制作者の性別の内訳は、男性が71人、女性が7人である。職業については、商業ゲームや同人ゲームの制作で生計を立てているプロ（職業）制作者が43人いた。世代の内訳は、20代が30人、30代が36人、40代が9人である。5人の年齢が不明な理由は、制作者が年齢の回答を断ったり、制作者が答えづらそうにしていた時に調査者が年齢の回答を強く求めなかったりしたためである。なお、プライバシー保護のため、本文中では制作者の名前を匿名化した。

　また、同人ゲーム制作者の創作活動の近年の変化を明らかにするため、2018年3月に著者たちがデジタルハリウッド大学で開催した

研究会「同人ゲームの潮流 After 10 Years」*3における同人ゲーム制作者5名の発表と、2020年1月に同人・インディーゲーム即売会「デジゲー博」の主催者2名に行ったインタビュー調査によって得られた情報を利用した。なお、「デジゲー博」主催者の江崎望氏と金子良隆氏には、本稿で名前を出すことの承認を頂いた。

さらに質的データの分析結果を補うため、「コミケット30・35・40周年調査」と「デジゲー博2020調査」で得られた量的データの分析結果を用いた。

コミケット30周年調査は2004年8月に開催されたC66に、35周年調査は2010年8月のC78に、40周年調査は2015年8月のC88に、それぞれ申し込んだか参加したサークル・スタッフ・一般参加者に対して行われた全数調査である。調査方法は、紙もしくはウェブを用いた質問紙調査だった。本稿では、コミックマーケット準備会編[2005]に掲載された30周年調査のサークル調査の単純集計結果と、35・40周年調査のデータの分析結果を用いた*4。

一方、デジゲー博2020年調査は、2020年11月29日に開催された同人＆インディーゲームオンリー展示・即売会「デジゲー博2020」に参加した全出展者・協賛者に対して、デジゲー博準備会とデジタルゲーム研究グループ*5が共同で実施した全数調査である。調査期間は10月30日～11月29日で、調査方法はGoogleフォームを用いたウェブ法による質問紙調査だった。デジゲー博準備会が出展者・協賛者に調査協力を依頼し、自記式で調査票に回答してもらった。調査対象者数は165サークル（出展者131、協賛者34）で、有効回答数は50サークル（出展者36、協賛者14）だった（有効回収率は30.3％）。この調査のデータの分析結果のうち、本稿は出展者のデータの分析結果を用いた。

(2) 分析概念

　第3節でデータ分析結果について記述していく前に、そこで用いる「プラットフォーム」という概念についてあらかじめ定義しておく。

　コンピュータ研究では、プラットフォーム概念はハードウェアとソフトウェアの総体としてのコンピューティングシステムを指すために用いられてきた。デジタルゲーム研究でも、デジタルゲームを動かすための土台・基盤としてのゲーム機やFLASHなどのハードウェアやソフトウェアをひとまとめにする際に、この概念が用いられてきた [The MIT Press 2020]。

　一方、経済学や経営学では、この概念はコンピューティングシステムだけでなく、より広範囲のサービスや財を指すために用いられてきた。たとえば、出口弘はこの概念を「あるサービスを実現するための場となる基盤としてのサービスや財」と定義し、マンガやデジタルゲームの生産・流通・消費を実現するプラットフォームの具体例として、コンピュータ、ゲーム機、OSだけでなく、書店、同人誌即売会などを挙げている [Deguchi 2004: 219-222; 出口・田中・小山 2009: 6-9]。また、ゲーム研究者のイェスパー・ユールも、ゲーム出展フェスティバルやオンライン流通サービスなどのような、インディペンデントビデオゲームが流通する場を総称するために、プラットフォームという概念を用いている [Juul 2019]。

　出口らの研究に基づき、著者も「同人ゲームの制作・流通を実現するための土台となるサービスや財」を総称するために、プラットフォーム概念を用いてきた [七邊 2013; Kobayashi (Hichibe) & Koyama 2020]。本稿もこの概念を同様に用いた。

3. 同人たちの制作動機

(1) 4つの制作動機

　同人ゲームサークルの文化のうち、本稿では「制作動機」に注目する*6。

　同人ゲームは、1つの動機に基づいて作られるわけではないことが多い。聞き取りを行うと、制作者たちが複数の動機に基づいてゲームを創作していることが分かる。制作者AとBの次の言葉には、「なぜゲームを作るのか？」を聞いた際に制作者から回答されることが多かった4つの動機が含まれている。

　──同人でゲームを作るモチベーションは？
　A：もともと〔絵を〕描くのが好き（①）なのもありますし、一緒に作っている人がいるからこそ、一緒にそのままやっていける（②）というか、必ず定期的にデータとかを渡したら、レスポンスも返ってきますし。そういうふうに、いろいろ話をしたりとか楽しい（②）ですし。
　B：大前提で、文章を書くのが好き（①）だというのが一番で、次にはやっぱり一人でも面白いって言ってくれる人がいれば（③）。あとはマスターアップ〔完成〕の達成感（①）と、コミケで「面白かったです」って買っていってくれる人たちの顔を見る、あの快感（③）はちょっと他ではなかなか味わえないんで、そこだけですね。お金だけ考えたらね、同じ時間残業した方が、全然お金になる（④）もんね。

　同人ゲームサークルの制作動機には、まず、制作自体の楽しさ

（①）がある。「文章を書くこと」「絵を描くこと」「プログラミングすること」「マスターアップの達成感」のような「作ること」「完成させること」自体の楽しさが、制作動機として頻繁に回答される。

　次に回答されることが多いのが、他のサークルや一般参加者（プレイヤー）との社会的つながり（②）と、他者からの評価（③）という、関係的・社会的な動機である。上のAとBの回答でも、「一緒に作っている人がいること」「一人でも面白いと言ってくれる人がいること」が、ゲーム制作の動機として挙げられている。

　最後に金銭（④）がある。ただし、Bのように、同人の創作活動はほとんどお金にならないので金銭は制作の動機ではない、と答える者も多い。

　インタビュー調査から得られた、サークルの多くが、「制作自体の楽しさ」「社会的つながり（交流）」「評価」という非経済的動機に主に基づいて創作活動をしているという傾向は、質問紙調査でも見られた。たとえば、コミケット30周年調査で行われた「同人作品制作の理由」という質問に対する同人サークルの回答（表①、単一回答）を見ると、「作品を作ることそれ自体が楽しいから」（49.8％）、「作品を人に見てもらえることが楽しいから」（27.1％）という回答が多かった。他方、「作品を販売することで収入を得ることができるから」（0.8％）という回答は少なかった［コミックマーケット準備会編 2005: 293-294］。多くのサークルが、「制作自体の楽しさ」や「評価」のような、非経済的動機に基づいて、創作活動をしていることが分かる[7]。

　また、コミケット35周年調査における同人ゲームサークル[8]の制作動機にも、同様の傾向が見られた。同調査では、「同人作品を制作し、コミケットに参加する動機」として考えられるものを列挙し、それについてそれぞれどう思うかを質問している（表②、複数回答）。こ

表① 同人サークルの作品制作の理由（30周年調査）　　　　　　　　%

作品を作ること自体が楽しいから	49.8
作品を人に見てもらえることが楽しいから	27.1
主張や伝えたいメッセージがあるから	8.1
作品をきっかけに友人やファンを増やすことができるから	7.0
アート活動・表現活動として	5.3
その他	1.9
作品を販売することで収入を得ることができるから	0.8

出典：コミックマーケット準備会編［2005］

表② 同人ゲームサークルの作品制作・コミケット参加動機（35周年調査）　%（実数）

	強く そう思う	どちらか というと そう思う	どちらか というと そう思わ ない	全く 思わない	合計（実数）
人に見てもらえるのが嬉しい	66.6	29.7	2.9	0.9	100.0 (1163)
お祭りの雰囲気が好き	54.4	36.5	5.9	3.2	100.0 (1170)
多様性が許容されている	45.4	41.5	10.6	2.5	100.0 (1167)
友人・知人に会える	43.6	38.0	10.7	7.8	100.0 (1170)
作品を多く頒布できる	38.6	39.6	17.2	4.6	100.0 (1167)
ファンや友人が増やせる	32.9	46.2	17.7	3.3	100.0 (1165)
限定の作品・グッズが買える	18.8	33.0	29.0	19.2	100.0 (1165)

の質問に「強くそう思う」と回答した者の比率が最も高かった動機
は、「人に見てもらえるのが嬉しい」であり（66.6%）、ついで「お祭り
の雰囲気が好き」だった（54.4%）。これに対して、「作品を多く頒布
できる」に「強くそう思う」と回答した者は38.6%だった。
　以上のデータから、同人（ゲーム）サークルの多くは、「金銭」とい
う経済的動機でなく、「制作自体の楽しさ」「社会的つながり（交流）」
「評価」という非経済的動機に主に基づいて活動していると考えら
れる。ただし、非経済的動機と別に、「金銭」という経済的動機も創

作活動の動機になっているサークルも存在することが示唆された。

　そこで以下では、この4つの制作動機の実態をより深く理解するため、制作自体が楽しいとはどういうことか、サークルはどのような交流を行っているか、どのような評価を得たいと考えているのか、お金を求めるサークルはどのようなサークルか、といったことを明らかにしながら、同人（ゲーム）サークルの複数の制作動機を詳しく論述していく。

（2）制作自体の楽しさ

　サークルが作った創作物は、発表されないことがある。誰にも見られない創作物が作られるのは、創作活動自体が快楽をもたらすからである。次のCの言葉は、作ること自体の楽しさが、サークルの制作動機になることを示している。

　C：作ると出来上がった瞬間にやったー！　ドーパミン、ドバドバドバみたいな、そういう嬉しさがあって、その嬉しさのために次を頑張ろうと思えるんですよ。

　──ファンの人からの声ではなく、ですか？

　C：なくなくなく。誰も読んでなくたって、自分で完結して。だいたいゲームなんて販売するまでに、文章仕上がってからけっこう時間がかかるから、出た頃にはけっこうさめてるんだよね。〔……〕エンド書いた時の、「やったぜー！」っていう気持ち、あれを1回味わうとやれるんじゃない。次のために。

　──「やったぜ」の人もいますけど、「これで見なくていい。ほっとした」っていう人もいる可能性も。

　C：一緒ですよ、一緒です。言い方の問題であって、脳みその中で

なんか出てるのは一緒。〔……〕完成した時の喜びっていうのは50人でも5,000人でも変わんないですよ。もちろん売上になった時は5,000人の方が嬉しいんですけど。でも完成した時の喜びは変わらないな。5人しか読まないからって手を抜くことはないですよ。

　前項のA、Bや上記のCの言葉に見られる通り、人は「絵を描くのが好き」「文章を書くのが好き」だから、あるいは「完成した時の喜び」や「達成感」を得たいから創作することがある。このような、制作動機の1つとしての創作自体の楽しさは、創作活動に関する研究では指摘されないことが多い。たとえば、ブルデューは創作者の制作動機（利害）として、「評価」と「金銭」の2種類を挙げている［Bourdieu 1992＝1995-1996］。しかし、A、B、Cの言葉は、ブルデューが指摘しなかった「制作自体の楽しさ」が、多くのサークルの創作活動の動機になっていることを示している。

（3）社会的つながり（交流）

　サークルは、制作自体の楽しさという個人的な喜びに加えて、作品の発表によって他者から与えられる報酬によっても、創作活動に動機づけられる。そうした報酬の一つが、社会的つながり＝交流である。とりわけ、サークルが同人誌即売会で過去に体験した、あるいは現在や未来に体験する対面での交流は、同人の世界ならではの、サークルを制作に向かわせる動機である。

　交流相手という観点から見ると、サークルが形成する社会的つながりには、主に、他のサークルとの交流と、一般参加者との交流がある。以下では、この2つの交流の実態を明らかにしていく。

表③　同人ゲームサークルの交流サークル数（35周年調査）　　　　　　　　　　% (実数)

	0	1	2	3〜5	6〜10	11〜20	21〜30	31以上	合計 (実数)
会場で挨拶程度	19.2	8.7	11.2	29.8	17.2	10.0	2.3	1.7	100.0 (1154)
同人活動を一緒に	47.2	20.7	14.4	13.7	3.1	0.5	0.1	0.2	100.0 (1143)
同人活動以外で交流	35.0	17.1	14.3	19.9	9.1	2.9	1.1	0.8	100.0 (1144)

　まず、同人ゲームサークルと他のサークルとの交流について検討する。コミケット35周年調査は、サークルに対して交流がある他のサークルの数を尋ねている。具体的には、次の3つを質問している。

- 「即売会会場で挨拶程度の交流があるサークル数」
- 「同人活動（委託やゲスト、合同制作）を一緒に行うことがあるサークル数」
- 「同人活動以外（買い物や遊びなど）の交流があるサークル数」

　表③は、同人ゲームサークルが交流しているサークルの数の度数分布表である。この表から、以下のことが分かる。

- 81%のサークルが、他サークルと即売会で挨拶程度の交流を行っている。
- 53%のサークルが、他サークルと同人活動を一緒に行っている。
- 65%のサークルが、他サークルと同人活動以外の交流を行っている。

　また、コミケット35周年調査では、制作にかかわったサークルのメンバーの人数も質問している。この質問と上記の質問をもとに、制作を1人で行い他サークルとも交流がまったくないサークルの比率を計算したところ、4.4%だった[*9]。この分析結果から、他のサークルとの社会的つながり、特に、即売会やそれ以外の場での対面での交流が、多くのサークルの制作動機の1つになっていると考えられる。

次に、同人ゲームサークルと一般参加者との交流の実態を明らか
にする。インタビュー調査によると、サークルは一般参加者（受け
手・プレイヤー）と、即売会でゲームを直接手渡したり、会話したり
するという交流を行っている。これらの対面での交流は、サークル
にとってどのような意味を持っているだろうか。インタビュー調査
に対する下記の回答は、サークルが一般参加者との交流をどう考え
ているかを明らかにしている。

　　D：特に同人なので、プレイヤーとの距離は近くて、自分で作った
　　　ものを自分で千円札もらって手渡しして、ショップに売ってる
　　　もの以外は全部自分が売ったものっていう実感がありますね。

　　E：コミケで売れる数がやっぱり多いというのもありますし。反応
　　　も見れますしね。あと面白いですよ、コミケ。
　　──空いた時間や他の日に、〔会場を〕まわって買ってみたりします
　　　か？
　　E：ええ、一応まわってみたりとかしますけどね。ちょっとコミケ
　　　的なそういうのはなかなかコンシューマー〔家庭用ゲーム市場〕に
　　　はないですね。どちらかというと、もう同人ならでは。
　　──売るときのお客さんとのコミュニケーションみたいなものが面
　　　白い？
　　E：そうですね。
　　──ゲームってなかなか同人誌みたいにぱっと見て反応返ってこな
　　　いと思うんですけど。
　　E：だいたい、コミケって狙い撃ちで来るじゃないですか。それで、
　　　「前作やったよ」というのはいろいろ言ってくれたりとかあり

ますし。で、やっぱ売れていくのを見るのはやる気にもなりますし。

　DとEの回答から分かるのは、作品を一般参加者に直接手渡せること、参加者が自分の創作物を買ってくれる様子や参加者の反応を直接観察できること、参加者と対面で会話できること、お祭りのような雰囲気を味わえることは、サークルにとって、コミケット（即売会）ならではの楽しみ・体験であり、これらが制作者の励みにもなっているということである。一般参加者との社会的つながり、とりわけ、即売会での対面の交流も、サークルの創作活動の動機の1つである。

　以上から、他のサークルや一般参加者との過去・現在・未来における社会的つながり、特に同人誌即売会での対面の交流が、サークルの制作動機の1つになっている、と言うことができる。

(4) 評価

　3つ目のサークルの制作動機が「評価」である。表①と表②から分かる通り、「作品を人に見てもらえること」「評価されること」の楽しさや嬉しさは、サークルが創作活動の動機として最も多く回答するものの1つである。このことは、これまでに引用したA、B、D、Eの回答だけでなく、以下の回答でも確認できる。

　　F：〔目標は〕俗っぽいですが、多くの人に認められること。販売部
　　　数や「壁」という位置を目安として考えていますが、それそのも
　　　のを目標にしているわけではありません。

——プロとして仕事されることを希望されているのですか？

G：最終目的はプロゲンガーです*10。いずれはコミケでも「壁」に
居座れるほど「大手」になりたいと目論んでいます。

H：同人サークルの方の目標ですが、さっさと「大手」サークルに
なるですね。〔……〕次はIGF*11に参加したいですね。コンテス
トに日本初で行きたいですね。〔……〕ぼちぼち海外進出はした
いですね。やっぱり日本だけ指標持ってると面白くないですし、
面白いんですけどもっと広く行きたいですし。

——自分たちの名を売りたい？

H：はい。

——それでこそインディーズですよ。

H：まあ、でも会社化はしませんが。

——有名になりたいという気持ちはないですか？

I：多くの人に届いて評価をもらった方がいいとは思いますけどね。
だから別に、有名になる必要はないけど、露出の場というか多
くの人に見てもらえる場というのはあった方がいいと思うし。
それも人によると思うんだけど、いっぱいフィードバックとか、
そういったものを得られた方がやってて全然楽しいし。

　それぞれの回答から、サークルの多くが、自分たちの創作物を「見
てもらいたい」「認めてもらいたい」「（それに対する）フィードバック
をもらいたい」と思っていること、また、そうした動機に基づいて創
作していることを読み取ることができる。
　また、F、G、Hの回答中にある「壁」「大手」という言葉にも注目し

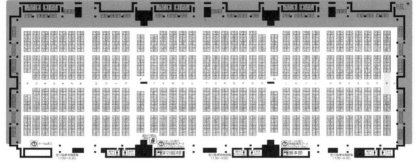

図① 即売会でのサークルスペース（■で網掛けした壁際に人気サークルが配置される）［コミックマーケット準備会 2022］

たい。同人誌即売会では、最も人気があり行列ができる「大手」サークルが会場外周の「シャッター前」（会場外への出入口）や「シャッター横」、「壁」（会場の壁側）と呼ばれるサークルスペース（空間）に配置され、次いで、他のサークルが会場中央に人気順に配置される（図①②）。

　即売会スタッフが、人気に基づいてサークルを空間的に配置する主な理由は、人気サークルの創作物を購入しようとする一般参加者を会場外に出したり、壁側に並ばせたりすることで、会場中央に人が密集しないようにするためである。しかし、この配置は単に即売会におけるサークルの空間的位置だけでなく、その人気も示している。柴田義之が指摘する通り、サークルには「ブランド力」が存在する［柴田 2007: 145］。即売会会場におけるサークルの位置は、サークルのブランド力を計る目安になる。

　サークル・スタッフ・一般参加者たちの間では、サークルは、「シャッター前／シャッター横／壁／偽壁／誕生日席／島中」という空間的カテゴリーや、「最大手／大手／中堅／小手／ピコ手」という経

済交換（金銭と創作物の交換）の規模を示すカテゴリーに基づいて分類される。そして、これらのカテゴリーは、同人たちがサークルの人気を分類するために、またサークル自身が同人の世界における自分の位置を把握するために用いられている*12 [阿島編 2003: 110-117]。

図② 「シャッター前」の「最大手」サークルの様子。たくさんの人びとがサークルの創作物を購入するために並んでいる（著者撮影）

　サークルは、友人・知人との会話や、本やインターネットでの解説、会場で「シャッター前」「壁」サークルへ殺到する参加者の流れや、自分のサークルに並ぶ列の体験・観察に基づいて、自分や他人のサークルの人気や評価を理解する。そして表①や②から示唆される通り、サークルの多くは、これらの体験を通して、同人誌即売会などで「自分の創作物を手に取ってもらいたい」「自分のサークルに多くの人に来てもらいたい」「多くの人に認めてもらいたい」「自分のサークルに列ができるのをまた体験したい」などと考えるようになる。

　もちろん、すべてのサークルが人気や評価を制作動機にしているわけでも、人気や評価がサークルの唯一の制作動機であるわけでもない。しかし、多くの人に創作物を認めてもらいたいと考える者は多い（A、B、D、E、F、I）。また、「壁／大手」になりたい、同人誌即売会での人気を示す位置に、これから行きたいという思いが、創作の強い動機づけである者もいる（G、H）。他者の評価は、多くのサークルにとって、主な制作動機の1つである。

(5) 金銭

　（1）でも述べたが、同人誌即売会での対面の、あるいはショップなどを介した非対面の売買によって得られる金銭が、制作動機であると回答するサークルはあまり多くない。インタビュー調査で金銭について質問した時にも、「同人活動はお金にならないし、金銭は制作の動機にならない」という回答や、「創作にお金（制作費や即売会参加のための交通費）がかかるので、創作の対価としてお金をもらえるなら嬉しいが、金銭自体は制作の目的ではない」という回答が返されることが多い。

　インタビュー調査では、同人ゲームの売上だけで生計を立てているサークルや、同人ゲームの売上と他の仕事による売上で生計を立てているサークルをいくつか確認できた［七邊 2013: 97-98］。しかし、大半のサークルは、同人ゲーム制作を趣味（hobby）として行っている*13。同人ゲーム制作からお小遣いやボーナス程度の金銭を獲得しているサークルも多いが、ほとんどのサークルはそれを本業にしておらず法人化も目指していない（前項の H）。

　多くのサークルが金銭を制作動機としない理由の 1 つは、そもそもゲームがあまり売れないためであるが*14、その他に、「好きなものを作るのが同人、売れるものを作るのが商業」という見方（分類図式）や、「同人サークルは売れるものではなく作りたいものを作るべきである」「同人サークルは経済的利益・営利を目的（主な制作動機）とするべきではない」「同人活動は趣味であるべきである」「営利を追求する者は同人ではない」「同人は反商業であるべきである」といった規範（同人規範）が、同人たちの間で広く共有されている（少なくとも2000 年代までは共有されていた）ためでもある［七邊 2011］。同人ゲーム『ひぐらしのなく頃に』の制作者である竜騎士07 と、『月姫』の制作

者である奈須きのこの次の言葉には、こうした分類図式と同人規範を見て取ることができる。少し長いが引用する。

〔竜騎士07：〕商業というのは当然でございますけれども、商業活動で作るものでございますので、まず「売れる」ことが前提でなければならないわけなんです。で、売れるものの中から、どういったら面白いものが作れるのかといって企画が始まるのが、商業の定義でございます。
　　同人は、この「売れる」という段階が抜けているわけです。自分たちが面白いから作る。だから同人というのはつまり、面白くて作る。その結果、大勢の人にやってもらえたらいいねという感じで。要するに、同人と商業では作る根底の、まず最初の大前提が逆になるわけです。「好きだから作る」「売れなければならない」という、優先順位が逆なんですね。〔……〕商業というのは売れるために市場をリサーチして、より売れるものを作るために企画立案が進んでいくと思うんですけれども。同人というのは、多くの場合、自分がやりたいからやる。自分が作りたいから作る。世間では受けてないけど、俺は面白いから作るという、非常に自己主張が強いものが同人なわけです。

〔竜騎士07他 2011: 23〕

〔竜騎士07：〕同人と商業の定義の違いを申し上げました時に、同人は好きだから作る、商業は売れるために作ると。これは非常に極論で申し訳ございません。あくまでも分け方でございますので言ったんですけど。それなんで同人というのはですね、裏を返すと、自分たちが楽しく作ったらそこまでのことしか考えて

いないことが多くてですね。いかにして流通させるか、いかに
してより多くの人に手にとってもらうかということについては、
ちょっと同人界は失念していることが非常に多いわけですね。
一応、個人のホームページやサークルのホームページなんかで
PRを打ったりとかはしてるんですけれども、世間一般の商業
のゲーム会社さんのように、雑誌に広告を打ったり、あるいは
取材をやったり、企画を打ったりというような、俗に言う、積極
的な戦略というのは、ほとんどない状態です。もちろん同人界
にもそういう風に、商業に負けないようなPRをされてるサー
クルの方もおられるとは思うんですけれども、全体的に同人界
では営業や流通って考えは失念しているのが多いのが現状です。

［竜騎士07他 2011: 24］

〔奈須:〕好きなものをやるのが同人の本来なんだから、みんな熱意
で動いてほしいですね。金にならないから断る、というのは同
人世界ではあまり見たくないです。極力、理想を通して欲しい
のが、同人なんです。〔……〕どうして僕が商業に行くのを嫌がっ
たかというと、僕たちは同人であることに誇りを持っていたし、
同人である以上、商業は敵だったんですよ。あんな手法には負
けない、金はなくても持てる力をすべて使って良いものをつく
ってやる、っていう気概で成功してきたので、反対側に行くの
は裏切りだと思っていたんです。　［奈須・竜騎士07 2005: 343-344］

　また、同人ゲーム『東方Project』制作者のZUNや、『五月雨』制作
者のYokoの言葉にも、金銭や商業に対する同人の考え方が示され
ている。

——ノベルゲームですと TYPE-MOON さんが商業に移行しました
けど、シューティングの作り手としてうらやましい気持ちはあり
ましたか?

ZUN：僕はなかったですけどね。商業化はもう断ってきちゃって
ますし（笑）。

Yoko：私も断ってしまったことがありました。

ZUN：今プレイステーションストアでダウンロードできるように
するとかその辺が活発になってますね。同人からダウンロード
販売みたいな。

——ちなみに Yoko さんにはどんなお話が?

Yoko：商業化というよりも、海外でちょっと出させてくれってい
う話がありまして。でもそれはうちらの範囲じゃないから「ノ
ー」。

——かっこいい!

Yoko：「『五月雨』はお金が目的じゃないんでいいです」って。

[ZUN 他 2010: 147]

ZUN：コンシューマ〔家庭用ゲーム〕やアーケードのゲームはユーザ
ーのためにありますよね。同人の場合は割と作ってる人間のた
めにある（笑）。「作りたいから作る」っていう。あとユーザーが
置いてけぼりだけどまあいいよね、でも好きな人は好きかもっ
ていう。　　　　　　　　　　　　　　　　　[ZUN 他 2010: 148] *15

〔ZUN：〕商業じゃないから『東方 Project』が〕受け入れられたのは、
非常にあると思う。僕が今でも商業化するのに非常に抵抗ある

のはそこで、なかなか容易にテレビアニメ化とかしないのも、それをすることによって「ちょっと東方とは違うんじゃないの」っていう感覚になる人がいるだろうということ　〔中村 2011〕

「好きなものを作るのが同人、売れるものを作るのが商業」という分類図式や、「同人サークルは経済的利益・営利を目的（主な制作動機）とするべきではない」「同人活動は趣味であるべきである」という同人規範がサークル間で広く共有されてきたのは、これらが、特に同人規範が、同人サークルが身につけるべき、あるいは従うべきルールとして、コミケット準備会から示されてきたためである*16。たとえば、2008年に頒布された「コミックマーケット76サークル参加申込書セット」と共に頒布された「コミケット・マニュアル」では、「コミケットのサークル頒布物について」というコーナーで、上記のような見方・考え方が次のように示されている。

　　コミケットはアマチュア、営利を目的としない団体（サークル）、個人のための展示即売会です。基本的に法人（会社）あるいはそれに準ずる方の参加はお断りします。〔……〕制作原価よりも著しく高い価格をつけたり、ビニ本まがいの悪質な売り方、もうけ主義、営利主義はコミケットの趣旨に反するのでやめてください。　　　　　　　　　　　　　　〔コミックマーケット準備会 2008: 10〕

また、2015年に配布された「コミケットアピール89」にも、「サークルへのお願い」として、次のような記載がある。

　　同人誌を取り巻く環境が変化した結果、同人活動と商業活動と

の区別は曖昧になりつつあります。しかし、同人誌をはじめとする同人活動が趣味であることを基本とした、個人・グループが発行・制作することによる自己表現であることに変わりはありません。コミケットは表現の可能性を追求することを目的としています。コミケットの理念を理解し、過度に営利を追求する活動は慎んでください。

　コミケットへの参加に、「同人サークルは経済的利益・営利を目的とすべきではない」「同人活動は趣味であるべきである」という同人規範に従うことが求められるため、サークルはこの規範を学習するか、少なくとも表向きは建前として従っていることが多い。他方、同人規範に従わず、金銭のために同人活動を行っているように見える者は、他の同人たちから、「同人的でない」「商業的」「商業同人」「プロ同人」「職業同人」「同人ゴロ」「イナゴ*17」「インディーズ」といった多様な言葉で名指され、批判されることが多い（多かった）*18。次のHとIの言葉には、こうした反応を見ることができる。

　　——同人的でないというサークルはありますか？
　H：〔……〕〔アダルト〕ノベル系の一部の大手とかそのへんが、ここはもう「同人じゃねえ」って言いたくなりますね。〔……〕企業の裏の名前で出しているところとか。うち自身はプロ声優を使うとか別にいいんですが、企業が儲けるために同人の方で売るっていうのはちょっとなあっていう*19。

　I：「儲かってます」「売れました」っていうと、いきなり叩かれるんですよ、何だか知らないんですけど。「儲けやがって」みたい

なね。だから売れても、「困ってます、大変です、厳しいです、死にそうです」と言うと途端にみんな優しくなるんですよね。

　ただし、同人規範の下でも、金銭を主な制作動機（の1つ）と考えるサークルは、一定数存在する。たとえば、Eは、（3）で引用した通り、コミケット参加や同人活動の動機という質問に対して、「コミケで売れる数がやっぱり多い」「やっぱ売れていくのを見るのはやる気にもなりますし」と答えていた。つまり、「やっぱり」というやや婉曲的な表現を使いながらであるが、即売会での対面販売で得られる金銭が、制作動機の1つであると認めていた。

　Eのようなサークルが金銭を主な制作動機とする理由の1つは、これらのサークルの実態が同人ゲームの売上で生計を立てている（ゲーム制作・販売を趣味ではなく本業か副業としている）個人事業主や法人であることである。かつては、個人や小規模法人が、商業流通（特に家庭用ゲーム用の流通）を利用して、自主制作したゲームを販売することは、制作や販売にかかる資金や時間が必要だったため難しかった。しかし、1990年代に、商業流通の外側に、同人誌即売会、同人誌委託販売店[20]、ダウンロード販売店[21]などから構成される全国規模の「同人流通」が確立し、これを利用することで、一部の同人サークルは自作ゲームの売上で生計を立てられるようになった[22]。ただし、2010年代以前には、個人や小規模法人が自主制作ゲームを販売できるプラットフォームは、同人流通を除くと、日本には実質的に存在していなかった[23]。そのため、個人や法人の多くは、同人誌即売会に参加したりするなどして同人流通を利用することで生計を立てていた。次のEとJの回答は、2000年代のこのような状況を説明したものである。

E：初期費用が少ないというのと、言ってしまえば、3人いれば何とか出せるというか、世には出せるという形態が、同人が一番近道や、という。〔……〕家庭用もいろいろとまわってみたりとか、話してみたりとかしたんですけど、やっぱり出す出せない以前に、かかる時間が長い。同人だと半年くらいで作れちゃうんですけど、コンシューマーだと企画通すのに半年かかっちゃうんですね。それだとうちみたいな少人数だともう全然耐えきれないですね。結局同人の方が〔販売までが〕速い、ということになります。

J：自分的には〔同人流通を〕第3のプラットフォームって見てますね。コンシューマー、PC、同人っていう。本来は同人というのは、これグレーであって、プラットフォームではなかったんですよ。それがもうなんか最近は一つのプラットフォームとして確立してる。

　また、コミケットスタッフKの次の発言は、コミケット運営側が、同人規範の下で、実態が法人であるサークルに対してどう対応しているかの一例を示している。

K：同人ゾーンにいるのはあくまでアマチュア、できれば儲けすぎない、非営利の集団であるサークルであってほしいと。一方で企業は企業ブースにちゃんとお金払って出展してほしい、というような棲み分けは重んじてます。ですので基本的には、企業の申込みは参加資格がないとして落選になるんですけども、

もはや企業かどうか、厳密には判定のしようがないですよね*24。

——コミケットの中で法人でゲームを作られているサークルもあると思うんですけれど。

K：実際、法人で作られているところも、税金の処理なんか考えると、同人ソフトでたくさん出しているところは、法人の処理してない方がおかしいとは思うんですね。ただ、あくまで表面は、同人サークルである、趣味でやってますっていう形、コミケットのお約束を理解して守ってくれている限りは拒絶しませんよ。だからお約束を分かってるかなんですね。

　以上論述した、金銭に対する様々なサークルの態度をまとめると、次のようになる。同人ゲームサークルの多くは、創作物が売れれば嬉しいが、それが主な動機ではないと考えている。これらのサークルにとって、同人ゲーム制作は趣味であり、本業は別にある。一方、一部のサークルの主な制作動機は金銭であり、同人ゲーム制作は本業か副業である。とりわけ、1990年代以降に国内で成立した同人流通は、一部の人気サークルが、同人規範の制約の下でではあるが、金銭を主な制作動機の1つとすることを可能にした*25。

4. 2010〜2020年代におけるプラットフォームと制作動機の変化

(1) 制作・流通・交流プラットフォームの変化

　第3節では、同人ゲームサークルの制作動機の特徴を、2004年から2014年まで行った調査で得られたデータの分析に基づいて明らかにした。これらによると、多くのサークルの主な制作動機は、「制作自体の楽しさ」「社会的つながり（交流）」「評価」という非経済的動

機であるが、一部のサークルの主な制作動機は「金銭」である。サークルの制作動機は、同人誌即売会やこれを含む同人流通という社会的文脈の影響を受けている。同人誌即売会での対面の交流や評価は、多くのサークルの主な制作動機である。他方で、1990年代に確立された同人流通は、一部のサークルが金銭を制作動機の1つとする要因になった。

　同人ゲームサークルの制作動機に関するこのような傾向は、現在でも概ね見られると考えられる。ただし、2010 ～ 2020年代には、同人ゲームサークルを取り巻くマクロ社会のデジタル化やグローバル化、それらがもたらした制作・流通・交流のための新しいプラットフォームの登場のような社会的文脈の変化が、多くのサークルの考え方や活動を変化させた可能性がある。

　そこで本節では、まず、2010年代以降の制作・流通・交流プラットフォームの変化を示す。次に、プラットフォームの変化の下で、サークルの制作動機がどう変化したか、あるいは変化しなかったかを説明する。

　まず、2010年代以降のプラットフォームの変化について説明する。この時代には、オペレーティングシステム（OS）を備えた携帯電話であるスマートフォンや移動体通信網による大容量通信（モバイルブロードバンド[*26]）が普及し、Twitter（現・X、以下同じ）や YouTube のようなソーシャルメディアの利用率も大幅に上昇した。社会のデジタル化・情報化が進んだのが2010年代だった。こうしたマクロ社会の変化の下で、同人ゲームの制作・流通・交流プラットフォームも大きく変化した。この変化をまとめると次のようになる。

① 無料・安価で利用できるデジタルゲーム制作ソフト（ゲームエンジン）の普及

② 光学ドライブを標準搭載しないパソコンの増加と、ダウンロードカードの普及

③ 同人ゲームを扱うオンラインプラットフォームと端末の増加

④ 同人ゲームを扱う同人誌委託販売店の減少

⑤ 同人ゲームを扱う即売会・フェスティバルの増加と、コミケットの存在感の低下

⑥ 同人ゲームのグローバルな流通を支援する翻訳・販売代行会社の増加

⑦ ソーシャルメディアを介しての交流・評価・スカウトの増加

上記の①～⑦を詳しく説明すると、次のようになる。

プラットフォームの1つ目の変化が、無料・安価で利用できるデジタルゲーム制作ソフト（ゲームエンジン）の普及である。2000年代以前にも「RPGツクール」「NScripter」「HSP」のような、デジタルゲームを比較的容易に制作できるゲームエンジンは存在した。しかし、これらで作れるデジタルゲームは主にパソコン用2Dゲーム[27]で、家庭用ゲーム機やスマートフォン用のデジタルゲームや、パソコン用3Dゲームを無料か安価で制作できるゲームエンジンは、同人制作者の間ではほとんど普及していなかった。

しかし、2010年代に入ると、「Unity」「Unreal Engine」「DXライブラリ」のような、パソコン、家庭用ゲーム機、スマートフォンなど多様な端末向けにあらゆるジャンルのデジタルゲームを制作・販売できる汎用ゲームエンジンが、無料か安価で利用できるようになった。この結果、それまでゲームエンジンを使っていなかったり、独自エンジンを自作したりしていたサークルも、ゲームエンジンを利用して同人ゲームを制作するようになった[28]。デジゲー博2020年調査によると、デジゲー博2020に参加した36サークル（出展者）におけ

るUnityの使用率は75.0%、独自エンジンは16.7%、Unreal Engineは8.3%だった。

　2つ目の変化が、光学ドライブを標準搭載しないパソコンの増加と、ダウンロード（DL）カードの普及である。2000年代には同人ゲームはCD-ROMのような光ディスクで頒布された。しかし、光学ドライブを搭載しないパソコンを所有するユーザーが増加し、光ディスクやその封筒の生産が行われなくなった結果、サークルが同人ゲームを光ディスクで頒布することは難しくなった。そのため近年では、シリアルコードなどが記載されたDLカードが頒布されるようになった[*29][紫雨 2018; Yoko 2018]。デジゲー博2020では、DLカードを頒布したサークルの比率は55.6%、光ディスクを頒布したサークルは36.1%だった。

　3つ目の変化が、同人ゲームを扱うオンラインプラットフォームと端末の増加である。上述の通り、同人ゲームは物理メディア（光ディスク）で、即売会や同人誌委託販売店で販売されることが多かった。しかし、2000年代半ば以降、同人ゲームを頒布・販売できるオンラインプラットフォームや端末が急速に増加・普及した[*30]。また、ゲームエンジンの普及に伴い、サークルはパソコン以外の様々な端末向けにもゲームを提供できるようになった。

　表④は、デジゲー博2020に参加した全サークル（出展者）のうち、各ショップ・サイトをどれだけのサークルが利用しているかを比率で示したものである。Steamでゲームを販売しているサークルの比率が41.7%と最も高く、Google Play、同人誌書店、ニンテンドーeショップが続いている。リアル店舗だけでなく、オンラインプラットフォームで同人ゲームが頒布・販売されていることが理解できる。

　また、表⑤は、デジゲー博2020参加サークル（出展者）が、ゲーム

表④ ショップ・サイトの利用率	
（デジゲー博2020調査）	%
Steam®	41.7
Google Play	19.4
同人誌書店（メロンブックスなど）	16.7
ニンテンドー e ショップ（任天堂）	16.7
App Store	13.9
DLsite	13.9
BOOTH	11.1
PLAYISM	8.3
itch.io	8.3
PlayStation®Store（ソニー）	8.3
DMM	5.6
展示のみ	5.6
家電・ゲーム販売店	5.6
自前サイト	2.8
イベント販売のみ	2.8

表⑤ 対応している端末の比率	
（デジゲー博2020調査）	%
パソコン（PC）	80.6
Android スマートフォン、タブレット	38.9
iOS スマートフォン、タブレット	33.3
Nintendo Switch ™	16.7
PlayStation®Vita	5.6
PlayStation®4	5.6
ゲームセンター等に設置されてる ゲーム機	2.8
ファミリーコンピュータ	2.8
その他のコンシューマゲーム機	2.8

を販売できる端末にどれだけ対応しているかを比率で示したものである。パソコン向けにゲームを制作・頒布しているサークルが全体の80.6％あり、続いて、スマートフォンと家庭用ゲーム機向けにゲームを制作しているサークルが多いことが分かる。

　なお、同人ゲームを扱うオンラインプラットフォームと端末が増加した結果、自分たちのゲームを販売するために同人流通に依存していたサークルが、商業の世界に戻ったりインディーと名乗ったりするようになった。この点について、デジゲー博主催者の江崎望氏と金子良隆氏は次のように語っている。

　金子：ゲーム音楽の方々、商業でやってる方が、結構 M3〔同人音楽の即売会〕にいたりします。同人ゲームも一時期はそんな時期が

あったかなって思っています。

江崎：そうですね。なんか出戻りというか。

金子：特に、2000年代はそれがあったんですよね。同人ゲームで作ってる人たちは商業で出せない。出せない人たちが集まって作ってたという経緯の方とか。あと、会社でゲーム作ってるけど、個人で自分が作りたいゲームをやるために、同人活動としてやってる人たちっていうのが、いっぱいいたんですけど。これがまた、もう一回元に〔商業に〕戻ったというか。今の、特に同人ゲーム界隈はそこなんでしょうね。有名な人たちがもともとは一趣味としてやっていたものが、結局、その人たちは独立して、今度はまたコンシューマーに戻っていったというか。

江崎：いわゆるインディーゲームデベロッパーとして名乗って。

金子：そう、名乗っていったとか。逆にそれに憧れて出ていったとか。

—— Steamとか出しやすくなったので、商業で出せなかった人がそっちに。

金子：商業も出せるし、Steamも出せるしって考えた時に、同人ゲームを即売会で出してる人たちっていうのが、販売するということに限れば、そういう人たちは減りました。圧倒的に減りました。年齢を重ねたのもあるし、正直な話。

江崎：コミケに出づらい歳とかで。社会的地位とかね。

4つ目の変化は、3つ目の変化の裏返しであるが、同人ゲームを扱う同人誌委託販売店の減少である。同人ゲームを扱うオンラインプラットフォームの増加や、物理メディア（光ディスク）を求めるユー

ザーの減少により、同人誌委託販売店における同人ゲームの売上は減少した。この結果、同人誌委託販売店で同人ゲームがあまり取り扱われなくなった。秋葉原で同人ゲームを積極的に販売していた三月兎さんげっと店も、2016年10月に閉店した。

　5つ目の変化が、同人ゲームを扱う即売会・フェスティバルの増加と、コミケットの存在感の低下である。オンラインプラットフォームが普及する中、インディペンデントゲームやインディーゲームと呼ばれる個人や小集団が制作するデジタルゲームが世界的に人気を博した [Juul 2019]。日本でも、デジゲー博（2013年）のような即売会と、Bit Summit（2013年）、東京ゲームショウ・インディーゲームコーナー（2013年）、TOKYO SANDBOX（2015年）、ぜんため・全国エンタメまつり（2017年）のようなフェスティバルが増加した*31。

　表⑥は、デジゲー博2020参加サークル（出展者）が、各即売会・フェスティバルにどれだけ参加しているかを比率で示したものである。デジゲー博2020参加サークルへの調査であるため、デジゲー博の参加率が100％になっている。ついでコミケットへの参加率が高いが、TOKYO SANDBOX、Bit Summit、東京ゲームショウ（インディーゲームコーナー）、ぜんためのような、2010年代に始まったイベントへの参加率も同程度である。2000年代以前には、デジタルゲームを出展・即売できる場はコミケットくらいしかなかったため、コミケットの存在感が大きか

表⑥　即売会・フェスティバルの参加率（デジゲー博2020調査）%

デジゲー博	100.0
コミックマーケット	36.1
TOKYO SANDBOX	27.8
他の同人即売会	25.0
Bit Summit	25.0
東京ゲームショウ	19.4
ぜんため	16.7
ゲームレジェンド	8.3
コミティア	8.3
博麗神社例大祭	5.6
こみっくトレジャー	2.8
コンテンツ東京	2.8
メガビットコンベンション	2.8

った。しかし、現在はサークルの選択肢が増え、コミケットの存在感が相対的に低下していることがうかがえる。

　こうした即売会やフェスティバルのうち、デジゲー博は同人サークルに最も支持されているイベントの1つである。この即売会の開催の経緯について、デジゲー博準備会代表の江崎氏は、ウェブメディアのインタビューに対して次のように語っている。

　江崎：転機は2013年で、「外国の方にインディーゲームを紹介するビットサミットやります」と聞いて、先こされちゃったと思って。同人も立ち上がらなければあかんなぁ、と。〔……〕当時は同人の存在が薄くなってきた感じがしていて、ニュースもインディーゲーム一色になっていく不安がありました。同人ショップが元気なくなってきていて、売るチャンネルが減ってきていた時期なんですね。このままにしておくと、同人ゲームがアンダーグラウンドなものになってしまう気がして、ちゃんと同人ゲームの居場所を確保したい。と。

　──確かに、デジゲー博は場として同人を感じますね。理想の同人ゲーム博覧会、それがデジゲー博のコンセプトになるのでしょうか？

　江崎：最終的には「同人ゲームの良いイベントってこれじゃないかな、たぶん」ですね。

　　試しつつ遊んで、そのまま買って帰れる即売会。イベントとしては単純にオープンな場所であって、審査しない。ゲームはフラットに行きましょう、みんな、平等なラインに立ちましょうと。交流の場所としてやるために毎年同じ場所で同じ時期にやるし、ジャンルの区別もしないと。　　　　　〔ゲームキャスト 2018〕

図③　「デジゲー博2018」の様子。サークルの展示スペース（著者撮影）

　デジゲー博は、インディーゲーム人気の中で存在感を失いつつあった同人ゲームが、定期的に展示・即売される場になった。他の即売会と異なり、デジゲー博はサークルにコンピュータ用電源を提供する。また、Bit Summit などの他のフェスティバルでは、出展者が作品のクオリティに基づいて選抜されたり、ゲームの販売は行えなかったりすることが多いが、デジゲー博では、出展者は抽選で選ばれ、ゲームの販売も行える。同人ゲームサークルや即売会スタッフの経験が長い江崎氏たちだからこそ、同人が求める即売会を提供しえたと考えられる。

　6つ目の変化が、同人ゲームのグローバルな流通を支援する翻訳・販売代行会社の増加である。2000年代末には、海外ではほぼ知られていなかった日本の人気同人ゲームを翻訳し、Steam のようなプラットフォームを介して、同人ゲームをグローバル市場向けに販売することを狙う海外の販売代行会社が、日本の同人サークルに（日本語で）積極的にコンタクトしてくるようになった[*32]［紫雨 2018］。またこれと並行して、海外向けに日本の同人ゲームを翻訳・販売する日本国内の会社も増加した。

　これらの海外・国内の翻訳・販売代行会社を介して、国内ローカルで流通していた日本の同人ゲームは、2010年代前半には欧米で、また2010年代後半には中国でも流通するようになった。また、2020年頃には日本の同人ゲームの輸出ブームは落ち着いた状態になった。

先の金子氏と江崎氏は、2020年の状況について次のように語っている。

　　金子：アメリカとか北米とかヨーロッパはだいぶ落ち着いたと思うんですけど。中国はね。これ、笑い話じゃなくて、結構多くて。正直、向こう〔中国〕のパブリッシャーさんが増えているんですよ。で、他のサークルさんのこのゲームをうちで出したいとかって、しょっちゅうあるんですよね、今。特にここ近年は多い話で。

　　江崎：そうですね。欧米は逆に〇〇〔翻訳・販売代行会社〕みたいに結構技術力のあるパブリッシャーが出てきたんで、移植、たとえば、Unity のソースさえあればいいよ、Vita 版作ってやるぐらいの。PS4 とかね。

　　金子：海外は落ち着いた感じ。日本のいわゆるインディーゲームとか同人ゲームを向こうで売りたいみたいな話は、だいぶ減った気がすると思うんですよね。

　　──目新しいのは全部済んじゃった？

　　江崎：ですね。一通り。あと、国内パブリッシャーがそのまま海外進出しだしちゃったんで。

　　金子：そうですね。最近は国内のパブリッシャーが海外で直接やりとりができるようになった。

　同人ゲームの翻訳・販売代行の取り組みの中でもとりわけ興味深いのが、メディアスケープ株式会社が2014年から展開している「Play, Doujin!」である。同社のウェブページでは、このプロジェクトは次のように説明されている。

図④ 「Play, Doujin!」ウェブサイト［メディアスケープ 2021］

今まで PC でしか遊べなかった「同人ゲーム」を、PlayStation®4
や PlayStation®Vita、Nintendo Switch ™などの家庭用ゲーム機
で遊びたい！ そんな夢を実現するプロジェクトです。

［メディアスケープ 2021］

　同人サークルが家庭用ゲーム機でデジタルゲームを国内外で販売
できるようにするため、メディアスケープは、同人サークルを対象
とした販売代行、制作支援、サークル間の情報交換の支援、家庭用ゲー
ム機会社やゲーム審査機構との交渉、翻訳などを行っている。ま
た、同社の手数料は他の販売代行会社より安い。プロジェクト名
（Play, Doujin!）から読み取れる通り、同人サークルに最も寄り添った
取り組みの1つであると言える。
　最後に、7つ目の変化が、ソーシャルメディアを介しての交流・評
価・スカウトの増加である。ソーシャルメディアとは、多数の人が情
報を双方向に伝達するように設計されたメディアのことであるが、
その代表的事例である SNS や動画共有サイトを用いることによっ

て、同人サークルは、以前は対面でしか行えなかった、自作のゲーム
のファンの人びとと交流したり、多数の人びとから評価されたりす
ることを、ソーシャルメディア上で行えるようになった。また、現在
では、即売会やフェスティバルへの参加の前や、ゲームの制作途中
でアップした画像や動画が、Twitter で大きな話題を集める（バズる）
ことも多い。さらに、ソーシャルメディアで話題になった段階で、ゲ
ームの翻訳・販売代行会社が声をかける（スカウトする）ことも増え
た。

　この状況について、江崎氏と金子氏は、次のように語っている。

　江崎：今って、バズる作家って、開発途中でバズったりして、コミ
　　　　ケに来る前にバズっちゃうんですよ。大体、コミケで列作らな
　　　　いんですよ。
　金子：そう。なので、コミケに来る前に商業とかに出ちゃうので
　　　　……そういうところ〔コミケット〕で流行らないんですよね。だか
　　　　らもう、いわゆる、一線に駆り出されちゃう、っていう言い方は
　　　　ちょっと失礼かもしれないけど。
　江崎：僕、今、1個だけ〔……〕分かりやすい例があったわ。○○〔翻
　　　　訳・販売代行会社〕が持って行った、△△〔人気ゲームのキャラクター〕
　　　　のアクションゲームのやつ。あれ良くやれたら、××〔即売会〕で
　　　　絶対列作るはずなんだけど、その前に、TGS〔東京ゲームショウイ
　　　　ンディーゲームコーナー〕行っちゃったからさ。〔……〕ドット絵の
　　　　ものすごいゲームで、これやべえやべえって言ってたら、突然、
　　　　パブリッシングが○○に決まって。あーってなんだったんだけ
　　　　ど。
　──で、TGS に来ちゃった。

江崎：TGS のブースにドーンですよ。

金子：っていうくらい、逆に言うと、即効性、なんだろう、同人ゲームで流行ってるところはみんな欲しがってるんですよね。

──□□さん〔上記作品の制作者〕は、デジゲー博には出てたんですか？

金子：デジゲー博は出てないですね。もともと Twitter だけで、個人で作ってて、ドッター〔ドット絵の制作者〕としてすごい技術がある人で、この動きとか絵すごいね、みたいなところからスタートしたんですね、もともと。で、まだゲームに至る状態ではなかったというのは変ですけど、その中で、○○さんのところが〔声をかけた〕。

　かつては、同人ゲームは、コミケットなどの同人誌即売会での頒布や交流を経ながら、改良されたり人気を集めたりしていくことが多かった。また、即売会やショップでの人気を見て、販売代行会社がサークルに声をかけたりすることもあった。しかし、近年では、対面よりもソーシャルメディアを介した交流・評価・スカウトが増加した。他方で、即売会で無名の同人ゲームサークルが一躍有名になっていくようなことは、近年では起こりづらくなっている。江崎氏と金子氏の次の発言も、こうした変化を捉えたものと考えることができる。

金子：あと、あこがれみたいなものが〔なくなった〕。昔の同人ソフトって、元をたどっていけば、渡辺製作所があって、いわゆる TYPE-MOON さんがいてとか。その時代時代の大きいサークル

さんがいたんですけど、その後がなかったんですね。結局のところ。

——『ひぐらし〔のなく頃に〕』くらいで。

金子：ひぐらしくらいで止まって、逆に、それ以降、ブームになる……。

江崎：最大手のロールモデルがなくなったんだよな。

金子：最大手というものがなくなったんですね。完全に。それどこ行っちゃったんだっけ、っていうと、コンシューマーに戻って行ったりとか、同人で活動する人がなくなったというか。

（2）制作動機の変化

　前項では、2010 〜 2020年代における同人ゲームの制作・流通・交流プラットフォームの変化を論述した。本項では、こうしたプラットフォームの変化の下で、サークルの制作動機がどう変化したか（しなかったか）を明らかにしていく。

　デジゲー博主催者の江崎氏と金子氏は、サークルの考え方、特に制作動機と即売会参加動機の変化に関する著者たちの質問に対し、制作自体の楽しさより評価や金銭を求める人や、即売会での対面の交流・販売よりオンラインでの交流・販売を求める人が（特に若い世代で）増えているのでは、と回答した。

　金子：個人的にはもうちょっと〔デジゲー博での〕頒布とかもね、出てほしいなって本音はあるんですけど。なかなか展示ばっかりなんで、なんとか頒布。そこ出した理由は、とにかく縮小していく一方だなって思ってて。同人ソフトっていうか同人ゲームのジャンル自体が、それをやらないとですね。今、市場はどうして

もコンシューマーもあるし、〔Nintendo〕Switch もあるし、ダウンロードもあって。いわゆる即売会以外の機会はいっぱいあるんですね。ゲーム自体は。でも、対面で売れる。売れるっていうのも変ですけど、対面で出して手に入ってもらって、しかもそれなりに列ができて、っていうあのインパクトは、多分即売会でしか味わえないと思うんですね。

江崎：でもね、一番困るのは、最近のゲームを取り巻く環境がどんどん対面販売を否定してるんだよね。

金子：これってどうなんだろうな。別にダウンロードでも、数が、ゲームを遊んでくれる人がいっぱい増えて、そのサークルさんの考え方にもよるんですけど。最近やっぱりそういうんだろう、人気者になりたいっていうか、ゲームが売れたい、みたいな願望の方が強くて、楽しんでる感はあんまりないんですよね、正直な話。

——若い人たちか分からないんですけど、対面を否定する傾向があるという話がありました。なにか原因として考えられるものは？

金子：多分、対面で出す必要性を感じないっていうのかな、分かんないですけど。要はダウンロードで数が出ればいいって考えた時に、対面である必要があまりないし、それだったら、広い、いわゆるダウンロードだったら日本だけじゃなくて海外も今出せるわけじゃないですか。Switch とか、Steam とかに出せるから、そういう観点で言えば、別に。あとなんでしょうね、感想をもらうのも Twitter でいいわけですよね。

江崎：同じように、ゲームにリンクつきゃそれでいいです、みたいな感じで。

金子：結局、そういう時代になったので。

——デジタルネイティブって感じですか。

金子：そうそう。なので、対面の必要性を感じないのは、多分そこ
　　にあるんでしょうね。気軽にっちゃ変ですけど、出せば反響は
　　すぐ返ってくる、っていう感覚はあると思います。そこは大き
　　いでしょうね。

——そういうのをまとめていくと、もともと同人の人たちの意識は、
　　そんな変わってなくて、ずっとやっていた方は。

江崎：やってる人は、多分変わらないですね。ただ、若い人たちは
　　結構ギラギラした人たちがいることもある。

金子：まあ、多いですね。それは年齢的な意味はなくて。活動歴的
　　なものですかね。

——周りが煽っちゃう感じですか？

金子：どうなんでしょうね。

——たきつけるというか。

金子：若い人だけじゃないんです。いわゆるインディーゲームで
　　そういう活動を、同人とか知らない人たちがデジゲー博に来て、
　　ああなんかちょっといい感じだしって言って、いろんなパブリ
　　ッシャーを探しに行っちゃったりとかもあるんですけど。ちゃ
　　んと後先考えずにというのはありますね。

　サークルの制作動機や即売会参加動機に関する両氏の指摘は、次
の7つにまとめられる。

①　制作自体を楽しむサークルが減った。

②　対面での交流・販売を求めるサークルが減った。

③　オンラインでの交流・販売を求めるサークルが増えた。

④　評価（＝人気）を求めるサークルが増えた。

⑤　金銭（＝ゲームが売れること）を求めるサークルが増えた。

⑥　グローバルな販売を求めるサークルが増えた。

⑦　①〜⑤の傾向は、年齢が若いサークルや活動歴が短いサーク
　　ルで強い。

　以下では、これら7つの仮説のうち、①〜⑤の仮説の妥当性につ
いて、2004年から2020年までに行われた質問紙調査のデータの分
析から検証する[33]。

　まず、2009年から2014年の制作動機と即売会への参加動機の変
化を検討する。第3節（1）で示した通り、2009年のコミケット35周
年調査は、「同人作品を制作し、コミケットに参加する動機」という
質問を、また2014年の40周年調査は、「コミケットに参加する動機」
という質問を行った。2つの調査では、質問と回答の文言が若干異な
っているため、それが回答に影響を与えた可能性もあるが、ここで
はその影響はあまりないと仮定して、データの分析結果を比較する。
その結果、両者の回答（表②⑦）から、同人ゲームサークルの制作動
機の変化について次のことが示唆された。

　第一に、制作動機やコミケットへの参加動機が「対面での交流・頒
布」であると回答したサークルの比率は、この時期にはあまり変わ
らなかった。「友人・知人に会える」という質問に「強くそう思う」と
回答した者の比率は、ほぼ変わらなかった（43.6％→47.5％）。

　第二に、制作・参加動機が「評価」であると回答したサークルの比
率は、この時期に増加した。35周年調査で「人に見てもらえるのが
嬉しい」に「強くそう思う」と回答した者の比率は66.6％だったのに
対し、40周年調査で「自分の作品を人に見てもらいたい」に「強くそ

	強く そう思う	どちらか というと そう思う	どちらか というと そう思わ ない	全く 思わない	合計 (実数)
自分の作品を人に見てもらいたい	77.3	21.4	1.1	0.2	100.0 (1248)
お祭りの雰囲気が好き	57.9	32.9	7.0	2.3	100.0 (1247)
多様性が許容されている	56.5	35.6	6.4	1.4	100.0 (1246)
他では入手できない作品がある	55.8	31.9	9.6	2.7	100.0 (1246)
友人・知人に会える	47.5	33.1	13.2	6.2	100.0 (1244)
ファンや友人が増やせる	38.3	44.1	15.0	2.6	100.0 (1243)
作品を多く頒布できる	38.1	40.6	17.2	4.0	100.0 (1243)
いろいろな情報が手に入る	29.1	41.8	23.9	5.2	100.0 (1242)

う思う」と回答した者の比率は77.3％であり、10.7ポイント増加した。

　第三に、制作・参加動機が「金銭」であると回答したサークルの比率は、あまり変わらなかった。「作品を多く頒布できる」という質問に「強くそう思う」と回答した者の比率は、ほぼ同じだった（38.6％→38.1％）。

　次に、2020年とそれ以前の制作動機と即売会参加動機の違いを検討する。「デジゲー博2020」調査における「作品を創作し、即売会・イベントなどに参加する動機」という質問に対する回答（表⑧）から、次のことが示唆された。

　第一に、制作動機と即売会参加動機が「対面での交流・頒布」であると回答したサークルの比率が減少した。「友人・知人に会える」という質問に「強くそう思う」と回答したサークルの比率は22.2％で、2009、2014年調査より低かった。

　第二に、制作動機と即売会参加動機が「評価」であると回答したサ

表⑧　同人ゲームサークルの創作・参加動機（デジゲー博2020調査）　　　　　　　　% （実数）

	強く そう思う	どちらか というと そう思う	どちらか というと そう思わ ない	全く 思わない	合計 (実数)
自分の作品を人に見てもらいたい	83.3	16.7	0.0	0.0	100.0 (36)
作品を作ること自体が楽しい	80.6	19.4	0.0	0.0	100.0 (36)
制作のモチベーションが上がる	75.0	25.0	0.0	0.0	100.0 (36)
お祭りの雰囲気が好き	44.4	27.8	19.4	8.3	100.0 (36)
いろいろな情報が手に入る	41.7	47.2	8.3	2.8	100.0 (36)
多様性が許容されている	30.6	50.0	16.7	2.8	100.0 (36)
ファンや友人が増やせる	25.0	61.1	5.6	8.3	100.0 (36)
伝えたいメッセージがある	22.2	33.3	33.3	11.1	100.0 (36)
作品を多く頒布できる	22.2	33.3	33.3	11.1	100.0 (36)
友人・知人に会える	22.2	38.9	13.9	25.0	100.0 (36)
他では入手できない作品がある	13.9	30.6	30.6	25.0	100.0 (36)
作品の販売で収入を得られる	11.1	25.0	22.2	41.7	100.0 (36)

ークルの比率が増加した。調査対象や質問文、回答者数が異なるため厳密な比較ではないが、「自分の作品を人に見てもらいたい」に「強くそう思う」と回答したサークルの比率は83.3％で、2014年調査の比率より6.0ポイント、2009年調査より16.7ポイント高かった。

　第三に、サークルの主な制作動機と即売会参加動機として、「評価」を挙げるサークルの比率が、「制作自体の楽しさ」を挙げるサークルの比率を上回った。「自分の作品を人に見てもらいたい」に「強くそう思う」と回答した者の比率は83.3％で、「作品を作ること自体が楽しい」の比率（80.6％）を上回って1位であった。

　2004年のコミケット30周年調査では、「同人作品制作の理由」として、「作品を作ることそれ自体が楽しいから」と回答したサークルの比率が、「作品を人に見てもらえることが楽しいから」と回答した

表⑨　同人ゲームサークルの生計維持に対する意識　　　　　　　　　　　% (実数)

	既に生計を立てている	生計を立てることを希望している	生計を立てられれば良いなと思っている	生計を立てることは特に希望していない	合計（実数）
コミケット35周年調査	11.1	18.4	32.6	37.9	100.0 (1178)
デジゲー博2020調査	8.3	25.0	47.2	19.4	100.0 (　36)

サークルの比率を、22.7ポイント上回っていた（表①）。2004年調査と2020年調査を比較すると、サークルの主な制作動機と即売会参加動機として、「評価」を挙げるサークルの比率が、「制作自体の楽しさ」を挙げるサークルの比率と並んだか、逆転した可能性がある。

　第四に、制作動機と即売会参加動機が「金銭」であると回答したサークルの比率は減少した。「作品を多く頒布できる」という質問に「強くそう思う」と回答したサークルの比率は22.2％で、2009、2014年調査より低かった[*34]。

　第五に、創作物で生計を立てたいと考えるサークルの比率が増加した。2014年調査の「商業メディアでの創作活動で生計を立てたいか」という質問に対し、「生計を立てることを希望している」「生計を立てられれば良いなと思っている」と回答したサークルの比率の合計は、51.0％だった。これに対し、2020年調査の「同人ゲームやインディーゲームの創作活動で生計を立てたいか」という質問に、「生計を立てることを希望している」「生計を立てられれば良いなと思っている」と回答したサークルの比率の合計は、72.3％で、2014年調査より21.3ポイント高かった（表⑨）。

　以上、得られたデータから検討した限りでは、

① 制作自体を楽しむサークルが減った。
② 対面での交流・販売を求めるサークルが減った。

③ オンラインでの交流・販売を求めるサークルが増えた。

④ 評価（＝人気）を求めるサークルが増えた。

⑤ 金銭（＝ゲームが売れること）を求めるサークルが増えた。

という仮説のうち、②④の仮説は妥当である可能性がある。

　制作自体を楽しむサークルが減ったという①の仮説については、デジゲー博2020調査ではサークルの8割がゲーム制作も楽しんでいると回答していたため、おそらく支持されないと考えられる。ただし、制作動機として「制作自体の楽しさ」より「評価」を挙げるサークルの比率が上回っていたことから、「人気者になりたい」という願望の方が「楽しみたい」という願望より強いのではないかという推測については、妥当性があると考えられる。

　対面での交流・頒布を求めるサークルが減ったという②の仮説が妥当であるとすると、対面よりオンラインでの交流を求めるサークルが増えたという③の仮説も支持される可能性がある。

　⑤については、金銭のために即売会に参加するサークルの比率は減ったが、他方で、創作物で生計を立てたいと考えるサークルの比率が増加した可能性が高い。つまり、即売会ではゲームが売れることを求めない（場合によっては会場での即売はせず展示のみを行う）が、オンライン販売での収入を求めるサークルが増加した可能性がある。このように考えると、⑤の仮説は、部分的に妥当であると考えられる。

　以上の分析結果をまとめると、次のようになる。2010 〜 2020年代には、マクロ社会のデジタル化とグローバル化が進展し、デジタルゲームの制作・流通・交流プラットフォームも変化した。こうした文脈の変化の下で、制作自体の楽しさに加えて、オンラインでの交流・販売やそこで得られる評価・金銭を主な制作動機とする同人

ゲームサークルが増えた可能性がある。

5. 考察

　前節では、2010年代以降に、同人ゲームの制作・流通・交流プラットフォームについて、ゲームエンジンとダウンロードカードの普及、同人ゲームを扱うオンラインプラットフォームと端末や即売会・フェスティバル、翻訳・販売代行会社、ソーシャルメディアでの交流・評価・スカウトの増加、同人誌委託販売店の減少とコミケットの存在感の低下といった変化が見られることを明らかにした。また、こうしたプラットフォームの変化の下で、制作自体の楽しさに加えて、オンラインでの交流・販売や、そこで得られる評価・金銭を主な制作動機とする同人ゲームサークルが増えた可能性があることを明らかにした。

　以上の論述に基づいて、本節では、同人ゲームの制作・流通・交流プラットフォームとサークルの制作動機の連関の時代的変化のメカニズムを考察する。

　1990 〜 2000年代には、同人ゲームの制作・流通・交流プラットフォームは、同人誌即売会や同人誌委託販売店などから構成される同人流通だった。即売会で、自分の作品を手渡ししたり、参加者の反応を直に見たり、作品を購入した人から応援してもらったり、他の制作者と会話したりすることは、サークルを次の制作に向かわせる同人ならではの動機づけになった。

　また、サークルはコミケットへの参加に、「同人サークルは経済的利益・営利を目的（主な制作動機）とするべきではない」「同人活動は趣味であるべきである」という同人規範に従うことを求められたため、サークルの多くはこの規範を身につけた。同人流通の外側に自

主制作ゲームを流すプラットフォームがなかったため、同人活動を金銭獲得の手段と考えていたサークルの多くも、同人規範に（少なくとも表向きは）従った。

　同人流通や同人規範は、サークルの考えや活動を支援するものであったが、一方で、これらを束縛するものでもあった。この点について、2013年初めに、同年秋にデジゲー博を開催することになる江崎氏は次のように語っていた。

　　一番の問題はコミケットくらいしか市場がないので、コミケットのルールに皆が束縛されていくというのが一番大きくて。たとえば何をするにしても、コミケットの〆切が8月と12月というのがどうしても動かせない。そこに皆の生活サイクルが固定されていくということもあって、他のことをやろうとしても、コミケの〆切がきついと言われてしまう。〔……〕かといって、コミケの十何万人の集客力と、〔制作〕スタッフさんになりうる人材が数万人、サークルとしているという事実を考えると、コミケは外しようがないですよね*35。

　しかし、2010年代以降、同人流通の外側に新しい制作・流通・交流プラットフォームが出現し、またそれを利用して同人ゲームのグローバルな流通を支援する翻訳・販売代行会社が現れると、これまでのサークルとは異なる考え方を持つ者が増加した。まず、同人誌即売会における対面での交流・販売や、そこで得られる評価・金銭よりも、ソーシャルメディアやオンラインプラットフォームでの交流・販売や、そこで得られる評価・金銭を重視する者が増加した*36。新型コロナウイルス感染拡大も、対面よりオンラインでの活動を重

視する傾向を促した。

　また、法人の参加や営利活動を支援する即売会[*37]やフェスティバルが増加した結果、これらに厳しいコミケットに参加しなくても、自主制作ゲームの売上で生計を立てられるチャンスが増加した。さらに、コミケット主催者も、オンラインプラットフォームで販売されたゲームをサークルがコミケットで販売することを基本的に禁止しなかったため、サークルはコミケットに参加したまま、オンラインプラットフォームでも同人ゲームを販売できるようになった[*38]。

　以上の結果、同人流通や同人規範から自由な（＝それらに束縛されない）サークルが増加した。また、即売会に参加していても、自らを「同人」というより、より営利志向的な「インディー」と考えるサークルや、オンラインでの交流・販売と、そこで得られる評価・金銭を主な制作動機とする制作者が増加したと考えられる。

　同人ゲームサークルの考え方が変化していることは、次の3つの事例によっても示唆されている。1つ目の事例が、『東方 Project』制作者の ZUN の言葉である。2016年に公開された、日本のインディーゲーム制作者や販売代行会社などの世界を描いたドキュメンタリー映画『Branching Paths』の中で、「同人がインディーに近づいている」「成功したいという人も出てきている」と彼は語っている。

In that way, I think doujin are turning into indies.

図⑤　『Branching Paths』における ZUN の言葉（英語字幕）［Vogel 2017: 43］

　同人を作っている人、同人誌を書いている人の中では、もっとその同人に

対して、昔だったら楽しまなきゃいけない、自分の好きなもの
を書けっていうところの垣根がだいぶ減ってきて、逆に同人の
方がインディーに近づいていってる感じはします。そこでも成
功したい、一山当てたいっていう人も出てきてますし。それは
いいことかもしれないし、同人にとって悪いことかもしれな
いっていうのは、ちょっと僕には分からない。

Vogel［2017］は、ZUN のこの言葉や著者たちの研究［Hichibe &
Tanaka 2015］に基づいて、同人がインディー的な制作・流通形態に移
行しており、これまでのホビイスト的態度とは大きく異なる考え方
が同人の間で現れている、と主張している。Vogel が述べている通り、
ZUN の言葉からは、同人規範の縛り（「垣根」）から、同人サークルが
自由になり、営利も重視するインディーに近づいて行っている様を
読み取ることができる。

　同人サークルの考え方の変化を示唆する2つ目の事例が、デジゲ
ー博2020調査の結果である。これによれば、「自分を同人だと思う」
と回答した出展サークルが55.6％だったのに対し、「自分をインディ
ーだと思う」と回答したサークルは66.7％だった。また、「自分を同
人だと思う」者ほど、ゲーム創作活動で生計を立てることを希望す
ると回答しない傾向があったのに対し、「自分をインディーだと思
う」者ほど、生計を立てることを希望すると回答する傾向があった*39
（表⑩⑪）。

　最後の事例が、2021年に刊行された『インディーゲーム・サバイ
バルガイド』という著作である。本書の著者である一條によれば、本
書は、「ゲームを配信して収益をあげようと考えている人に向けた
本」であり、「「ゲームの面白さ」を作ることについて解説」せず、「ゲ

表⑩ 同人アイデンティティと生計維持の希望のクロス表　　　　　　　%（実数）

| 同人自認 | ゲーム創作による生計維持についての希望 | | | | 合計（実数） |
	既に生計を立てている	生計を立てることを希望している	生計を立てられれば良いなと思っている	生計を立てることは特に希望していない	
はい	5.0	15.0	50.0	30.0	100.0（20）
いいえ	12.5	37.5	43.8	6.3	100.0（16）
合計	8.3	25.0	47.2	19.4	100.0（36）

表⑪ インディーアイデンティティと生計維持の希望のクロス表　　　　　%（実数）

| インディー自認 | ゲーム創作による生計維持についての希望 | | | | 合計（実数） |
	既に生計を立てている	生計を立てることを希望している	生計を立てられれば良いなと思っている	生計を立てることは特に希望していない	
はい	12.5	29.2	50.0	8.3	100.0（24）
いいえ	0.0	16.7	41.7	41.7	100.0（12）
合計	8.3	25.0	47.2	19.4	100.0（36）

ーム開発で収入を得て活動を続けたいという方に役立つ知見を、フックとなる範囲に絞って提供」した本である［一條 2021: i］。本書には、ゲームの内容に関する記述はほとんどない。代わりに、インディーゲーム制作者が評価や金銭を得て、「サバイブ（生活）」するために必要な営業や流通などの方法[40]がひたすら書かれている。また、そのための手段の1つとして、コミケットに参加することが勧められている［一條 2021: 249-250］。

　第3節で引用した通り、竜騎士07は、「好きだから作る」同人は、楽しく作ることまでしか考えておらず、作品の営業や流通を失念していることが多いと語っていた。これに対し、本書は、ホビイスト的な同人たちが失念していた、営業や流通の方法を教える著作である。

「同人サークルは経済的利益・営利を目的（主な制作動機）とするべきではない」という同人規範とは一線を画す、営利追求を是とする商業志向に基づく本書は、インディーゲームの翻訳・販売代行会社PLAYISMの監修の下で、即売会であるデジゲー博などに参加している著者によって書かれた。また、本書は同人ゲーム制作者の間でも広く話題になった。このことは、同人即売会に参加していても、自らを制作自体の楽しさのような非経済的動機を主に重視する「同人」というよりも、非経済的動機だけでなく経済的動機（生計維持）も重視する「インディー」と考えるサークルが増えていること、また、オンラインでの評価や金銭の獲得を主な制作動機とするサークルが増えていることを示唆していると考えられる。

　以上の考察をまとめると、次のようになる。1990 ～ 2000年代には、同人ゲームの制作・流通・交流プラットフォームは同人流通であり、対面での交流・評価・販売がサークルの主な制作動機であり、金銭を主な目的とする者は少なかった。また、コミケットに参加するため、「同人サークルは経済的利益・営利を目的（主な制作動機）とするべきではない」「同人活動は趣味であるべきである」という同人規範に、サークルは従っていた。しかし、2010年代以降に、同人流通の外側にゲームの新しい制作・流通・交流プラットフォームが出現し、またそれを利用して同人ゲームのグローバルな流通を支援する翻訳・販売代行会社が現れると、対面よりオンラインでの交流・評価・販売を重視する者が増加した。また、同人流通と同人規範の縛りが弱まった結果、即売会に参加しても自らを「同人」よりはより営利志向的な「インディー」と考えるサークルや、オンラインでの評価や金銭が主な制作動機の1つである制作者が増加した。

　このような変化は、社会学者ロジェ・カイヨワや井上俊が言うと

ころの「遊」志向から「俗」志向への変化と見ることができる［Caillois 1958＝1990; 井上 1977; 七邊 2011: 72］。また、ゲーム制作者を分析するために著者が構築した「ホビイスト・クラフター／インディー／商業制作者」という3類型［Hichibe & Tanaka 2016: 49］に基づけば、制作自体の楽しさ、交流、評価のような非経済的動機にもっぱら基づいてゲームを制作する「ホビイスト・クラフター」というよりは、非経済的動機と経済的動機（金銭、生計維持）の両方に基づいてゲームを制作する「インディー」に近い性向を持つサークルが増加したと捉えることができる。

　なお、以上の変化について本稿は距離を置いた分析を行ったが、これらの変化に著者が影響を与えた可能性があるため、本節の最後にこれについても記しておく。著者は、同人サークルの調査に基づいて2013年に作成した博士論文の中で、日本におけるインディーゲーム市場（博士論文では自律制作市場）の拡大を支援するため、以下のような提案を行った［七邊 2013: 117-121］。

　① 産業と中間集団が、「生計維持のマネジメント」知識を伝える研究会を開催すること。
　② 自主制作ゲームやそれによる生計維持に理解が深い成熟ユーザーを増やすこと。またこれを通して、同人規範（博士論文では自主制作文化の規範）の影響を減少させること。
　③ 即売会についての新しい制度的仕組みを作ること。具体的には、同人流通と商業流通の併用を許容したり、法人も参加できたりする即売会を開催すること。
　④ 産業が、自主制作ゲームの制作・流通環境を提供すること。
　⑤ 産業が、自主制作者との交流を積極的に行うこと。

この博士論文やその他の論文・スライド［七邊 2009, 2013; 小林 2018］

は、デジゲー博主催者の江崎氏などをはじめとする同人サークルの人々に読まれた。また、東京工業大学のオンラインレポジトリや、Slideshare のようなオンラインプラットフォームでも論文をダウンロード・閲覧できた。そのため、著者が日本語の同人研究では初めて用いた「持続性」「生計維持」「ホビイスト」といった分析概念や様々な提案が、調査対象であった世界の人々に学習され、その世界の再編に影響を与えた可能性がある[*41]。

6. 結論と今後の課題

本稿の目的は、同人サークルの制作動機の特徴と、デジタル化とグローバル化の時代における近年の変化を、同人ゲーム制作者に注目して明らかにすることであった。インタビュー調査、質問紙調査、資料調査によって得られたデータの分析に基づく本稿の知見をまとめると、次のようになる。

① 多くの同人ゲーム制作者の制作動機は、「制作自体の楽しさ」「社会的つながり」「評価」という非経済的動機である。

② 一部の制作者の制作動機の1つは金銭である。また、金銭を得て生計を立てるために同人ゲームを制作しているサークルもある。

③ 1990〜2000年代には、同人ゲームの制作・流通・交流プラットフォームは、同人誌即売会や同人誌委託販売店などから構成される同人流通だった。即売会での対面での交流・販売は、サークルの制作動機になった。

④ 当時、サークルはコミケットへの参加に、「同人サークルは経済的利益・営利を目的（主な制作動機）とするべきではない」「同人活動は趣味であるべきである」という同人規範に従うことを

求められたため、サークルの多くはこれに従った。

⑤ 2010年代以降、マクロ社会のデジタル化・グローバル化の下で、同人流通の外側にゲームの新しい制作・流通・交流プラットフォームが出現し、またそれを利用して同人ゲームのグローバルな流通を支援する翻訳・販売代行会社が現れると、これまでのサークルとは異なる考え方を持つ者が増加した。まず、同人誌即売会における対面での交流・販売より、オンラインでの交流・販売や、そこで得られる評価・金銭を重視する者が増加した。新型コロナウイルス感染拡大も、この傾向を促した。

⑥ 法人の参加や営利活動を支援する即売会やフェスティバルが増加し、またコミケット主催者もオンラインプラットフォームで販売されたゲームをサークルがコミケットで販売することを基本的に禁止しなかったため、サークルはコミケットに参加したまま、オンラインプラットフォームでも同人ゲームを販売できるようになった。

⑦ ⑤⑥の結果、同人流通や同人規範から自由なサークルが増加した。自らを「同人」というよりも、より営利志向的な「インディー」と考えるサークルや、オンラインでの交流・販売と、そこで得られる評価・金銭を主な制作動機とする制作者も増加した。

以上の知見は、同人ゲームサークルの制作動機の特徴は何か、それらが社会的文脈から受ける影響はどういうものか、デジタル化とグローバル化の時代のサークルの制作動機と社会的文脈の変化はどのようであるか、といったことを明らかにするものである。また、この知見が、他のジャンルのサークルにも当てはまるかどうか、といった新しい問いの出発点も提供するものであり、同人（サークル）研究において一定の学術的意義を有すると考えられる。

一方で、本研究には、いくつかの課題が残されている。最も重要な課題は、実証性である[42]。2010年代以降のサークルの制作動機の変化という問いに答えるため、本研究は、コミケットとデジゲー博という即売会の参加者に関する質問紙調査と、インタビュー調査、資料調査を利用した。しかし、性格が異なる2つの即売会の参加者に対する質問紙調査や、少数の制作者に対するインタビュー調査のデータに基づいて提示された本稿の知見は、比較やサンプルサイズの点で課題があり、依然として仮説に近い。

　この仮説的知見を検証するためには、何よりも、2014年以降は行われていないコミケットに関する大規模調査の実施とそこで得られたデータの分析が必要であろう。2025年に実施されることが期待されるコミケット50周年調査とそこで収集されるデータがあれば、同人ゲームサークルの制作動機の変化、制作者の制作動機の変化の要因としての社会的文脈の変化などを明らかにできるだろう。また、より多数の制作者へのインタビュー調査や、より多数の資料の調査も、本稿の知見を検証する上で必要だろう。

　また、この他に、マンガ同人誌[43]や同人音楽[44]を創作するサークルの制作動機や社会的文脈[45]（の変化）はどうか、同人規範がどのように形成され変化したか（しなかったか）[46]といった課題も残されている。これらの課題について、著者も引き続き取り組んでいきたい。

謝辞

インタビューに応じて下さった江崎望氏と金子良隆氏や、今給黎隆氏（東京工芸大学）、吉田寛氏（東京大学）、井上明人氏（立命館大学）から、本稿に対する貴重なご指摘を頂きました。記して感謝致します。

注

* * 1　コミケットで頒布される自主制作ゲームソフトは、同人の世界では「同人ソフト」と呼ばれることが一般的だが、同人ソフトには CG 集やアニメーションなども含まれることから、本稿では自主制作ゲームを示すために、「同人ゲーム」という言葉を用いる。

* * 2　第3節は、著者の博士論文［七邊 2013］に大幅な加筆を加えたものである。

* * 3　この研究会は、同人ゲーム制作の実態を明らかにすることを目的として、2008 年に日本デジタルゲーム学会で開催された研究企画の流れをくむものである。研究会では、2008 年以降の 10 年間の同人ゲーム制作の変化について、制作者に語って頂いた。研究会の概要と発表資料については、日本デジタルゲーム学会［2018］を参照。

* * 4　「35 周年調査」「40 周年調査」の詳細については、本書付録「コミックマーケット 35・40 周年調査報告」を参照。なお、調査データの利用については、各調査の実施主体の許可を得た。

* * 5　デジタルゲーム研究グループのメンバーは、小林信重（東北学院大学・准教授）、小山友介（芝浦工業大学・教授）、田中絵麻（明治大学・専任講師）である。

* * 6　同人ゲーム制作者の文化のうち、創作物や創作活動については、七邊［2013］を参照。

* * 7　表①は、同人サークル全体の回答である。30 周年調査データを分析できていないため確実なことは言えないが、同人ゲームサークルにも同様の傾向が見られると考えられる。

* * 8　以下では、「頒布している発行物の種類」という質問に、「ゲーム（動的）」か「ゲーム（ノベル）」、もしくはその両方と回答したサークルを「同人ゲーム制作者」と定義する。

* * 9　有効回答数 1,130 サークル中 50 サークルである。

* * 10　プロゲンガーは、職業として美少女ゲームの原画を描く人である［阿島編 2003: 112］。

* * 11　IGF は、1999 年から毎年開催されている世界で最も有名なインディペンデントビデオゲームのコンテストの1つである「Independent Games

Festival」の略称である。

*12 即売会でのサークルの空間的位置は、同人の場におけるサークルの評価を把握する目安になる。ただし、売れる作品を作らないので売上は大きくないが尊敬されているサークルが、会場中央に配置されることも多い。それゆえサークルの空間的位置は、サークルの評価を把握するための有効な指標の1つであるが、唯一絶対の指標ではない。厳密に評価と人気を区別する場合、この位置は、サークルの評価（reputation）よりは人気（popularity）を測定するのにより役立つ指標であると言えるかもしれない。

*13 2000年代には、商業ゲーム会社に所属しながら趣味で同人ゲームを作っている者も多かった。これらの人びとは、自分が作りたいゲームを作るために同人の世界に参加していた。

*14 質問紙調査の結果も、サークルの大半の創作活動はお金にならないことを示している。コミケット35周年調査によると、同人ゲームサークルの54％の創作物頒布数が100本未満で、70％のサークルの年間収支が赤字だった。

*15 ZUN他［2010］はファンによって英語翻訳され［Shmuplations 2022］、同人ゲームサークルが金銭に興味を持たないことを示す根拠として、海外の研究でしばしば引用されている［Vogel 2017; Helland 2018］。

*16 著者は「自主制作文化や同人文化の規範〔……〕は、必ずしも公式化・明示化されたものではない」［七邊 2013: 77］と論述してきたが、同人の世界だけに限れば、同人規範はコミケット準備会によって明示化されてきたと見る方が適切と思われる。

*17 営利追求のために、その時の流行りの人気作品のパロディを作り続けていく者のこと。

*18 同人の世界を扱った『大同人物語』『げんしけん』『こみっくパーティー』といった作品では、同人規範と営利志向との対立がしばしば描かれる。

*19 アダルトPCゲーム会社の中には、商業界で得たノウハウ・資金・人気・人脈を武器に、金銭を得るために、名目上のサークルを作って同人誌即売会に参加する企業もある。

*20 とらのあな、メロンブックスなど。

*21 DLsite、DMM など。

*22 同人流通の歴史と構造については、七邊［2013］の第2・7章と、Kobayashi（Hichibe）& Koyama［2020］を参照。

*23 2003年から存在したグローバルなPCゲームのオンライン販売プラットフォームのSteamを利用するためには、英語での交渉やゲーム内の文章の翻訳の必要があった。また、2008年に開始されたiPhone向けのアプリ流通プラットフォームであるApp Storeを利用するためには、独自のプログラミング言語を学ぶ必要が当初はあった。以上の理由から、1990〜2000年代に、日本の個人事業主や小規模法人がこれらのプラットフォームを利用することは、かなり難しかった。

*24 コミケットでは法人が出展できる企業ブースが1996年から設置されているが、法人格を持つサークルが企業でなくサークルとして参加することは実際にはしばしばある。しかし、Kによると、サークルが法人であると判定して落選にすることは、サークルの実態が法人であることを示す明確な証拠がある場合（サークルの公式ウェブサイトに企業名がある場合など）を除くと難しいそうである。

*25 金銭を制作動機の1つとするサークルの中には、同人界の規範に基づく他者からの批判を避けるため、「お金のためでなく、好きで作っている」という姿勢を自覚的・戦略的に取るサークルもある。また、人気サークルの中には、営利のためというよりは、作品の売上や制作費の管理、税金対策、社会的信用のため、法人化しているサークルも存在するが、これらのサークルの大半は法人の存在を公けにしていない。同人界の規範とそれへの対応策の詳細については、七邊［2013］の第5章を参照。

*26 日本では、移動体通信大手3社が2012年に第4世代移動通信システム（4G）サービスを、2020年に5Gサービスを開始した。

*27 2Dゲームは、縦と横という2次元の奥行きのない空間を表現するデジタルゲームである。一方、3Dゲームは、縦・横・高さという3次元の空間を表現するデジタルゲームである。

*28 デジゲー博とコミケットの出展者が利用しているゲームエンジンについては、今給黎［2018］とデジタルゲーム研究グループ［2020］を参照。

*29 USBメモリやSDカードは高額だったため普及しなかった。

＊30 同人ゲームを販売できるオンラインプラットフォームには、Steam（2003 年開始）、PlayStation Store（2006年）、App Store（2008年）、PLAYISM （2011年）、itch.io（2013年）などがある。表④も参照。なお、すでに述べ た通り、国内では Steam などに先行して存在した DMM（同人誌・同人ソ フト販売は2001年より）や DLsite（同2003年）のようなダウンロード販 売サイトが、サークルがグローバルなオンラインプラットフォームを利 用する際の敷居を下げた可能性がある。ただし、2010年前後には、DMM や DLsite では非18禁ゲームを委託してもほとんど売れなかったため、 著者が調査した限りでは、これらを使ってゲームを販売している非ノベ ル系サークルはほとんどなかった。また同時期に、とらのあなのような 同人誌委託販売店もダウンロード販売の依頼をサークルに対して熱心 に行っていたが、非ノベル系サークルの反応は鈍かった。

＊31 海外では、Independent Games Festival（1999年）、IndieCade（2008年）、A Maze.（2012年）などが開催されている。海外のインディペンデントゲー ムやそれを扱うフェスティバルの動向については、Juul［2019］、小林 ［2020b］を参照。

＊32 Consalvo［2016］は、Carpe Fulgur などの独立系販売代行会社によって、 日本の同人ゲームがいかに翻訳され、英語圏に発信されていったかを詳 細に記述している。

＊33 本稿では仮説⑥は検証しない。ただし、2014年に行ったインタビュー調 査では、いくつかの同人サークルが、海外の制作者や翻訳・販売代行会 社との交流が増えていると述べ、また「日本市場はあてにならないため 海外市場を考えざるを得ない」「国内は未来が見えないため2014年は世 界に出て行く」と語っていた。著者はこれらの調査に基づいて、同人サー クルがローカルな交流・販売に加えて、グローバルな交流・販売も重視 するようになるようになったと主張した［七邊 2014; Hichibe & Tanaka 2016: 74-75］。また、Vogel［2017］が『Downwell』を制作した麓旺二郎 （1992年生まれ）について述べたように、より若い世代の制作者にとっ ては、国内の同人誌即売会などを体験せず、オンラインプラットフォー ムや翻訳・販売代行会社を介して、ゲームを最初からグローバルに販売 することは「自然」なことになっていると考えられる。

*34 「作品の販売で収入を得られる」という質問に「強くそう思う」と回答したサークルの比率は11.1％だったが、他の調査でこの質問が行われていないため比較できない。なお、デジゲー博が成人向けゲーム頒布を禁止していることが回答の比率に影響したのではと考え、成人向けゲームを頒布してないサークルだけを比較してみたが、結果はほぼ変わらなかった。

*35 2013年1月に開催されたIGDA日本のオンラインセミナー「インディゲームパワー世界潮流─GDC2013から先読みする新しい創造性#3」での発言。なお、同セミナーには著者も参加した（https://www.youtube.com/watch?v=3oZBRIB4AI8）。

*36 2000年代にはほとんど見られなかったが、現在では自作のゲーム実況を奨励するサークルもしばしば見受けられる。

*37 たとえば、デジゲー博は、コミケットと異なり法人の即売会参加を許容している。

*38 2010年代前半には、オンラインプラットフォームで販売されたゲームはコミケットでは頒布できないのではないかという懸念が、サークル間で共有されていた［七邊 2013: 111］。

*39 Fiadotauは、「ホビイスト・クラフター／インディー／商業制作者」というゲーム制作者の3類型に基づいて様々な同人ゲーム制作者の志向を分析した著者たちの論文［Hichibe & Tanaka 2016］について、インディーは無料コンテンツも制作しているから、インディーが必ず売上を志向するという著者たちの主張は誤りである、と述べている［Fiadotau 2019: 43］。しかし、著者たちは、制作者を分類するための分析枠組みとしてこの類型を提示しただけであり、実在のインディー制作者がすべて金銭を制作動機としていると主張したわけではない（論文でもそう強調した［Hichibe & Tanaka 2016: 50］）。それゆえ、この指摘は誤りである（Fiadotauの研究は貴重であるが）。なお、表⑪は、インディーアイデンティティを持つ者が、金銭（生計維持）を主な制作動機の1つとする傾向があることを示している。しばしば行われる「インディーにも様々な制作動機の者がいる」という主張は誤りではないが、著者たちやVogel［2017］、Helland［2018］が行ったように、インディー制作者や同人サー

同人サークルの制作動機とその変化　　195

クルがどのような動機を持つ傾向があるか、あるいは制作動機の違いがどのような要因によって生じるかを、当事者への調査に基づいて解明することが学術的にはより重要だろう。

*40 ゲームの制作管理や宣伝の仕方、オンラインプラットフォームでの販売方法、SNS の活用の仕方、ファンコミュニティの管理方法、ゲームの売上以外で活動資金を得る方法、ブランディングやマネタイズの仕方など。

*41 一條［2021］にも、これらの概念や提案が用いられている。

*42 本書の趣旨と異なるため注に記載するが、同人研究でなくゲーム研究［小林編 2020］という観点から見ると、日本のインディペンデントゲーム文化の多様性はどのようであったか、日本と海外のインディペンデントゲームの歴史の違いとその要因は何かという問いについて、国内外の先行研究や資料に基づいて探究していくことも今後の課題である。

*43 一次創作を行うことが多い同人ゲームサークルと、二次創作を行うことが多い同人誌サークルでは、制作動機が異なるかもしれない。コミケット調査ではサークルが一次創作と二次創作のいずれを行っているかについて質問しておらず、デジゲー博調査ではこの質問を行ったが二次創作サークルが全体の 5.6％ しか存在しなかったため、著者が収集したデータでこの問いに答えることは難しいが、制作物が一次創作であるか二次創作であるかは、制作動機と関係があるかもしれない。また、制作者の性別・年齢、制作物（ジャンル・内容）などと、制作動機との関係についても、研究の余地があるだろう。

*44 2010 年代半ばには、ニコニコ生放送で人気だった歌い手がコミケットに参加する際に軋轢が生じた。これも、同人誌即売会で育った同人音楽サークルの考え方と、ニコニコ動画というオンラインプラットフォームで育った歌い手の考え方の対立として見ることができる。

*45 大塚［2021］は、同人活動や SNS での投稿のような趣味活動が、オンラインプラットフォームの下で、プラットフォーム事業者に対する「無償労働」として動機づけられていると主張している。また、ゲーム研究においては、プレイヤーによる MOD 制作のような創造的活動が、産業によって「無償労働」として搾取されているという同様の主張が行われている［吉田 2018］。

本稿から見ると、「無償労働」論は、無償労働を通して得られる非経済的資本（制作自体の楽しさ、技能、交流、評価、作品など）を過小評価しており、無償労働が長期的には「有償労働」に変換しうる点や、趣味制作者の関心や戦略（産業による搾取や有償労働に対する関心の向上など）を理論的・実証的に捉えていないようにも思われる。しかし、プラットフォーム事業者が、ユーザー（プレイヤー）の主体性・能動性・参加性・自己表現を賞揚しながら、彼・彼女らをネオリベラリズムに適合的な「主体」あるいは「主人公」に変化させ、無償労働によって自ら（事業者）の資本蓄積に貢献させていくという見方は、産業の戦略を認識し批判的に分析したり、かつてのポストモダン的な消費社会論やヘンリー・ジェンキンスのファン研究（参加型文化論）の問題点を検討したりしていく際に、きわめて重要な視点になるだろう。

*46　コミケットの反商業主義的な同人規範の形成には、1960〜70年代の新左翼的な学生運動や、1966年から1973年まで発刊されたマンガ専門誌『COM』の影響があるかもしれない。学生運動（の停滞）と『COM』（の休刊）がコミケット開催に与えた影響については、霜月［2008］を参照。

参考文献

阿島俊編　2003『21世紀同人誌ハンドブック』久保書店

一條貴彰　2021『インディーゲーム・サバイバルガイド』技術評論社

井手口彰典　2012『同人音楽とその周辺——新世紀の振源をめぐる技術・制度・概念』青弓社

井上俊　1977『遊びの社会学』世界思想社

今給黎隆　2018「コミケでのゲームエンジン2017」同人ゲームの潮流——After 10 Years 報告スライド（2020年10月1日取得、http://digrajapan.org/?p=5387）

大塚英志　2021『シン・モノガタリ・ショウヒ・ロン——歴史・陰謀・労働・疎外』星海社

金田淳子　2007「マンガ同人誌——解釈共同体のポリティクス」佐藤健二・吉見俊哉編『文化の社会学』有斐閣、163-190

ゲームキャスト 2018「デジゲー博主催、江崎望さんインタビュー「同人・インディーゲームに上も下もない。全ての開発者がフラットに参加できる場所を作りたい」」ゲームキャスト（2020年10月1日取得、http://www.gamecast-blog.com/archives/65929407.html）

小林信重 2018「ホビー・アート・インディー・産業——表現の多様化をもたらす複数のゲーム制作場の研究」東北社会学会研究例会報告スライド（2022年4月8日取得、https://www.slideshare.net/nobushigehichibe/ss-102549482）

小林信重 2020a「ゲームと社会・文化」松永伸司編『ゲーム研究の手引きII』文化庁、47-54

小林信重 2020b「海外の独立系ビデオゲーム・コンテストのグランプリ作品リスト（＆独立系ゲームの動向）」ゲーム研究者の日常（2021年3月1日取得、http://sociology-of-games.blogspot.com/2020/08/blog-post.html）

小林信重編 2020『デジタルゲーム研究入門——レポート作成から論文執筆まで』ミネルヴァ書房

コミックマーケット準備会編 2005『コミックマーケット30's ファイル 1975-2005』コミックマーケット準備会

コミックマーケット準備会編 2008『コミケット・マニュアル（コミックマーケット76サークル参加申込書セット）』コミックマーケット準備会

コミックマーケット準備会編 2015『コミケットアピール89』コミックマーケット準備会

コミックマーケット準備会編 2022『コミックマーケット101 当日のサークル入場方法』コミックマーケット準備会

柴田義之 2007「同人関連事業」メディアクリエイト編『2008オタク産業白書』メディアクリエイト、142-147

霜月たかなか 2008『コミックマーケット創成記』朝日新聞出版

玉川博章 2007「ファンダムの場を創るということ——コミックマーケットのスタッフ活動」東園子・岡井崇之・小林義寛・玉川博章・辻泉・名藤多香子『それぞれのファン研究——I am a fan』風塵社、11-53

玉川博章 2008「書店委託、即売会参加という流通チャンネル選択と同人活動との関係」杉山あかし編『コミック同人誌即売会「コミック・マーケット」の文化社会学的研究』科学研究費補助金報告書、173-190

出口弘・田中秀幸・小山友介編 2009『コンテンツ産業論——混淆と伝播の日本型モデル』東京大学出版会

デジタルゲーム研究グループ 2020「ゲーム創作活動の現在——「デジゲー博2020」アンケート調査報告パンフレット」デジタルゲーム研究グループ

中村真里江 2011「「東方」二次創作が流行った理由は「続編のつくりやすさ」と「アンチ商業」」ガジェット通信（2022年3月10日取得、http://getnews.jp/archives/156541）

奈須きのこ・竜騎士07 2005「スーパートークセッション——竜騎士07×奈須きのこ」『ファウスト』5、講談社

名藤多香子 2007「「二次創作」活動とそのネットワークについて」東園子・岡井崇之・小林義寛・玉川博章・辻泉・名藤多香子『それぞれのファン研究——I am a fan』風塵社、55-117

日本デジタルゲーム学会 2018「同人ゲームの潮流—— After 10 Years」日本デジタルゲーム学会ホームページ（2021年2月27日取得、http://digrajapan.org/?p=5387）

七邊（小林）信重 2009「持続的な小規模ゲーム開発の可能性——同人・インディーズゲーム制作の質的データ分析」『デジタルゲーム学研究』5（2）：171-183

七邊（小林）信重 2011「なぜ多様で良質なオリジナルの同人ゲームが日本で制作されるのか？——同人ゲームの内容に影響を与える3つの社会的条件」『デジタルゲーム学研究』5（2）：65-78

七邊（小林）信重 2013「ゲーム産業成長の鍵としての自主制作文化」東京工業大学大学院社会理工学研究科2013年度博士論文（2018年11月29日取得、http://t2r2.startitech.ac.jp/rrws/file/CTT100674911/ATD100000413/）

七邊（小林）信重 2014「生計維持を可能にする場としての自主制作場とそのグローバル化——日本のコンピューターゲーム自主制作者の分析から」関東社会学会第62回大会報告原稿

紫雨 2018「シングルアクション同人ゲエム」同人ゲームの潮流—— After 10 Years 報告スライド（2020年10月1日取得、http://digrajapan.org/?p=5387）

メディアスケープ 2021「"Play, Doujin!"とは？」Play, Doujin! ホームページ（2021年3月1日取得、https://playdoujin.mediascape.co.jp/about/）

吉田寛 2018「プレイバー論の射程」室井尚編『ポップカルチャー・ワールド概念を用いたポップカルチャー美学の構築に関わる基盤研究』科学研究費補助金報告書、25-30

竜騎士07・BT・有馬啓太郎・高橋直樹・七邊信重・三宅陽一郎・井上明人 2011「2008年10月公開講座「ひぐらし／うみねこのなく頃に」に見るコンテンツとコミュニティ」『デジタルゲーム学研究』5（2）：21-50

Yoko 2018「RebRank Chronicle ——大人になったいま、同人ゲーム制作を振り返る」同人ゲームの潮流—— After 10 Years 報告スライド（2020年10月1日取得、http://digrajapan.org/?p=5387）

ZUN 他 2010「同人シューティング座談会」『シューティングゲームサイド』1、マイクロマガジン社、142-153

Bourdieu, Pierre, 1992, *Les règles de l'art: Genèse et structure du champ littéraire*, Éditions de Seuil（＝石井洋二郎訳、1995-1996『芸術の規則Ⅰ・Ⅱ』藤原書店）

Caillois, Roger, 1958, *Les jeux et les hommes*, Paris: Gallimard（＝多田道太郎・塚崎幹夫訳、1990『遊びと人間』講談社）

Consalvo, Mia, 2016, *Atari to Zelda: Japan's Videogames in Global Contexts*, Cambridge: The MIT Press

Deguchi, Hiroshi, 2004, *Economics as an Agent-Based Complex System: Toward Agent-Based Social Systems Sciences*, Tokyo: Springer-Verlag

Fiadotau, Mikhail, 2019, "Indie and Dojin Games: a Multilayered Cross-Cultural Comparison", *Gamevironments*, 10: 39-83

Helland, Christopher, 2018, "Geemu On! A Preliminary Study of Indie and Doujin Game Development in Japan", *Gamevironments*, 8: 38-48

Hichibe, Nobushige and Ema Tanaka, 2015, "Transforming Fields of Game Development in Japan: A Comparative Study between Doujin Game and Indie Game Development", *Replaying Japan 2015*（Retrieved March 24, 2022, https://www.slideshare.net/nobushigehichibe/151031-replaying-japan2015）

Hichibe, Nobushige and Ema Tanaka, 2016, "Content Production Fields and Doujin Game Developers in Japan: Non-economic Rewards as Drivers of Variety in Games", Alexis Pulos and S. Austin Lee eds., *Transnational*

Contexts of Culture, Gender, Class, and Colonialism in Play: Video Games in East Asia, New York: Palgrave Mcmillan, 43-80

Juul, Jesper, 2019, *Handmade Pixels: Independent Video Games and the Quest for Authenticity*, Cambridge: The MIT Press

Kobayashi (Hichibe), Nobushige and Yuhsuke Koyama, 2020, "The Early History of the Hobbyist Production Field of Video Games and its Impacts on the Establishment of Japan's Video Game Industries", *Replaying Japan Journal*, 2: 73-82

Shmuplations, 2022, "Doujin STG – 2010 Roundtable Interview", Shmuplations. com (Retrieved March 31, 2022, https://shmuplations.com/doujin/)

The MIT Press, 2020, "Platform Studies", Cambridge, MA: The MIT Press (Retrieved September 13, 2020, https://mitpress.mit.edu/books/series/platform-studies)

Vogel, Michael 2017, *Japanese Independent Game Development*, Georgia Institute of Technology Master Thesis (Retrieved March 24, 2022, https://smartech.gatech.edu/handle/1853/58640m)

第4章

同人誌業界のオープンプラットフォーム化

営利企業の動きを中心に

飯塚邦彦

1. はじめに——研究の目的

　現在の同人誌印刷所は、基本的に誰でも平等に印刷を受け付けて
くれる。また現在の同人誌即売会は、規定に沿ってさえいれば基本
的に誰でも出展できる。同人誌印刷所と同人誌即売会は、同人誌の
生産と流通を担う重要な「プラットフォーム」であるが、現在は「オ
ープンなプラットフォーム」になっているといえる。

　しかし、同人誌業界の勃興期・成長期では、必ずしもオープンとは
限らなかった。例えば、特定の印刷所で印刷したサークルしか参加
できないクローズドな即売会が存在し、これは周囲との軋轢を生ん
だ。その後同人誌業界全体の様々な危機を経て、クローズドな姿勢
は淘汰されるか、またはオープンな姿勢に変わっていく。そしてか
つて存在した軋轢も、現在はほぼ解消されている。

　このように、現在の同人誌業界の成長の背景を知るためには、「ど
のようにオープン化してきたのか」を明らかにする必要がある。し
かし、それ以前の、クローズドな状況がどのようなものであったか
については、まとまった記録や研究はない。現在のオープンな状況
を分析するためには、それ以前のクローズドな状況がどのような経

緯で成立したか、そしてそれがどのような背景で、どのような経緯を経てオープンになっていったかを、明らかにする必要があるのである。

　そこで本稿ではまず、同人誌印刷所、同人誌即売会が「クローズドなプラットフォームを志向した時期」を明らかにし、そうした志向がなぜ起こったのか、そうした志向が最終的に行きづまったのはなぜかを明らかにする。そして「オープンなプラットフォーム」が成立していく過程を明らかにし、そこから読み取れる「現在の同人誌業界のオープン性を支えている要因」を明らかにしていく。特に「営利企業」である、同人誌印刷所、イベント企業の活動とその変化に着目していく。

　先行研究でも示すが、これまでの同人誌文化に関する研究において、「営利企業」を対象としたものはほとんど存在しなかった。本稿では、これまで示されることが少なかった、「営利企業」の行動や変化を示すことで、同人誌文化研究において空白となっていた部分、特に非営利即売会と営利企業の関係を明らかにすることができるだろう。また営利企業を取りあげることによって、「同人誌文化産業」と、営利企業が大きな役割を果たす他の文化産業のプラットフォーム（音楽、マンガ、アニメ、ゲームなど）との比較が可能になると考えられる。

　なお本稿では、執筆時点で調査・聞き取りができた範囲で明らかになったことを述べていく。全ての関係者に聞き取りができたわけではなく、未発見の資料も多くあると考えられる。今後聞き取り調査の進行や、新たな資料の発見によって、大きく結論が変わる可能性もあることを、含みおきいただきたい。

2. 研究対象、研究方法、先行研究

(1) 研究対象とその定義

印刷所、即売会、委託書店、通販サイト、作家、買い手など、同人誌の生産と流通に関わる業者や、参加する人々の総体を、本稿ではまとめて「同人誌業界」とする。

同人誌の生産と流通を構成する要素には、次の4つがある。

Ⓐ非営利即売会

非営利ベースの同人誌即売会と、それを運営するグループである。コミックマーケット（以下「コミケット」）、コミティア、コミックレヴォリューション（以下「Cレヴォ」、2005年終了）などが含まれる。

運営母体が企業になっている場合もあるが、会場を借りたり、関連企業や行政と折衝したりするためであり、営利を目的とはしない。「アマチュアのための作品発表の場」であることを重視し、そのために「場の存続」を非常に重視する。

イベントの運営にあたるスタッフはボランティアが基本である[*1]。一人が、複数のイベントのスタッフを掛け持ちすることもある。

Ⓑイベント企業

同人誌即売会を開催する企業である。即売会の開催回数は非営利即売会よりはるかに多い。また大都市を中心に、全国各地で即売会を開催する。営利企業であるために、利益や企業の存続を優先する面を持っている。具体的には、東京文芸出版（1997年倒産、以下「東京文芸」）、赤ブーブー通信社（会社名はケイ・コーポレーション、以下「赤ブー」）、スタジオYOU（会社名はユウメディア）などである。

Ⓒ同人誌印刷所

同人誌を印刷する企業であり、ほとんどが営利企業である。個人

からの印刷を受注する印刷所が成立したことにより、同人誌業界は急速に成長することが可能になった。一方印刷所は営利企業であるため、自らの利益を最大化しようとしたり、顧客からの信用を優先しようとしたりした。

Ⓓ個人主催者

個人で即売会を主催する人である。イベント企業による即売会が拡大する前は、主に個人が開催する即売会が需要に応えていた。また地方においては個人主催の即売会が中心であった。非営利即売会のスタッフになる人や、イベント企業が地方で開催する即売会を受託する人もいた。

これら4つの主体が相互に影響し合って、現在の同人誌業界が成り立ってきた。現在ではこれに、とらのあな、メロンブックスなどの「同人誌委託書店」などの主体が加わっている（本稿では取りあげない）。本稿では営利企業の活動に焦点を当てるため、ⒶⒷⒸの関係、特にⒷとⒸを中心に考察していく。同人誌の歴史を見ていく上では、Ⓓも非常に重要な主体であるのだが、個人に対する聞き取りなどの調査はまだ非常に少ないのが現状である。そのため本稿ではⒹは、ⒶⒷⒸを説明するのに必要な範囲、かつ現在分かっている範囲で取りあげるにとどめる。

(2) 研究の方法

「プラットフォーム」に注目する。出口によると、プラットフォームとは「あるサービスを実現するための場となる基盤としてのサービスや財」[出口 2009: 7]である。また出口は、「一般に、あるコンテンツを消費者の手に届けるためには、それを鑑賞するためのプラットフォームと、流通のプラットフォームが必要となる」[出口 2009: 7]と

している。同人誌印刷所は同人誌を生産するプラットフォームであり、同人誌即売会は同人誌流通のプラットフォームである。

　同人誌業界は、1970年代に成立した頃は非常に小さかったが、現在は大きな産業に成長している。矢野経済研究所によると、2021年の同人誌市場の予測は800億円である[*2]。その背景には、歴史的経緯を経て、生産と流通のプラットフォームが明確に確立したことがある。このため、プラットフォームがどのように現在のような姿になっていったかを確認することが重要である。

　研究の方法は、まず『コミケットカタログ』（コミックマーケット準備会）、雑誌『ぱふ』（雑草社）、『ファンロード』（ラポート）などに掲載された同人誌印刷所の広告を調査し、同人誌印刷所の変化を調査した。次に、同じ資料に掲載された同人誌即売会の広告を調査し、同人誌即売会の開催状況や変化を調査した。そして当時の状況を知るために、同人誌印刷所関係者を中心に聞き取りを行なっている。

(3) 先行研究
①プラットフォーム論

　出口は、プラットフォーム型のサービスを提供するビジネスコンポーネントが、市場として開かれたものであれば、関連した企業は有機的に結びつくことができ、また参入コストの引き下げと活性化をもたらすと指摘している［出口 2009: 10-11］。

　樺島は、音楽におけるインディーズが成長した背景には、音楽制作費用が個人で賄えるようになっていたことと、流通プラットフォームがオープン化していたことがあったと述べている［樺島 2009a: 248-256］。そしてそうした状況は、個人が行なっている同人誌などのコンテンツ制作活動にも起こっており、こうした活動が活性化した

背景になっていると述べている［樺島 2009b: 38-39］。

　いずれも、プラットフォームがオープンであることが、文化市場の拡大にプラスに影響しているとしている。同人誌業界も同様に、プラットフォームがオープン化したために成長したと考えられる（本書第3章「同人サークルの制作動機とその変化」の分析概念も参照）。しかしそれがどのように成立したかについては、現在のところ研究が存在しない。そこで本稿では、同人誌業界のプラットフォームのオープン化について、明らかにしていく。

②同人誌即売会

　同人誌即売会については、コミケットを中心に研究の蓄積がある。例えばコミケットにおける参加者のコミュニケーションに着目した名藤の研究［名藤 2007］、参加者が作るコミュニティに着目した石田の研究［石田 2007］、スタッフに着目した玉川の研究［玉川 2007］、理念の変遷に着目した稗島と、岡安・三崎の研究［稗島 2003］［岡安・三崎 2011］などがある。またコミケットを軸に、同人誌即売会の成立と同人文化の成長を総合的に述べた玉川の研究がある［玉川 2014］（加えて、本書第1章「中小規模即売会からみる同人文化」も参照）。

　しかし、それ以外の即売会、特にイベント企業や同人誌印刷所が主催する即売会についての研究は、非常に少ないのが現状である。前掲の玉川の論文で、企業主催を含む即売会の増加について述べられている［玉川 2014: 237-239］。また日本芸術文化振興会が行った調査の報告書では、コミティア、スタジオ YOU、新潟の即売会「ガタケット」への聞き取りが行われており、現状では貴重な資料となっている［独立行政法人日本芸術文化振興会 2019: 97-113］。筆者は同人誌印刷所が成長する中で、印刷所が同人誌即売会に関わってきたこと、イベ

ント企業主催の即売会が成立したことを指摘したが、具体的な経緯
までは述べていない[飯塚 2016a: 315-319]。そこで本稿では、各企業が
どのように即売会に関わってきたか、その経緯を明らかにしていく。

③同人誌の生産・流通

同人誌の生産・流通についても、研究がほとんどない状態である。
玉川の前掲論文では、同人誌委託書店が成立する前の書店委託につ
いて触れられている[玉川 2014: 239-241]。しかし同人誌印刷所につい
ての研究は皆無に等しく、わずかに筆者の研究がある程度である[飯
塚 2016a, 2016b]。同人誌業界の成立と成長は、それを支えるインフラ
の成立と成長によって支えられてきた。同人誌の生産・流通に関す
る研究を進めることは、今後急務であるといえるだろう。

(4) 対象とする時期

1985 ～ 94年を中心とする。

1985年を開始時期に設定したのは、次の2つの理由による。

①1985年には同人誌業界の基礎的な基盤が成立していた。「機動
戦士ガンダム」(1979年) の放送をきっかけにコミケットは地位を確
立する。また84年までに、ナール、ポプルス、共信印刷、東京文芸、
創造出版、緑陽社、コーシン出版 (以上、東京)、大友出版印刷 (大阪)
などの、「第一世代」といえる同人誌印刷所が参入する。地方でも個
人主催、同人誌印刷所主催の即売会が始まる。

②「キャプテン翼ブーム」の勃発。同人誌業界においては、1985年
半ばから女性作家を中心に「キャプテン翼」(高橋陽一、以後「C翼」)
の二次創作を行なう「C翼ブーム」が起こる。これにより同人誌業界
は爆発的に成長する。詳しくは第4節 (2) ①「C翼ブームの到来とそ

れによる変化」で述べる。

このように、1985年は同人誌業界にとって大きな転機であった。そしてこれ以降同人誌業界は、アマチュアによる表現や遊びという要素を残しつつ、大きな「産業」となっていく。

1994年を終了時期に設定したのは、次の3つの理由による。

①プラットフォームのオープン化が（ほぼ）達成されたこと。1994年10月に、赤ブーブー通信社が主催する「コミックシティ in 幕張メッセ」が、開催直前に中止となった。これをきっかけに、性表現に対する指針が再確認され、プラットフォームのオープン化が本格化していく。詳しくは第5節（4）②「コミックシティ幕張追放事件（1994年9月）」で述べる。

②同人誌委託書店の成立。1993年12月、大阪に同人誌委託書店「えるぱれショップ」が開店する（2007年閉店）。1994年には「とらのあな」秋葉原店が開店し、同人誌の委託を開始する。この後急速に同人誌委託書店が拡大し、即売会とは違った、もうひとつの流通プラットフォームが成立する。

③デジタル化の進行。1995年11月、Windows95日本語版が発売され、情報発信、コミュニケーション、表現の場がインターネットに急速に移行する。またこの後はデジタル作画が急速に普及し、同人誌印刷所もデジタル入稿が主流となる。

このように1994年から95年にかけて、本稿で触れる変化とは違った変化が急速に進行する。このため、1995年以降の変化については、これらの要素を含めた分析が必要となる。機会があれば、稿を改めて分析していきたい。

(5) 対象とする地域

　東京近辺を中心とする。1970年代末から、京都、大阪、神戸を中心に、全国各地で同人誌即売会が開かれている。また前項で見たように、地方に同人誌印刷所も現れている。しかし地方での同人誌事情については記録が少なく、関係者の証言もほとんど残されていない。そこで本稿では、東京近辺を中心に分析していく。

3. オープンな／クローズドなプラットフォームとは

(1) 2023年現在の状況

　最初に述べたとおり、現在の同人誌即売会と同人誌印刷所は、非常にオープンなプラットフォームになっているといえる。それは非営利即売会、イベント企業、同人誌印刷所が連携していることが背景となっている。

　本稿を執筆している2023年現在、イベント企業と、非営利即売会の関係は良好といえる。例えば2015年3月に開催された「くろケット」[*3]は、コミックマーケット準備会と、赤ブーブー通信社、スタジオYOUの三者が共催している。また2020年に開催予定であった東京オリンピックに備え、非営利即売会、イベント企業、同人誌印刷所は共同で「DOUJIN JAPAN 2020」を立ち上げている。

　このように現在では、非営利即売会、イベント企業、同人誌印刷所は、互いに連携を取り合っており、必要なときには支援し合う体制をとっている。

(2) オープンなプラットフォームとは
①情報アクセスとサービスの平等性

　それでは、オープンなプラットフォームとは、どのようなもので

あろうか。

　まず、「誰でも平等に情報にアクセスできる」ことが必要である。現在の同人誌即売会と同人誌印刷所は、一部の例外[*4]はあるものの、ウェブで情報発信をしており、ウェブから申し込みが可能である。情報の拡散度合いには差があるが、情報のアクセスについては平等といえる。

　次に、即売会に参加したり、印刷を申し込んだりする際の、条件や料金などのサービスが平等であることが必要である。同人誌即売会の場合は、規定を満たしていれば、基本的にどんな申込者も出展を受け付ける。希望者数が多かった場合は抽選が行なわれるが、抽選は公平に行なわれるとされている。また同人誌印刷の場合、入稿の締め切りと料金は、基本的に誰に対しても、ウェブに示された通りに適用される。

　このように現在の同人誌即売会、同人誌印刷所は、オープンなプラットフォームになっているといえる[*5]。

②機能分化

　また、現在は同人誌即売会と、同人誌印刷所は機能分化している。印刷所が同人誌即売会を開くことはあるが、100スペース程度の小規模なものである。また現在では同人誌即売会を開催する企業が、印刷所を兼ねることはない。

　現在の同人誌即売会では、どの印刷所で印刷した本も搬入することが可能である。このことは、即売会と印刷所が機能分化しており、誰でも印刷所を自由に使えるために、成り立っていることである。印刷所がコンポーネントとして自由に使えることが、同人誌業界の成長を支えたことは、出口も指摘している［出口 2009: 10-11］。

(3) クローズドなプラットフォームとは

　クローズドなプラットフォームとは、第一に、情報へのアクセスが限定されているものである。第二に、利用に際して条件や料金が平等でなかったり、特定の条件が必要となったりするものである。この他顧客の囲い込みを図り、独自のコンテンツを提供したり、他プラットフォームへの移行を難しくしたりする例もある（各種配信プラットフォームなど）。

　同人誌即売会、同人誌印刷所も、かつてはクローズドである時期があった。最初に挙げたように、条件を満たさないと参加できない同人誌即売会があった。また同人誌印刷所の中には、特定の顧客を優遇したり、少部数の注文を受け付けなかったりしたところがあった*6。これらは明らかにオープンとはいえない。これは第4節で詳述する。

　プラットフォームがオープンであることが、コンテンツや文化圏の成長を促す。メンバーを選ぶからこそ成立する文化圏もあるが、一般化・大衆化のためにはオープンであることが欠かせない。

4. クローズドであった時代

(1) 1985年以前の状況
①社会の状況

　本稿が扱う期間以前では、同人誌即売会も同人誌印刷所も現在よりはるかに少なく、同人誌業界全体の規模も小さかった。規模が小さかったため、プラットフォームの独占も不可能ではなかったが、クローズドなプラットフォームを作る必要性も少なかった。1980年以降アニメブームが本格化していく中、次第に同人誌業界の規模も拡大していく。

②印刷所の状況

図①は、C23（1983年4月開催）で使われた印刷所の割合である［コミックマーケット準備会1983: 51］。ナール、東京文芸、創造出版（全て東京）の上位3社で約半分を占めている。1985年以前の同人誌印刷は、上位3〜6社の寡占状態になっていた。特に東京文芸は、印刷の大手でありながら、企業

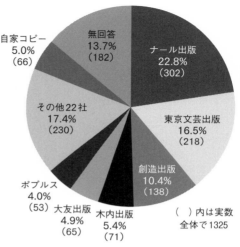

図① C23（1983年4月）で使用された印刷所

無回答 13.7%（182）
ナール出版 22.8%（302）
自家コピー 5.0%（66）
東京文芸出版 16.5%（218）
その他22社 17.4%（230）
創造出版 10.4%（138）
ポプルス 4.0%（53）
大友出版 4.9%（65）
木内出版 5.4%（71）
（ ）内は実数
全体で1325

コミックマーケット準備会［1983: 51］より筆者作成

として同人誌即売会を開催していたことが注目される。

③即売会の状況

当時の主な非営利即売会にはコミケットと、そこから分かれた「コミックスクウェア」*7などがあった。コミケットはすでに混雑が深刻化しており、1984年8月のC26で当選率75%［コミックマーケット準備会 1984: 75］であった。コミックスクウェアは声優のイベントなども併催していたため、規模の拡大は難しかった。

イベント企業による即売会は、東京文芸が主催するものしかなかった。東京文芸は東京流通センター（以下「TRC」）を会場に、「同人誌ミニコミフェア」を年に3回程度のペースで開催していた。後述の通りクローズドな即売会も始めていたが、これも急増する需要を満

たすには不足していた。

　残りの需要をまかなっていたのが、個人主催の即売会であった。しかし個人主催の即売会は金銭面、会場面[*8]で負担が重く、主催者のリスクが高かった。すでにこの時期に、同人誌即売会は不足していたのである。

④印刷所と即売会の関係

　現在は、即売会に印刷所が新刊や在庫を搬入する「直接搬入」と、宅配便による搬入が一般化している。しかしこの時期は、直接搬入のルールは未整備であり［しまや出版 2019: 63］、中には印刷所側が会場に無理矢理持ち込んだ例もあったという[*9]。このように搬入をめぐって、同人誌即売会と印刷所の間に軋轢が起こり始める。

(2) クローズドなプラットフォームへ向かっていった過程
① C翼ブームの到来とそれによる変化

　1985年後半から、同人誌業界では「C翼」の二次創作が急速に成長する。筆者が当時のコミケットカタログを調査した[*10]ところ、「C翼」サークルの割合は、86年12月に開催されたC31で、実に全体の24.8%に達している。

　C翼ブームによって、同人誌業界は最初の爆発的成長を迎える。具体的な変化を見てみよう。

Ⓐ即売会の不足

　コミケットは会場の都合から、急増する需要に対応することができなかった。1987年12月のC33では、当選率は59.4%に低下している[*11]。86年以降、TRC、東京国際見本市会場（以下「晴海」）、幕張メッセと会場を拡大していく。しかしそれでも急増する需要に完全に応

えることはできなかった。

Ⓑ大手サークルの増加と、印刷所とサークルの関係の密接化

1985年以降、「大手サークル」が急増する。筆者の調査[*12]による
と、800冊以上売り上げるサークルは、86年8月のC30では約39（サ
ークル全体の1％）であったのに対し、86年12月のC31では約73（1.7
％）、87年8月のC32では約220（5％）と増加している。

この時期の大手サークルの作家の中には、毎月のように新刊を発
行する者がいた。例えば尾崎南は、1986年に11種、87年に14種の同
人誌を発行している［尾崎南 & ZX 1994: 83-85］。そのためこうした作家
は、多額の収入を得るようになる［尾崎南 & ZX 1994: 77］。

大手サークルは同人誌を多種類・大量発注するため、同人誌印刷
所にとっては非常に魅力的な存在であった。そのため印刷所は大手
に対して、即売会開催ぎりぎりの入稿などの優遇措置を取る。しか
しこれは即売会が定めた搬入時間をオーバーすることにつながり、
搬入をめぐるトラブルが増加する。

また当時は、原稿はアナログ（紙）であり、装幀も印刷所の人間と
打ち合わせなければならなかった。この結果、同人作家と印刷所の
担当者の間に、濃厚な人間関係が作られていった。

Ⓒ同人誌印刷所の変化

同人誌印刷所は、急増した需要に応えるため、大型印刷機などの
設備投資を進めた。それでも8月と12月のコミケット前は注文が殺
到するため、受注を断ることもあった。印刷所は時期による需要の
偏りに苦しんでいた。

またこの時期、「第二世代」といえる同人誌印刷所の参入が相次ぐ。
1985年から87年にかけて参入した会社は、日光企画（東京）、曳航社
（千葉）、スズトウシャドウ（石川）、あかつき印刷（新潟）、サンライズ、

くりえい社（以上大阪）、栄光（広島）など、20社以上にのぼる[*13]。新規参入の印刷所は、印刷費の安さと入稿締め切りの遅さを武器とし、既存の市場に切り込みをはかった。一方第一世代の印刷所は、大手サークル作家との人間関係を活用し、作家が主催する即売会を支援するなどして対抗した。

Ⓓ個人主催の即売会の増加

岩田は「即売会はほぼ毎週ありました」と述べている［岩田 2005: 56］。そのほとんどが、個人主催のものであった。大手サークル作家の中には、個人で即売会を開催する人も現れる（高河ゆん、乙田基により 1986 年 8 月 31 日に開催された「EDGE」など）。こうしたイベントの中には、上記のように、パンフレットの印刷などで印刷所の支援を受けているものもあった。これには前述の、作家と印刷所の濃厚な人間関係が深く関係している。

一方、個人主催のイベントではトラブルもあった。1986 年 3 月 23 日に蒲田で開かれた「キャプテン翼フェスティバル」は、季節はずれの大雪が降った結果、最初の一般参加者グループが入場した段階で継続不能となり、途中で中止となった［史都 2022: 7-29］。

このように C 翼ブームは、市場規模の拡大をもたらし、即売会需要も大きく増加させた。そしてこの市場の急成長を通じて、「安定して運営される即売会」が求められ、印刷所やイベント企業が即売会に参入していくのである。

②1985 年前後の同人誌印刷所とイベント企業の動き

Ⓐ「合同主催同人誌即売会」の開催（1983～87 年）

C 翼ブームにより競争が激化していたため、第一世代の同人誌印刷所はクローズドな即売会を求める。最も先行していたのは、東京

文芸（社長は吉見孝之）であった。

東京文芸は1983年9月に、すでにクローズドな即売会を開催していた。当時印刷シェア1位であったナールと合同で開催した「合同主催同人誌即売会」である。この即売会は、ナールと東京文芸で印刷したサークルは無料で参加できたが、それ以外のサークルは参加できなかった。この即売会グループには、後に緑陽社、日光企画が加わり、87年まで続く。

これは、東京文芸がイベント業と印刷業を兼ねていたからこそ生まれた発想といえるだろう。自分たちの利益を最大化するための即売会であるのだから、競争相手である他社を排除するのは当然、という論理である。またシェア1位と2位の合同であることから、「独占」を強く念頭に置いていたと考えられる。

Ⓑ「曳航社」の設立（1984年）

1984年後半、ナールで受付を担当していた田中圭子[*14]と今関順夫が独立し、千葉県市川市に同人誌印刷所「曳航社」を興す。

田中らが独立した理由は、賃金問題もあったが、同人誌の印刷に商機を見いだしたことも大きかった［吉本2016: 66］。そしてC翼ブームをきっかけに、曳航社は印刷所として急成長を遂げる。後に田中圭子は曳航社から独立するが、独立時点の曳航社は印刷業専業であった。

Ⓒ「コミックロフト」の開催（1985年4月）から
「コミックレヴォリューション」の開催（1987年4月）へ

東京文芸を中心に「合同主催同人誌即売会グループ」が形成される中、これに属さない第一世代印刷所は、対抗する即売会を立ち上げる動きを起こす。中心になったのは創造出版であった。当時創造出版の社長であった吉澤高虎は、「コミケのない時期に需要を作り出

そうと、即売会を企画しました」と述べている［吉本2016: 81］。この動きにコーシン出版、しまや出版、共信印刷、曳航社が加わる。

印刷所側にはイベント運営のノウハウがなかったため、「童里夢」に協力を仰いだ。童里夢は、境京子が池

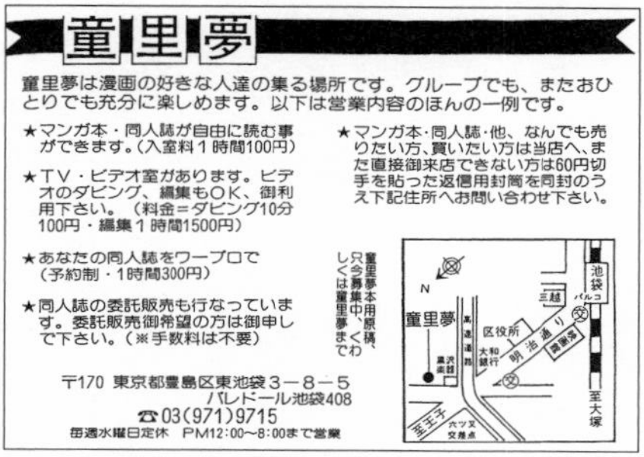

図② 童里夢の広告
［コミックマーケット準備会 1985: 127］

袋のマンションの一室で開いていた交流スペースであった（図②）。創造出版とはごく近所であった。

童里夢には同人作家やコミケットのスタッフが出入りしており、声をかければ作家やスタッフが集まりやすい状況があった。

第1回のコミックロフトは、童里夢主催、創造出版、コーシン出版、しまや出版部、共信印刷、曳航社の後援で、1985年4月21日に池袋サンシャイン文化会館で開催された。後援印刷所の顧客サークルは参加と搬入が無料という優遇措置があった。合同主催同人誌即売会と違い、後援印刷所以外で印刷したサークルも受け入れていた。

『ぱふ』（1985年7月号、6頁）では第1回の様子を、次のように伝えている。

　　主催は童里夢（池袋にあり、まんが・アニメファンのフリースペースのような活動をしている）で、後援に創造出版、共信印刷、曳航社、しまや出版、コーシン出版という関東圏で同人誌印刷を主におこなっている印刷会社5社が共同で名を連ねており、むしろこちらのほうの色合いが強い。これは先行の東京文芸出版の『ミ

ニコミフェアー』〔正しくは「ミニコミフェア」〕、そして東京文芸出版とナールの共催による招待制即売会『ナール＆文芸』の成功に刺激されたものだろうけれど、ある意味では、印刷会社間の企業競争が表面化してきた訳で、これからの動向が注目される。

　このように、印刷所主導の即売会であること、そして「合同主催グループ」と「ロフトグループ」という、2つの印刷所グループが顧客の囲い込み競争を行なっていることは、『ぱふ』にはっきりと認識されていた。

　「コミックロフト」は、2回目以降も予定されていた。しかし1986年4月13日に第2回が開催された時にはすでに、童里夢と印刷会社グループの関係は決裂していたようである［コミックロフト2準備会1986: 82］。決裂の原因は明確ではないが、後に赤ブーの事務局長を務める村地彰は、当時の印刷所を「あわよくば即売会を牛耳ろうとする」［OB会1995: 13］と記している。非営利即売会のスタッフが中心となった童里夢側と、営利を目的とした印刷所側では、思惑や方針が大きく違っていたと考えられる。

　その後コミックロフトは1988年9月の第5回まで開催されるが、第4回以降は後述する赤ブーが事務を担当していた［国里2022: 35］。

　一方、印刷所側と決裂した童里夢の境京子は、1987年4月12日に「コミックレヴォリューション」をサンシャインシティで開催する。コミケット、ロフト、コミックスクウェアのスタッフの中にも、このイベントに参加する人がおり［吉本2016: 26］、非営利即売会として運営された。後に主催は「C・レヴォ準備会」となるが、境京子が代表であり続けた。Cレヴォは開始当初から、4月または5月の「春」と、10月または11月の「秋」に開催され、すぐに定着する。これはコミ

ケットが開催されない時期であり、Ｃレヴォはコミケットを補完する非営利即売会となった（2005年4月に開催された37まで継続する）。

Ⓓ「Wing★マーケット」の開催（1986年9月）と赤ブーのイベント企業化

　1986年3月23日の「キャプテン翼フェスティバル」は、途中で中止となった。これにより作家が在庫を抱えていることを知った曳航社の田中圭子は、Ｃ翼オンリー即売会を企画する。田中は次のように述べている。

> 入稿して印刷して、なのにイベントが中止になって本が売れなかったら、お客さんは困りますし、印刷会社も続かないじゃないですか。だから印刷会社だけをやっていたのではダメ。本を売る場所がないとダメで、両輪でやっていかないとダメだと思ったんです。そこで作家さんを呼んで、イベントをやるから参加してください、売れたら集金に行くからって約束したんです。
>
> ［吉本編 2018: 20］

　ここからは、「企業としてイベントを開催する」という田中の明確な意図を読み取ることができる。即売会の開催は収益につながるだろうという判断もあった［吉本 2016: 81-82］。

　第1回「Wing★マーケット」は、1986年9月23日、TRCで開催された。主催は曳航社、コーシン出版、しまや出版部、創造出版である。ロフトと同じ顔ぶれであるが、カタログの編集協力と連絡先は「赤ブーブー通信社」となっている。当時の赤ブーはまだ曳航社から独立しておらず、曳航社内のイベント部門であった。

　この即売会について、村地は次のように述べている。

ここで注目すべきなのは、一印刷会社の一部門として開催した
にも関わらず、自分の会社で刷っているお客さんだけへのサー
ビスとして位置付けるのでなく、基本的にどこの印刷会社で刷
っているサークルに対しても開かれた即売会として開催した点
です。もちろん自社のお客さんに対して多少、招待とか優待と
かはしていたようですが、それ以外のサークルを締め出すので
はなく、むしろ広く迎えることで即売会それ自身として自立し
ていく方向に進んだ点は、赤桐〔田中圭子〕氏の先見の明だった
と率直に思います。　　　　　　　　　　　　　　[OB会 1995: 10]

　このように、田中は他の印刷所の顧客も受け入れる、オープンな
即売会を志向していた。
　そしてこれ以降、田中は積極的にイベントを開催していく。1987
から88年にかけて、「Wing ★マーケット2」「コミックロフト」など
を運営した。これらのイベントも、ロフトグループのユーザーに対
する優遇はあったが、印刷所によって参加を制限することはない、
オープン性の強い即売会であった。
　一方村地は、この時期の田中は、クローズドな方針をとっていた
吉見との関係を深めていたと述べている [OB会 1995: 10]。田中の「ど
の印刷所のユーザーでも受け入れる」方針は、主催印刷会社からす
れば、受け入れがたいものであっただろう。当時の力関係は、資金を
出す印刷所の方が、田中より上であった。そこから自由であるため
に、田中は即売会開催の経験を積んでいる吉見と接近したと考えら
れる。

Ⓔ スタジオ YOU の即売会進出（1987年8月）
　1987年8月1日、スタジオ YOU（会社名はシャピオ、96年以降はユウ

メディア）が、「コミックライブ」を東京都立産業貿易センター浜松町館で開催し、同人誌即売会に参入する。ユウメディア副社長（以下のインタビュー当時）であった山崎暁は参入の経緯を次のように述べる。

> 当時共同運営していた編集プロダクションに同人誌を描いているスタッフが在籍しており、みんなで同人誌を作って「コミックマーケット」に参加しよう、と意気投合しました。しかし、描き手が足りずコミケットや「コミックシティ」*15 などのイベントで作家に協力をお願いして回りました。その時、作家から即売会を開催してくれとのリクエストが多く、制作した同人誌の発表とあわせて即売会を開くことになりました。最初はオールジャンルでの募集でしたが、制作した同人誌が「聖闘士星矢」の二次創作だったため、結果的に女性向けのオンリーイベントのようになりました。　［独立行政法人日本芸術文化振興会 2019: 110］

　シャピオは、SF雑誌『SFイズム』を刊行していた（1981年5月創刊）。この雑誌は、創刊当初はSF界のゴシップを取りあげる雑誌だった。しかし4号以降、SF作家の豊田有恒が興した会社「パラレル・クリエーション」のメンバー（岬兄悟、出渕裕、とり・みきなど）が参加するようになり、アニメ、マンガに関係する記事の割合が増える。
　『SFイズム』は1985年10月発行の16号で休刊する。しかしその前の2月に、小学館プロやSF系の商品を扱う「ビッグショップ」を渋谷に開いている（『ぱふ』1985年3月号）。
　そして1987年8月に最初の同人誌即売会を開いた後、シャピオは急速に即売会を拡大する。東京では「コミックライブ」を、1〜2か月に1度のハイペースで定期的に開催する。1988年4月には、同人

ソフトオンリーの即売会「パソケット」を全国各地で開催する[*16]。
加えて89年以降、名古屋を中心に、札幌、神戸、仙台など、全国各地
で同人誌即売会「コミックライブ」を開催する。89年4月以降は、地
方の在住者が実質的に運営する「おでかけライブ」[*17]も並行して開
催する。この結果、非常に多くの都市で「おでかけライブ」が開催さ
れるようになる[*18]。96年には社名も「ユウメディア」に変更する。

　このように、ユウメディアは全国的に、高頻度に即売会を開催す
るようになる。ユウメディアがどのような経緯でSF雑誌の編集か
ら即売会を開催するに至ったのか、またどのように高頻度・広範囲
の即売会開催を可能にしたかについては、現在のところ不明な点が
多く、今後の研究が待たれる。

③「コミックシティ」の開催（1987年11月）

　このように1987年には、「Cレヴォ」「コミックライブ」などの新
しい即売会が開催されるようになっていた。また、同人誌印刷所間
の競争も激化していた。そこで87年秋、東京文芸の吉見は、合同主
催グループとロフトグループに対し、大同団結を呼びかける場を設
けた（武川へのインタビュー）[*19]。

　吉見は挨拶で、「東京都の印刷所の利益を確保する」と述べたとい
う。この発言は、東京文芸と既存の印刷所の、新規参入の印刷所を排
除したいという意向を反映しているといえる。またその場には、東
京文芸との連携を模索していた田中圭子もいた。そこで東京文芸、
赤ブー、印刷所三者の思惑が一致したと考えられる。

　この結果、東京文芸と赤ブーの連携を軸に、新たな枠組みが作ら
れる。

　①東京文芸と赤ブーが合同で即売会「コミックシティ」を開催す

る。両者が合同するので
はなく、ブランドを共有
する形であった。「コミ
ックシティ」に関しては、
どちらが開催しても、利
益は折半という約束だっ
た［吉本編 2018: 30］。

②印刷所側は、東京文
芸、緑陽社、ナール、日光
企画、創造出版、コーシ
ン、しまや出版部、曳航
社が「八社会」を結成す
る。後に共信印刷が加わ
り「九社会」となる。

③「コミックシティ」

図③　コミックシティの広告
（『ぱふ』1987年11月号、69頁）

は、九社会で印刷したサークルのみが出展可能であった。代わりに
サークル参加費は無料であった。サークル参加費の分の資金は、印
刷所側が負担していた。

④大型イベントは年12回、小イベントは年8回を予定していた。
また地方開催も予定していた。

このように、「コミックシティ」は、明確に参加印刷所のユーザー
を囲い込み、他印刷所の排除を図るイベントであった。東京の主な
同人誌印刷所がほぼ参加していることから、「独占」も強く意識され
ていた。まさに商業的動機に基づいた、クローズドな即売会として
始まったのである。

こうした姿勢に対し、阿島俊（コミケット第2代代表の米澤嘉博の筆

名）は、『レモンピープル』1988年1月号で、次のように述べている。

> このところ増えている大手即売会のほとんどが、印刷所をバックにして行なわれていることを忘れてはならない。
> 　そうした意味で9社合同[20]〔……〕は注目されるイベントだったわけだが、既に、この9社からはじきとばされた印刷所が集まって、即売会を企画しており運営スタッフを求めているという話も伝わってくる[21]。——まあ、即売会の開催が即座に利益に結びつくのは印刷所なわけで、半ば死活問題でもあるというわけだ。
> 　もっとも、こうした印刷所主導型による即売会状況というのは、本来からすれば、歪んでいるといえなくもないのだが…。
>
> [阿島 2004: 122]

村地は次のように述べている。

> しかし、ある意味で顧客サービスとしてそれなりの規模でクローズドに運営されているうちはよかったのでしょうが、〔……〕一部の印刷会社の顧客のみが対象で、しかも（他の印刷会社ですった同人誌を搬入させないために）宅配便搬入扱いもわざわざやらない…という運営では、「即売会を商売に使っている、私物化だ」「印刷会社として自分たちに競争力がないのを棚に上げてサークルにしわ寄せをかけるのは許せん」といった具合に非難を浴びてしまったのも仕方のない事でしょう。[OB会 1995: 11]

実際こうしたクローズドな方針は、すぐに立ち行かなくなってい

く。第一の理由は、吉見と印刷所側の方針の違いが鮮明になったためである。武川は吉見より、「こちらがリスクをとっているのだから、印刷所もお金を出して欲しいし、印刷所の顧客を動員して欲しい」と要請されたと述べている（武川へのインタビュー）。しかし印刷所側は既に顧客の参加費分を負担していたため、吉見の要請を拒絶した。

　第二の理由は、東京文芸と赤ブーの対立が始まったためである。東京文芸は新規参入の印刷所・即売会を排除する方針をとったが、赤ブーは強いオープン志向を持っていた。そのためこの時期吉見と田中の関係は、次第に険悪になっていった［OB会 1995: 13-14］。

　そして第三の理由は、同様の理由で曳航社内の対立が起こり、続いて赤ブーと九社会の間に対立が生まれたためである。田中は神戸に移り、神戸でのコミックシティ開催を準備する。それは曳航社内部で田中と今関との対立が起こり、印刷部門を今関が取り、イベント部門を田中が取るという、分社化が起こったためであった［吉本編 2018: 21-22］。またこれには東京の印刷所との対立も影響していた。田中は、神戸に移った理由を「東京の印刷所にいじめられたから」と話していたという（武川へのインタビュー）。詳細は不明であるが、田中と東京の印刷所の間には、かなり深い対立が生じていたと思われる。

　結局、九社会のユーザーのみが参加できるという形式は、確認できた範囲では、3回目のコミックシティ（88年4月29日）までであった。以後東京文芸と赤ブーは、それぞれ別個に、どの印刷所でも受け入れる「コミックシティ」を開催するようになる。

（3）クローズドであった時代・まとめ
①クローズド化に向かう流れ
　それではこの時期、どのようにクローズド化が進んでいったかを

まとめてみよう。

　先述した通り、非営利即売会・イベント企業と、同人誌印刷所は、根源的な依存関係を持っている（図④）。東京文芸が印刷所と即売会開催を兼ねたのは、こうした依存関係があった結果といえる。

　一方、非営利即売会、イベント企業、同人誌印刷所は、根源的な対立構造ももっている（図⑤）。

　第一に、非営利即売会と同人誌印刷所の対立関係である。ボランティアベースの非営利即売会は「表現の場を設ける・維持する」ことが目的であった。一方同人誌印刷所の中には作家を支援するところもあったが、究極的な目的は利潤の追求であり、そこに齟齬が生じていた。また見てきたとおり、搬入が問題となっていた。

　第二に、同人誌印刷所とイベント企業の対立関係である。規模が小さかった頃は両者を兼ねることができ、顧客の囲い込みなどのクローズドな運営を行なうことができた。しかし規模拡大が進み、新規参入が増えると、オープン化をはかる即売会が現れる。搬入の問題が生じていたのは非営利即売会と同様である。

　第三に、非営利即売会とイベント企業の対立関係である。すでにコミケットとＣレヴォが地位を確立していたため、イベント企業は両者と日程をずらし、棲み分けを図る。そのため両者の対立構造は見えにくい。ただ、東京文芸は明らかに「独占」を意識しており、オープン性を志向する非営利即売会とは理念が合わない。両者は潜在的に対立関係を抱えていたといえる。

　こうした矛盾が顕在化していく中で、東京文芸の吉見は、新規参入の排除と利益の最大化を図り、クローズドな即売会であるコミックシティを立ち上げる（図⑥）。このイベントは、クローズド化の流れが最高潮に達したイベントであると評することができる。しかし

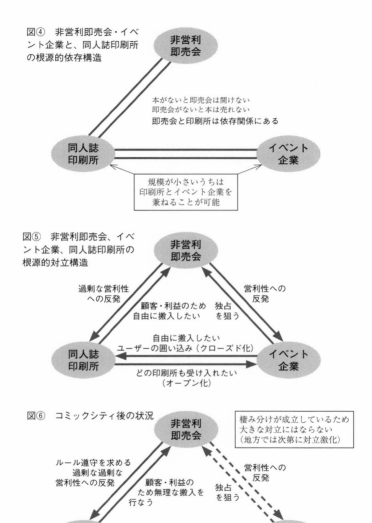

図④　非営利即売会・イベント企業と、同人誌印刷所の根源的依存構造

非営利
即売会

本がないと即売会は開けない
即売会がないと本は売れない
即売会と印刷所は依存関係にある

同人誌
印刷所

イベント
企業

規模が小さいうちは
印刷所とイベント企業を
兼ねることが可能

図⑤　非営利即売会、イベント企業、同人誌印刷所の根源的対立構造

非営利
即売会

過剰な営利性
への反発

営利性への
反発

顧客・利益のため
自由に搬入したい

独占
を狙う

同人誌
印刷所

自由に搬入したい
ユーザーの囲い込み（クローズド化）

イベント
企業

どの印刷所も受け入れたい
（オープン化）

図⑥　コミックシティ後の状況

非営利
即売会

棲み分けが成立しているため
大きな対立にはならない
（地方では次第に対立激化）

ルール遵守を求める
過剰な過剰な
営利性への反発

顧客・利益の
ため無理な搬入を
行なう

営利性への
反発

独占
を狙う

同人誌
印刷所

イベント
企業

連携して新規参入の排除をはかる
（クローズド化）

オープン化を志向する赤ブーとの運営方針のずれ、他の印刷所の思惑とのずれもあり、クローズドな即売会は続かない。

②クローズドであることを可能にした要因

　それでは、クローズドであることを可能にした当時の要因には、どのようなものがあるのだろうか。

　第一に、当時の同人誌業界はそれほど大きくなかった点である。独占も可能と考えられた。そのためイベント企業の即売会は、非営利即売会と共生しつつ、新規参入者を排除し、独占を目指した。

　第二に、市場が急速に拡大した点である。同人誌印刷所もイベント企業も新規参入が急増する。それに対して、以前から参入していた印刷所とイベント企業は、自らの利益を守るためにクローズド化を模索する。

　第三に、同人誌業界と外部との関係は薄く、同人誌業界が社会的に注目されることもなかった点である。そのため外部からの介入や圧力によって、同人誌即売会が開催されなくなることはなかった。即売会は必ず開催されるものと考えられていたし、規模は拡大し続けるものと考えられていた。このような安心感があったために、内輪で争うことができたと考えられるのである。

5. オープンなプラットフォームへ

(1) 1988〜94年の社会の状況

　1989年1月、昭和から平成に移るが、同人誌業界は拡大を続ける（91年のバブル崩壊後も成長を続ける）。しかし、89年7月、東京・埼玉連続幼女誘拐殺人事件の犯人が逮捕されたことから「オタクバッシング」が起こり、性的表現に対する規制の動きも強まる。90年には

商業誌における性的表現を批判する「有害コミック論争」が始まる。以降、性的な表現に関して同人誌業界で様々な動きが起こる。これについては各項目で詳しく述べていく。

(2)「同人バブル」の到来

　「コミックシティ」の開催後、1989から90年にかけて、同人誌即売会は急増する。それは次の2つの動きから成り立っている。

　第一の動きは、東京文芸、赤ブー、スタジオYOUが、東京でも地方でも開催回数を大幅に増加させたことである。東京では晴海が会場として使われるようになり、3社とも頻繁に使用する。また3社とも名古屋、神戸、大阪、京都、札幌、博多など地方進出を進め、開催回数も急増する[*22]。

　第二の動きは、この時期に新たなイベント企業が参入したことである。1989年9月には、画材を販売していたエスイーが、「コミックテクノ」を開始する（95年から本格拡大）。92年にはComic Studio 31（名古屋、広島などで開催）、コミックネットワーク事務局（北九州などで開催）などが「ぱふ」に広告を掲載する。

　国里によると、全国での同人誌即売会の開催数は、1990年に1000回を超えた。国里は90年前後を「同人バブルの絶頂」と呼んでいる[国里 2022: 42]。C翼ブームも爆発的であったが、同人誌業界はその後さらに急成長するのである。

　このように1989年から91年にかけて、企業系即売会が急増する。これに伴って同人誌印刷所も受注数を伸ばすが、それは企業系即売会の増加に依存していた。結果として、イベント企業側の影響力が増していく。

（3）印刷所側による、顧客を囲い込む即売会を再開する動き

①「コミック・フェスタ」の開催（1989年1月）

　こうした中、1988年、曳航社を除く九社会の間に、「一部の印刷所
で印刷したサークルが、赤ブーのイベントで落とされた」という情
報が出回る（武川へのインタビュー）。これが真実であったかどうかは、
現在では不明である。しかしこれを受けて、曳航社を除く九社会を
中心に「防衛しなければ」という気運が高まった。そしてイベント企
業に依存せず、印刷所側が顧客サークルを囲い込む即売会を、再度
開催しようという動きが起こった。

　印刷所側は即売会開催のノウハウを持っておらず、直接運営に関
わるスタッフもそうであったため、コミケットの中核スタッフであ

る岩田次夫、筆谷芳行らの協力
を得る。実行責任者は岩田次夫
であった（武川へのインタビュー
並びに［とみた 1996: 197]）。これ
には1988年末の冬コミが開催
されなかったことも関係してい
る［国里 2022: 36]。カタログには、
コミケット代表の米澤嘉博が挨
拶文を寄せている*23。コミケッ
ト側には、印刷所側を救済・支
援しようとする考えがあったと
思われるが、現状では関係者の
証言は得られていない。

　1989年1月8日、サンシャイ
ンシティで「コミック・フェス

図⑦　コミックフェスタの広告
（『ファンロード』1989年1月号、137頁）

タ」が開催された。主催は「同人誌印刷関連会社」であった。広告には「関東最大のイベントになります」と記されており、同人誌印刷所側の意気込みがうかがえる。

この日は昭和天皇が崩御した翌日であったが、イベント自体は成功であった（武川へのインタビュー）。

こうした動きに対し、阿島俊は『レモンピープル』1989年1月号で、次のように述べている。

> 印刷所主導の即売会の多くは、主催系列の印刷所で刷った同人誌しか参加させないなどのしめつけが厳しく、他の印刷所が排除されたり、〆切が厳しくなったりと、様々な問題も起き始めている。
>
> 天皇の X デー*24 を控えて、紙代の値上げ、買い占め、印刷費の値上がりといった業界の動きもあり、イベントサービスによる独占の動きは、伸び続けてきた同人誌の首をしめない結果にもなりかねない。
>
> 本来、即売会とは、あらゆる人達に開かれた、自由な表現の場、コミュニケーションの場であったはずだが、利害関係のないアマチュアの手による即売会が、やはり本道だろう。

[阿島 2004: 140]

②「東京カーニバル」の開催（1989年5月）

「コミック・フェスタ」の成功を受けて、続くイベント「東京カーニバル」が企画される。中心となったのは横浜の「日本コム」であった。日本コムの社長・今井恒雄は、ソノシートが付属する本を出版する「エルム社」を経営していた（1976年倒産）。『ぱふ』1985年4月号に

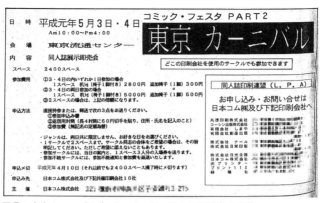

図⑧　東京カーニバル（コミック・フェスタ PART2）の広告
（『ファンロード』1989年3月号、169頁）

最初の広告を載せているため、遅くとも85年には日本コムは創業し
ている。

　「東京カーニバル1」は、1989年5月3日、4日に TRC で開催された。
主催は日本コムであり、共催は「同人誌印刷連盟（L.P.A.）」であった。
「同人誌印刷連盟」は、日本コム、共信印刷、コーシン出版、しまや、
創造出版、ナール、日栄印刷、日光印刷、光プリンター、プリント110、
緑陽社の11社から構成されていた。九社会から曳航社がはずれ、日
本コム、日栄印刷、光プリンターを加えた顔ぶれである。印刷会社の
縛りはなかった。広告には「コミック・フェスタ PART2」と記され
ているが、武川によるとこのイベントは「コミック・フェスタ」の続
きではなく、日本コムが独自に企画したものであった。各印刷所は
「後援として名前を貸しただけ」であり、準備にも当日の運営にも協
力はしなかったという。運営は引き続き岩田次夫と、Cレヴォのス
タッフの協力を得た（武川へのインタビュー）。

　5月5日には、同じく TRC で赤ブーのイベントが予定されていた。

村地は次のように述べている。

> 即売会は即売会として印刷会社からはニュートラルに運営し全体としてパイの拡大を計ればよいという方針と、即売会を印刷会社の営業の一環として顧客の囲い込みの手段として使いたいという方針との対決ともなった訳です。　　　　　　　　　　　[OB会 1995: 13]

村地は「東京カーニバル」を、「赤ブー」対「印刷会社グループ」であり、印刷会社側が赤ブーから主導権を奪回しようとする試みと把握していた。一方印刷所側の見解はそうではなく、武川は「赤ブーは発展して良いが、我々は、顧客サークル囲い込みのイベントが存続・発展できると思っていた」と述べている（武川へのインタビュー）。

結果として、このイベントは失敗に終わる。最大の問題は、人気サークルが島中に配置されるなど、混雑を想定していない配置をしていたことであった。当時高河ゆんのマネージャーを務めていた吉川千鶴は、次のように述べている。

> 昨日、一昨日の東京カーニバルは、日本コムが配置を決めたのだが、もの凄いスカ！　真ん中の、並びが作れないようなところに有名サークルを集めてしまったのだ。壁側に全然そういうサークルがなくって。慣れてるスタッフの人達が前日の夜まで知らなくて、わかってから徹夜で配置をつくって、搬入口側の壁際に人気サークルを並べて、列を作らせていたけれども。警備責任者がかなり糾弾されていた。　　　　　　　　　[高河 1991: 156]

この発言から、日本コム側が協力スタッフに相談することなく、

自分で配置を決めていたことがわかる。また開催当日、日本コムが遅刻したり、即売会とは関係ない巨大な人形（ジャンボゴリラ）が登場する催しがあったりと、失態が相次いだ。終了後、日本コムから依頼されたＣレヴォ系のスタッフが共催印刷会社を糾弾する事態になったという。武川によれば、これは日本コムのイベントであり、共催会社は運営に一切関わっていなかったのだから、糾弾は見当違いであったが、しかし、あまりの怒りの大きさに圧倒されて、「フェスタまで批判されている」という認識が九社会に拡大したという（武川へのインタビュー）。

こうした状況に対し、同人誌印刷連盟に名を連ねていた共信印刷は、C36カタログ（1989年8月13、14日開催）表紙裏（表2）に、「フェスタいやカーニバルの責任をとって8月・9月は自粛しますよ」と

図⑨　共信印刷の謝罪広告
　　［コミックマーケット準備会 1989a: 表紙裏］

いう全面広告を載せている。

　また岩田はC36カタログで、自ら主催するイベント「COMIC-I」を告知する（横浜そごう、1989年10月15日）［コミックマーケット準備会1989a: 276］。三崎尚人によると、この即売会は「故岩田次夫氏が「オレが本当のイベントを見せてやる！」といったものの、諸般の事情で開催中止になってしまった」*25という。

　コミックマーケット準備会は、C36のカタログに「イベント主催者のみなさんへ」という文書を掲載している。

　　　コミックマーケットでは無料でイベントの案内をカタログに掲
　　　載しています。但し、以下のようなイベントの場合は掲載をご
　　　遠慮いただく場合があります。
　　　①企業・ないしは法人が主催しているもの
　　　②明白な営利を目的としているもの
　　　③法律に触れるおそれのあるもの
　　　④主催者が内容の説明を連絡してこないもの
　　　　　　　　　　　　　　　　［コミックマーケット準備会 1989a: 397］

　この文書が、どのような意図で掲載されたのかについては、現在ではコミケット側の証言が得られていないため判然としない。東京文芸、赤ブーの広告は掲載されているため、この文書で示された即売会は、東京カーニバルを強く想定させるが、これも確証はない。

　しかし即売会に対する注意喚起はこれまでのカタログではなされていなかったこと、表紙裏に大きく共信印刷の謝罪広告が載っていることを考えると、東京カーニバルをきっかけに、利益を追求する即売会に、強い警告を発したと読める。少なくとも、コミケットと営

利を目的とする即売会との間に、何らかの問題が発生したことが読みとれるのである。

　この後「東京カーニバル」は、他イベントのスタッフや他の印刷所が加わらない、日本コム単独のイベントとして、1992年まで続く［国里 2022: 38］。

　東京カーニバル1以降、複数の印刷所が連携して主催する即売会は開催されなくなる。武川は、「東京カーニバルの失敗の結果、関わった同人誌印刷所の間に「同人誌即売会は鬼門であり、手を出してはいけない」という認識が広まった」と述べている。そして武川は、東京カーニバルに参加した同人誌印刷所とコミケット・Cレヴォとの関係、そして印刷所と赤ブーの関係は、非常に悪化したと述べている（武川へのインタビュー）。

　東京カーニバルは、顧客サークルを囲い込む即売会の再興を狙った同人誌印刷所グループが失敗したイベントと評することもできる。しかし、このイベントを通じて、クローズドなプラットフォームを志向することには限界があり、プラットフォームをオープンに「せざるを得ない」ことが、以下の2点から明らかになっていく。

　第一に、同人誌印刷所が大規模な即売会を開催するのは、もはや無理であることが明らかになった点である。東京カーニバルが失敗した最大の原因は、サークル配置の不備であった。人気サークルは混雑が予想されるため、列を作りやすい外周に配置する必要がある。そのため配置担当者は、これから流行りそうなジャンルや、外周に配置すべきサークルを知悉していなければならないのである。これらはきわめて特殊で高度なスキルである。同人誌印刷所側は、こうしたスキルを持ったスタッフを自前で用意できず、外部に頼らざるを得なかった。すでに大規模なイベントは、同人誌印刷所が知り合

いに声をかけて開催できるレベルのものではなくなっており、特別なスキルを持った主体、つまりイベント企業や非営利即売会でないと運営できないものになっていたのである。

　第二に、同人誌印刷所が利益を最大化するために行なっていた顧客サークルの囲い込みが、もはや不可能となったことが明らかになった点である。赤ブーのイベントに落とされた、という認識から始まったイベントであるため、グループに属していない会社の搬入を排除することはできなかった。またサークル参加者や印刷量も増えたため、少数の会社で同人誌の印刷市場を独占すること自体も不可能になっていたのである。

　このように東京カーニバルは、参加した印刷所グループと即売会の関係を悪化させただけでなく、「もう印刷所はクローズドな路線を取ることはできない」ことも明らかにしたのである。

③「東京カーニバル」後の変化

　一方この後、イベント企業は、印刷所との関係を見直していく。

　スタジオ YOU は『ぱふ』の広告で、名古屋の印刷所、宇宙屋と提携し、印刷の店舗「宇宙屋YOUYOU店」を上野にオープンしたことを発表する（『ぱふ』1990年8月号、60頁）。これまでの流れを見ると、イベント企業と印刷所が提携することは、クローズド化につながると予想される。しかしこの広告には、「このイベント〔この広告に掲載されているスタジオYOU主催の即売会〕は、どこの印刷会社を利用していても参加できます。また使用印刷会社によって不利になることは一切ありません」と記されていた。スタジオYOUは、印刷所に関しては完全にオープンな姿勢を取ったのである[*26]。

　赤ブーは1992年1月に、福岡に直営印刷所「シティプリント」をオ

ープンする［赤ブーブー通信社 1992: 101］。印刷だけでなく、画材販売ス
ペースと、原稿作成が可能なスペースを併設していた。正確な時期
は不明だが、93年には神戸の本社近くに移転している。94年2月に
赤ブーは、東京・四谷に、多目的ギャラリー、委託スペース、画材店
を兼ね備えた「シティプラザ」をオープンする。94年10月にはシティプラザ内にシティプリントの東京支店もオープンする。

　これもクローズド化につながると予想される。しかし赤ブーが主
催する即売会カタログの広告では他の印刷所を排除しておらず、ス
タジオ YOU と提携した宇宙屋の広告も載り続ける。カタログの印
刷もシティプリントで行なうのではなく、他社に任せている。赤ブー
もスタジオ YOU 同様、オープンな姿勢を維持するのである。

　なお東京文芸は、『ぱふ』1989年2月号の広告で、同人誌印刷部門
を分離して「栄出版」としたことを発表する（後に「同人誌印刷」と社
名を変更）。しかし1991年のカタログには「同人誌印刷」の記載はな
く、東京文芸が印刷を行なっていると記されている。東京文芸の印
刷に対する姿勢は、それ以前と変わらないものであった（東京文芸は
1997年に倒産）。

（4）関係改善のきっかけ

①コミックマーケット幕張追放事件（1991年3月）

　このように平成の初め、非営利即売会と印刷所間、イベント企業
と印刷所間の軋轢が顕在化する。しかしそれは長期間続かない。同
人誌業界全体に影響する危機が発生したとき、軋轢を解消しようと
する動きが生まれる。

　1991年2月22日、わいせつ物にあたる同人誌を売っていたとして、
マンガ専門書店3店が摘発され、5人が逮捕された。3月11日には関

係者2人が逮捕され、金沢印刷と東京文芸が捜索された。この背景には、1989年7月に、東京・埼玉連続幼女誘拐殺人事件の犯人が逮捕され、マンガ・アニメなどにおける性的な表現が社会的に問題視されていたことがある。

　1991年3月、幕張メッセを所轄する千葉西警察署は、コミケットでわいせつな同人誌が売られているとして、コミケット準備会に対して事情聴取を行なった。その結果幕張メッセは、コミケットに会場を貸さないことを決定する。8月に予定されていたC40は、急遽晴海で開催されることになったのである。晴海での開催にあたって条件となったのが、「ワイセツ図画」を1冊も売ってはいけない、売っていることが判明した時点で、コミケットだけでなく他の即売会も、晴海での開催を許可しなくするというものであった。

　これはコミケットだけでなく、作家、イベント企業、同人誌印刷所、全てに関わる存亡の危機であった。1つのサークルが当局にわいせつと認められただけで、会場を確保できなくなり、大規模な即売会が開催できなくなる可能性が出てきた。一連の事件によって、即売会開催が実は非常に脆弱な基盤の上に成り立ってきたことが明らかになったのである。

　6月13日、コミックマーケット準備会は「ワイセツ表現」の基準を定め、印刷所に通知したことを発表した。その時点で同人誌を印刷しているすべての印刷所が、この基準に従うことが求められた。文面は次の通りである。

　　同封のマニュアルにつきましては、コミックマーケット準備会の責任の元(ママ)作られたものであり、コミックマーケットに参加予定している同人誌に対応したものでありますが、他の即売会も

これに準ずるとお考えください。また、通販に関しても当局の内偵が進められている情報もあるため、全ての参加される印刷所に対して適用すべき内容であると準備会では考えています。この印刷所への協力要請に関しては、東京文芸出版（同人誌ミニコミフェア）、C・レヴォ準備会、赤ブーブー通信社、ユウユウ（コミックライブ）、COMITIA 実行委員会、コミックストリート開催委員会、以上の即売会代表、関東の同人誌印刷所十数社との相談の上なされたものであり、形としてはコミックマーケット準備会からのものでありますが、半ば同人誌界の総意に基づいた
（ママ）
もとしてお受け止め下さっても結構です。

[コミックマーケット準備会 1996: 253]

　この文書は、文書に挙げられた各団体との合意の上発行されている。コミケット側の証言が得られていないため詳細な経緯は不明であるが、コミケットは、それまでぎくしゃくした関係であった同人誌印刷所や、潜在的に対立構造をもつイベント企業とも話し合いを行ない、合意を作っていった。結果としてコミケットでは、販売前の作品チェックが厳密に行なわれるようになり、基準を逸脱した作品に対し販売停止措置を取るようになった。また印刷所とイベント企業はコミケットが提示した性表現に対するガイドラインを受け入れ、これが事実上の業界統一基準となった。

　わいせつ同人誌問題は、同人誌業界全体にとって存亡の危機ともいえる深刻な問題であった。統一ルールを作る合意形成の過程のなかで、軋轢の解消、互いの信頼感の醸成、そしてオープン化が進んでいくのである。

　この過程を通じて、同人誌印刷所は業界団体を結成する方向に向

かう。同人誌印刷連盟は全て東京の印刷所であったが、新たな業界団体には関西や地方の印刷所も必要ということになり、説得が行なわれる。最終的に1993年、加盟24社（2022年現在20社）で「日本同人誌印刷業組合」が結成される。これは同人誌印刷所の全てではなかったが、第一世代、第二世代の同人誌印刷所がおおむね参加していた。

②コミックシティ幕張追放事件（1994年9月）

　千葉県では1994年3月に「青少年健全育成条例」が改正され、雑誌・書籍のうち、「卑猥な姿態」を掲載したページが5分の1以上、または20ページ以上あるものは、内容にかかわらず「有害図書」に包括指定できることができるとされた[*27]。

　1994年9月、千葉西警察署はコミックシティの主催者（田中圭子、村地彰）を召喚、上記の青少年育成条例に該当するわいせつ同人誌が赤ブーシティで売られていた場合には、現行犯逮捕すると告げた。これを受けて田中圭子は、10月2日に予定されていた「コミックシティ in 幕張メッセ」中止を決定する。これに先立ち、意見を違えた村地をはじめとした事務局スタッフが、ケイ・コーポレーションを退職している（「情報の焦点　同人誌即売会を中止に追い込んだ千葉県青少年条例の"威力"」『創』1994年11月号、16〜17頁）。10月2日当日は、日本同人誌印刷業組合のメンバーが幕張メッセの最寄り駅に立ち、中止を知らずにやってきた参加者に中止を伝えた。

　1994年10月、赤ブーは、1991年に定められた、わいせつ表現に関する業界統一ルールよりも、さらに厳しい表現ルール（千葉県の青少年健全育成条例とほぼ同内容のもの）を提示した（「情報の焦点　同人誌即売会中止後の自主規制風潮に異議ありの声」『創』1994年12月号、12

頁）。これは91年に業界全体で形成された合意を反故にするもので
あったため、コミケット側は激しく赤ブーを批判する。94年12月に
開催されたC47のカタログには、岩田次夫、三崎尚人の連名で、赤ブ
ーを批判する「余りにも横暴、余りにもご都合主義　赤ブーブー通
信社の『自主倫理規定』に反対する」という批判文が掲載される［コ
ミックマーケット準備会 1994: 638-641］。この文書の続きには、主な非営
利即売会の代表が自主規制に反対するコメントを寄せている。批判
文は非常に鋭い論調であり、非営利即売会の代表が揃って自主規制
を批判していたため、読者には「コミケットおよび非営利即売会と
赤ブーは、全面的に対立したのではないか」という印象を与えるも
のであった。

　しかし最終的に赤ブーは、1991年の基準を改めて採用する。95年
5月4日に開催された「スーパーコミックシティ」において、オウム
真理教関係の本を売っていたサークルのメンバーが逮捕されるとい
う事件が起こった。それに対し、95年8月に開催されたC48のカタ
ログには、岩田次夫による「さらなる地平へ」と題された文章が掲載
された。この文章ではまず、コミックシティが94年に提示した性表
現の基準が、この時期には使われなくなったことが記されていた。
また、コミケットと赤ブーシティには、密接な関係があると述べて
いる。要約すると次の通りである。

- コミックシティは開催回数が多いため、サークルが高頻度で新
  刊を発行することを可能にしている。
- コミケットは巨大化したため、すべてのサークルが出展するの
  は不可能になっている。コミックシティはサークル参加の需要
  に応える、コミケットを補完する場所になっている。
- 両者は相互補完的な関係にあるため、赤ブーシティで今回のよ

うな事件が起きた時、コミケットの運営にも重大な影響が及ぶ
可能性がある。　　　　　　　［コミックマーケット準備会 1995: 758-759］
　そして岩田は、コミケットと赤ブーシティが、共に変化していく
必要があると述べている。

　　批判を継続することは重要ですが、それに終始しているだけ
　では何も生み出しません。今、必要なことはこうした状況を打
　開していく具体的な行動です。
　　それは、Comic City にのみ依存しなくて済むように、他の多
　くのイベントを育成・援助し、健全な市場原理を働かせること
　です。それは表現の自由を守り育てることにつながり、サーク
　ル・参加者の多くの場を保証することであり、また Comic City
　の健全な発展にも寄与するものです。そして、既存のイベント
　で不十分ならば、新たな枠組みを構築していく必要があると思
　います。　　　　　　　　　　　［コミックマーケット準備会 1995: 759］

　このようにこの文章は、赤ブーシティ側の対応のまずさを批判し
つつも、コミケットと赤ブーシティが協調姿勢を取るように訴えた
ものだったのである。
　こうしたコミケット側の行動により、両者の関係は修復されてい
く。この件についても関係者の証言が得られていないため詳細は不
明であり、どのようなやりとりがなされたかを調査する必要がある。
しかし武川は、1996年に東京ビッグサイトが完成したときには、コ
ミケットと赤ブーの関係はすでに修復されていたのではないかと述
べている（武川へのインタビュー）。前述した通り現在の同人誌業界は
共存共栄関係にあるが、それにはこの94年から95年にかけてのコ

ミケットと赤ブーの関係改善が大きく影響していると考えられるのである。

(5) オープン化に向かう時代・まとめ
①オープン化に向かう流れ
　それでは、1989年から94年にかけて、同人誌業界の構図がどのように変化したかまとめてみよう。

　東京の同人誌印刷所グループは、東京カーニバルで顧客サークルを囲い込む即売会を再興しようと試みる。しかしこれは失敗に終わる。この失敗を通じて、同人誌印刷所はもはや大規模イベントを行えないこと、印刷所によるユーザーの囲い込みができないことが明らかになり、クローズド化の動きは行きづまる。またこのイベントを通じて、同人誌印刷所と非営利即売会の間の関係、印刷所と赤ブーの関係も悪化する。このように、即売会と同人誌印刷所の関係が悪化した時期があったのである（図⑩）。

　またイベント企業のうち、スタジオYOUと赤ブーは、印刷所に対してオープンな姿勢を取り、どの印刷所でも平等に受け入れるようになる。イベント企業側も、規模拡大に伴い、クローズドな姿勢を取ることはできなくなっていくのである。

　1991年、1994年の危機は、同人誌業界の外部からもたらされたものである。会場が借りられないかもしれないという根本的な問題が発生したため、非営利即売会、同人誌印刷所、イベント企業は共同歩調を取る（図⑪）。この関係は95年に一時不安定になったこともあったが、コミケットと赤ブーの関係改善により、1996年には安定する。そして一部クローズドな部分を残しつつも、ほぼオープン化を達成する。

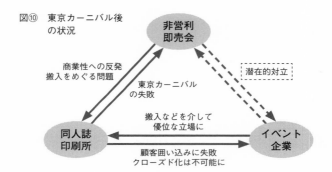

図⑩　東京カーニバル後の状況

商業性への反発
搬入をめぐる問題

非営利
即売会

潜在的対立

東京カーニバル
の失敗

搬入などを介して
優位な立場に

同人誌
印刷所

イベント
企業

顧客囲い込みに失敗
クローズド化は不可能に

図⑪　1991・94年の危機後の変化

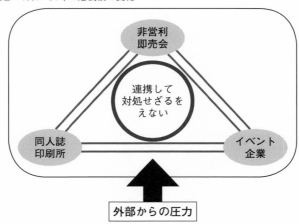

非営利
即売会

連携して
対処せざるを
えない

同人誌
印刷所

イベント
企業

外部からの圧力

②オープン化に向かう要因

　次に、オープン化に向かっていった要因を挙げる。

　第一に、同人誌即売会自体が巨大化し、特殊なノウハウや知識を持った主体でないと開催できなくなっていた点である。同人誌印刷所が大規模な即売会を開催することは不可能であることが明確になり、必然的に同人誌印刷所とイベント企業は機能分化していく。

第二に、同人誌業界と外部とのつながりができた点である。同人誌業界は社会的に認知されていなかったが、1990年代初頭に起こった性表現に対する批判やバッシングを通じて、同人誌業界は社会的に認知される。その結果、性表現に関して外部から批判を受け、内輪の争いを続けている場合ではなくなっていく。

　第三に、権力・権限を持つ側の意向によって、即売会が開催できない可能性が生じた点である。同人誌業界の全ての主体が、自分たちが前提としていた基盤（特に会場の確保）が、外部からの圧力に対して非常に脆弱であったことを知ったのである。このため、同人誌業界は一致団結して危機に対処しなければならなくなる。図④の相互依存関係から明らかであるように、即売会が開催されないと、全ての主体が危機に瀕する（当時は委託書店もインターネットもなかった）。その結果、全ての主体が協調姿勢を取らざるを得なくなり、同人誌業界は共存共栄体制へ移行する。

　第四に、コミケット準備会が中心となり、業界全体の合意形成をはかっていった点である。コミケット側が業界全体に積極的に働きかけ、統一ルールをまとめたために、会場面での危機を脱することができた。また1995年の事件による赤ブーとコミケットの関係悪化についても、コミケット側が関係改善のサインを出した結果、関係改善に向かっていたと考えられる。そしてそれが現在の共存共栄体制、オープン化へとつながっている。

　この他推測になるが、共存共栄体制が経済的に合理的であった点も大きく影響していたと考えられる。即売会と印刷所が良好な関係を保っていると、印刷所は搬入や企業ブース出展などの点で有利となる。また即売会側も、パンフレットやチラシの印刷面で支援を受けることができたり、搬入のルール破りを抑制できたりするなどの

利点がある。そのため現在でも共存共栄体制が維持されていると考えられる。

6. 結論と今後の課題

（1）結論

　このように、営利企業であるイベント企業と同人誌印刷所を含めたオープン化の過程を見ていくと、次の事柄が明らかになる。

　①現在の同人誌業界は、高いレベルでオープンなプラットフォームになっている。このオープン性は、これまで見てきたとおり、次の2つの段階を経て生まれてきたものである。

　　Ⓐ主体間の軋轢の結果、クローズド路線は不可能であることが明確になったこと。

　　Ⓑ同人誌業界全体の危機が訪れたときに、業界全体で合意形成が行なわれたこと。

　同人誌業界のオープン性は、非営利即売会、同人誌印刷所、イベント企業の間の様々な軋轢の結果、作られていったものである。これまでは同人誌文化を分析する際に、営利企業を含むことは少なかった。しかし営利企業を分析の対象に含むことによって、それまで見えてこなかった様々な軋轢の上に、現在の状況があることが見えてくるのである。また軋轢によって生じた様々な問題を解決することによって、オープン性が生まれることも見えてくる。

　②同人誌業界におけるオープン化は、同人誌業界の外部から提起された問題に対処する過程で、進んできたものである。今後もオリンピックなどの大イベントや新型コロナウイルスのような感染症など、新たに外部から問題が提起される可能性がある。また1991年、94年の問題は性表現に関して生じたものであるが、この問題は今後

グローバル化の中で国際的に問題視され、再燃する可能性がある。営利企業を含めた同人誌業界の歴史を見ることで、外部からの問題に対する解決策を見いだす可能性が生まれると考えられる。

　③外部から提起された問題に対して、同人誌業界はコミケットが中心となり合意形成を進め、互いに連携して対処した。コミケットという「合意形成の中心となる主体」があったことが、危機脱出、問題解決とオープン化に大きく影響してきたのである。

（2）オープン化がもたらしたもの

　それではオープン化したことによって、同人誌業界はどのように変化したのだろうか。

　同人誌印刷所に対し、オープン化は大きな利益をもたらした。地方の印刷所を中心に、印刷所が参入しやすくなったのである。2022年12月現在、同人誌印刷所は全国におよそ100か所あるが（筆者調べ）、オープン化なくしてこれだけの参入はなかったであろう。

　作家にとっても利益があった。同人誌印刷所の選択肢が大幅に増えたことである。同人作家にとっては、求める要素に応じて印刷所を選択することが可能になった。また競争が促進されたため、全体的に価格は下がった[*28]。これは低年齢層の作家の参入をもたらしたであろう。

　そして、即売会（非営利とイベント企業が開催するもの両方）にも利益があった。印刷費の低下は参加者の低年齢化と増加につながった。また地方開催もしやすくなったと考えられる。

　このようにオープン化は、同人誌業界全体の市場の拡大に大きく寄与してきたと考えられるのである。

(3) 他の文化産業との比較

　前項のような利点が生まれたのは、1995年以前の同人誌業界というプラットフォームが、対立するものがない、国内唯一のプラットフォームであったことによる。そのため競合が少ない、または意識しないプラットフォーム（出版など）は、同人誌業界と同じような特徴を持つことが考えられる。

　一方当時のコンシューマーゲーム、現在の動画配信などのような、競合があるプラットフォームについては、同人誌業界とは違った論理が働くと予想される。ユーザーの流出を防ぐため、ユーザーやコンテンツの囲い込みを行ない、プラットフォームをクローズドにする可能性がある。一方、状況によっては、本稿で見てきた通り、「クローズド化が不可能になる」可能性も考えられる。こうしたことを分析する際に、本稿で示した枠組みを使うことができるだろう。

(4) 今後調査していくべきこと

　本稿では、まだ調査が進んでいない事柄、これから調査を進めるべき事柄を、いくつか挙げてきた。最後に、その中でも特に重要性が高いと考えられるものを挙げていきたい。

Ⓐコミケットがどのように合意形成を進めていったのか

　コミケットが具体的にどのように合意形成を行なっていったかについては、関係者の証言がまだ得られておらず、詳細が判明していない。この合意形成は同人誌業界全てに決定的ともいえる影響を与えているため、今後特に詳細な調査が必要と考えられる。

Ⓑ東京以外の同人誌印刷所とイベント企業との関係

　東京文芸は、1989年に大阪のホープ21と連携して大阪に進出している。また赤ブーは、一時名古屋の宇宙屋と連携したり、スタジオ

YOU と組んで名古屋で即売会を開催したりしている（1996年）。東京を中心とした合従連衡の動きは本稿でも取りあげたが、東京以外の動きについては明らかでない点が多い。これらについても、関係者の記憶が鮮明なうちに、調査を進めていく必要がある。

©地方での即売会とイベント企業との軋轢

　上記と関連して、イベント企業の地方進出は、地方に存在していた即売会（多くは個人主催）と激しい軋轢を生んだ。本稿では、東京において非営利即売会、同人誌印刷所、イベント企業は最終的に役割分担して棲み分けたとしているが、地方ではそうでなかった可能性が高い。

Ⓓ1995年以降の委託書店などの参入

　オープン化が進んだ結果、新規の同人誌印刷所が参入しやすくなった。1995年以降、委託書店やグッズ製造業者が急成長するが、それにもオープン化が関わっていた可能性がある。本稿は94年までを対象としたが、95年以降のオープン化の影響についても、調査を進める必要がある。

注

＊1　コミケットの場合、賃金は支払われないが、当日の食事や飲み物は支給される。また一般参加者より早く入場できるスタッフ用チケットも配布される。労働力の提供に対し、何らかの優遇がなされるように工夫されている。

＊2　矢野経済研究所「「オタク」市場に関する調査を実施（2021年）」（2023年6月取得、https://www.yano.co.jp/press-release/show/press_id/2836）。

＊3　2012年10月より『黒子のバスケ』（藤巻忠俊、集英社）関連イベントに対する脅迫が始まり、それらのイベントが中止となった。その代替として開催されたイベントである。「くろケットは、「コミケットスペシャル6〜 OTAKU サミット2015 〜」の併設企画として、赤ブーブー通信社・ス

タジオ YOU の協力を得て、コミックマーケット準備会が主催して行うものです」と記されている。

*4　よく知られているものとしては、コミケットカタログに広告を出している「Power Print」がある。この広告には連絡先が記載されていない。他のユーザーからの紹介や、大手サークルへの営業によって印刷を受注するという。この他業務を縮小し、以前からのユーザーの印刷のみを受け付ける印刷所もある。

*5　ただし現在でもクローズドになっている部分もある。同人誌即売会においては、行列が見込まれるため必ず当選し、有利な場所に配置されるサークルがある。同人誌印刷所においても、古くからの顧客や大手サークルに対しては、入稿を遅らせたり、後払いなどの特別扱いを許容することがある。これらのことは、同人作家や即売会の参加者にとっても利益がある。円滑な即売会運営のため、印刷所の利益を保つため、許容されていることでもある。

*6　例えば大手サークルを主に扱う大栄堂印刷は、1989年12月のC37の広告では、300部から受注するとしていた[コミックマーケット準備会 1989b]。2010年8月に行なわれた「コミックマーケット35周年調査」（2023年6月取得、https://www.comiket.co.jp/info-a/C81/C81Ctlg35AnqReprot.pdf）によると、2009年12月のC77において、頒布数が300部未満のサークルの割合は79％である。C37とC77を比較すると、サークル数は1万1000から3万5000へ（3.2倍）、参加者数は12万人から51万人（4.3倍）へ増加している。規模の拡大を勘案すると、1989年の段階で300部以上印刷できるサークルは、一部の大手サークルに限られていたと考えられる。

*7　1981年に起きたコミケットの内部闘争により分派。当初は「新・コミックマーケット」を名乗るが、2回目以降「コミックスクウェア」に改名する。1988年1月に第19回が開催されたことまでは確認されているが、それ以降の開催は確認されていない。

*8　同人誌即売会開催には会場が必須であるため、会場は様々な主催者によって「開拓」されてきた。しかし、会場開拓の経緯や歴史についての記録は同人誌以外には乏しく、研究もない。イベント企業や同人誌印刷所の研究同様、会場開拓の歴史についても、今後研究を進める必要があるだ

ろう。

*9 くりえい社のウェブページには、「痺れを切らせた社長が勝手に搬入した」と記されている（2023年6月取得、https://www.kurieisha.co.jp/kurieisya/）。

*10 出典はC21〜32のカタログである。初期のカタログはジャンル別に並んでいないため、目視でジャンルを判別した。そのため見落とし、ジャンル違いがある可能性がある。

*11 「コミックマーケット年表」（2023年6月取得、https://www.comiket.co.jp/archives/Chronology.html）。

*12 出典はC25〜33のカタログである。グラフに実数が示されていなかったため、定規で概数を求めた。

*13 ここに挙げたのは本稿執筆時に現存する印刷所のみである。

*14 赤桐姓でも知られる。以下、田中で統一する。

*15 コミックシティが始まるのは1987年11月のため、この記述は間違いだと思われる。村地は「スタジオYOUが赤ブーブー通信社の即売会で再三に渡って無許可でチラシを捲いた（ママ）」[OB会 1995: 15]と述べている。

*16 花羅の調査（コミケットカタログに掲載されたパソケットの広告を調査したもの）によると、1992年までに全国延べ41都市で開催されている[花羅 2018: 24]。

*17 地方都市で即売会を開きたい人が5人以上のスタッフを集めてスタジオYOUに申し込むと、スタジオYOUが会場の確保、広報、パンフレットの作成・編集を行ない、現地のメンバーは事前のチラシ配布や当日の運営を行なう、というシステムであった（『ぱふ』1989年2月号、30頁）。

*18 花羅の調査によると、1997年までに、埼玉、神奈川、宮崎を除く全国すべての都道府県で即売会を開催している[花羅 2018: 23, 25]。

*19 インタビューは2022年3月9日に行なった。武川優は、第一世代の同人誌印刷所「緑陽社」の社長である。第一世代の同人誌印刷所の中心人物は、多くが死去しているか、世代交代している。武川は同人誌印刷所の立場から、即売会（非営利と営利の両方）と同人誌印刷所の関係を語ることができる、数少ない人物の一人である。

*20 ここでは第1回のコミックシティを指している。

*21 1988年5月5日、晴海で開催された「ぷろじぇくとACT55」のことを指

すと思われる。この即売会は、『ファンロード』1987年11月号に開催を予告する広告を出し（「コミックシティ」の広告が載ったのと同じ号であった）、以後88年3月号まで毎号広告が載り続ける。88年3月号の広告には協賛印刷所として、創栄出版（宮城）、木内印刷（茨城）、プリント110、光プリンター、ピーアイピー出版、ポプルス、エイト出版、EYEプリント（以上、東京）、スズトウシャドウ（石川）、宇宙屋、プリンプリント（以上、名古屋）、コウヨウ社、大友出版、くりえい社、いづみプリンティング（以上、大阪）、金沢印刷（広島）が挙がっている。九社会に属していない東京の印刷所と、地方の印刷所から成っている。1回目が開催されたのは確認できているが、2回目以降の開催は確認できていない。

＊22 地方進出を通じて、地方にそれまであったイベントと軋轢が生じていくが、この問題は本稿の範囲を逸脱する。今後の研究を待ちたい。

＊23 筆者はコミック・フェスタのカタログを入手できていない。ハンドルネーム「こっくり」の、2018年4月27日のツイート（https://twitter.com/kok-kuri/status/989724777655881728）にカタログ表紙と挨拶文の写真がある。またハンドルネーム「ひのまるせんす」の2023年2月4日のツイート（https://twitter.com/hinomaru_sensu/status/1621861475664166912）にも表紙と挨拶文の写真がある。両者の内容は同じであるため、ここでは「コミック・フェスタ」のカタログに、米澤が挨拶文を寄せたと判断している。

＊24 当時昭和天皇は危篤状態が続いており、天皇の体調が毎日報道されていた。天皇が崩御する日は「Xデー」と呼ばれており、時代の節目となる日とされていた。

＊25 三崎尚人「同人誌生活文化総合研究所」2006年6月16日の項目（2023年6月取得、http://www.st.rim.or.jp/~nmisaki/index.html）。
C37カタログ（1989年12月23、24日開催）15頁にも、「COMIC-I ってどこへ行っちゃったんですか？」と記されており、開催されなかったことがわかる。

＊26 なお、こうした文言があることは、この時期においても使用印刷所の制限をしていた即売会があったことを暗示する（筆者が調査した範囲では発見されていないが）。

＊27「千葉県青少年健全育成条例の概要」（2023年6月取得、https://www.pref.
chiba.lg.jp/kkbunka/kenzenikusei/jourei-gaiyou/）。

＊28 筆者の調査によると、1985年から1995年にかけて印刷費は下がった。その後2021年頃までは、印刷費はあまり変化してこなかった（カラー表紙がセットに含まれるようになった分、値下がりしたといえる）。しかしコロナ禍や、2022年のロシア・ウクライナ戦争による輸送費・原材料費の高騰により、2022年以降印刷費は全体的に上昇している。

参考文献

赤ブーブー通信社 1992『Comic City in 晴海19929223カタログ』赤ブーブー通信社

阿島俊 2004『マンガ同人誌エトセトラ '82－'98──状況論とレビューで読むおたく史』久保書店

飯塚邦彦 2016a「インフラ整備から見た同人誌即売会・同人文化の成長」小山昌宏・玉川博章・小池隆太編『マンガ研究13講』水声社

飯塚邦彦 2016b「コミック同人誌印刷所の成立──創作漫画文化の側から」『成蹊大学文学部紀要』51

石田喜美 2007「「「読者コミュニティ」の構築──同人誌コミュニティについての語りの分析から」『読書科学』50（3・4）、日本読書学会

岩田次夫 2005『同人誌バカ一代──イワえもんが残したもの』久保書店

曳航社・コーシン出版・しまや出版部・創造出版 1986『Wing ★マーケットカタログ』

岡安英俊・三崎尚人 2011「コミックマーケットにおける理念の変遷と機能──成長と継続を可能にしたプラットフォーム」『コンテンツ文化史研究』6、コンテンツ文化史学会

尾崎南＆ZX（編集プロデュース） 1994『南』雑草社

樺島榮一郎 2009a「ポピュラー音楽におけるインディーズの成立」出口弘・田中秀幸・小山友介編『コンテンツ産業論──混淆と伝播の日本型モデル』東京大学出版会

樺島榮一郎 2009b「個人製作コンテンツの興隆とコンテンツ産業の進化理論」東京大学大学院情報学環編『情報学研究』77

高河ゆん 1991『CYCLAND』BNN

国里コクリ 2022『同人誌即売会クロニクル 1975-2022』よつばの

コミックマーケット準備会 1983『コミケットカタログ24』(8月7日)

コミックマーケット準備会 1984『コミケットカタログ27』(12月23日)

コミックマーケット準備会 1985『コミケットカタログ28』(8月11日)

コミックマーケット準備会 1989a『コミケットカタログ36』(8月13～14日)

コミックマーケット準備会 1989b『コミケットカタログ37』(12月23～24日)

コミックマーケット準備会 1994『コミケットカタログ47』(12月29～30日)

コミックマーケット準備会 1995『コミケットカタログ48』第2分冊(8月18～20日)

コミックマーケット準備会 1996『コミックマーケット20周年記念資料集』コミックマーケット準備会

コミックロフト2準備会 1986『コミックロフトⅡカタログ』コミックロフト2準備会

史都玲沙 2022『消えたキャプテン翼オンリーイベントの話完全版』オペラグラス

しまや出版 2019『しまや出版50周年記念誌 Anniversary Book』しまや出版

玉川博章 2007「ファンダムの場を創るということ――コミックマーケットのスタッフ活動」東園子・岡井崇之・小林義寛・玉川博章・辻泉・名藤多香子『それぞれのファン研究―― I am a fan』風塵社

玉川博章 2014「コミックマーケット――オタク文化の表現空間」辻泉・岡部大介・伊藤瑞子編『オタク的想像力のリミット』筑摩書房

出口弘 2009「コンテンツ産業のプラットフォーム構造と超多様性市場」出口弘・田中秀幸・小山友介編『コンテンツ産業論――混沌と伝播の日本型モデル』東京大学出版会

独立行政法人日本芸術文化振興会・非営利活動法人知的資源イニシアティブ 2019『我が国のマンガ・アニメーション分野における自主制作活動等に関する実態調査報告書』

とみた 1996『なかなか書けない同人誌』大栄堂印刷

名藤多香子 2007「「二次創作」活動とそのネットワークについて」東園子・岡井崇之・小林義寛・玉川博章・辻泉・名藤多香子『それぞれのファン研究

——I am a fan』風塵社

花羅 2018『同人誌即売会開催史（1990年代）』STRIKE HOLE

稗島武 2003「コミックマーケットの行方——ある「文化運動」にみる理念と
　現実の関係についての考察」『比較社会文化研究』14

村地彰 1995「マンガ同人誌を脅かす「自主規制」風潮」『創』1月号: 144-151、
　創出版

吉本たいまつ 2016『同人誌印刷のあけぼの』みるく☆きゃらめる

吉本たいまつ編 2018『同人誌の母・田中圭子さんインタビュー』みるく☆き
　ゃらめる

OB会 1995『コミケットの歩き方V』OB会

第5章

コロナ禍での同人誌即売会の経験
エアコミケは「本物」の即売会になったか？

杉山怜美

1. コロナ禍の同人誌即売会を記述する意義

　1975年に第1回コミックマーケットが開催されて以降、同人文化の実践は産業とも結びつきながら複数の世代を跨いで継続されてきた。同人活動は「非商業資本による、営利を目的としない自主制作」［玉川 2014: 223］と定義できるが、現在の日本では自主制作活動それ自体や制作物の流通、購入にあたって、有償・無償で提供されるさまざまな資源を活用できる環境が整備されている。

　なかでも同人誌即売会（以下、即売会と記載）は自らの作品を発表したい人びとと、作品を手に入れたい人びとのあいだをつなぐ流通の要として、同人文化全体の歴史のなかでも重要な位置を占めてきた[1]。即売会として最も知名度が高いのはコミックマーケットだと考えられるが、そういった大規模なイベントに加えて中小規模のイベントも東京・大阪・名古屋・福岡などの大都市を中心に頻繁に開催されている[2]。

　これまで同人誌の売買や流通はこうした即売会でなされてきたほか、専門雑誌上で情報がやり取りされる、同人誌を委託販売する書店で取り扱われる、インターネット上で個人・業者による通信販売

がなされるなど、長い歴史のなかで多様な経路で実施されてきた。とりわけ近年ではインターネットの存在感が高まっており、即売会の会場に行かなくても多くの同人誌を購入できる環境が整いつつある。また、紙の書籍の形式での同人誌にこだわる人びとが依然として存在する一方で、インターネット上の無償で利用できる SNS にイラストやマンガ、小説などを掲載したり、電子書籍として販売したりする動きも一般的になりつつある。

　こうした状況のなか、日本では 2020 年 3 月ごろから COVID-19 の流行（以下、コロナ禍と記載）が本格化した。即売会はほかの文化実践と同様、数か月にわたって開催が延期・中止され、その後はオンライン即売会の模索や対面でのイベント再開に向けた試行錯誤が進められていった［町村ほか 2021］。同人活動に従事する人びとにとって活動の目標であり基点にもなる即売会の場をどのように維持できるか、主催者、参加者など複数の立場の人びとが意見や取り組みを発信する動きもみられた。

　現在はコロナ禍初期と比較すると活気が戻ってきたようにも思えるが、同人文化への長期的な影響がどのようにみられるか、引き続き注視が必要である。それと同時に、早くも曖昧になり始めたコロナ禍初期の状況を記録しておくことも求められている。

　石毛弓［2021: 14-15］はコロナ禍の「体験型イベント」に関する議論のなかで、評価が定まらない事柄も含めて出来事を記録して公表する行為には将来的に行われる研究への意義が期待できると述べている。同人文化に関わる人びとの行動を記録しておくことは、同人文化の研究はもちろん現代的なメディア・イベント全般の研究にも有用だといえる。

　そこで本稿では、まずはコロナ禍に生じた即売会の再開・継続を

模索する動きや、参加者の参加・不参加状況を記述していく。さらに、それらの分析を通して、人びとが即売会に求める中心的な機能や、ある事象を即売会とみなすための必要条件を明らかにすることを目指す。前者は、人びとはコロナ禍での即売会の開催状況を踏まえて（オンライン即売会を含む）即売会へどのように参加し、参加しなかったのか、後者は、即売会に求められる機能や即売会の必要条件はコロナ禍でいかに問い直されたのかという問いにそれぞれまとめることができる。

　以下では、第2節で先行研究の整理を行い、第3節で調査概要を述べたうえで、第4節ではコロナ禍が本格化してから1年間（2020年度）の対面・オンラインでの即売会の開催実績データを分析して、コロナ禍における即売会への参加機会とオンライン化の状況を確認する。さらに、対面とオンラインの即売会で用意されている機能を贈与交換論の概念を分析枠組として比較することで、オンライン即売会で可能となった実践の特徴を明らかにする。それを踏まえて第5節では、即売会参加者のコロナ禍前後の状況や即売会への意識と、コロナ禍での参加実態との関連を分析する。最終的に第6節で2つの問いへの答えを明らかにして、本稿のまとめとする。

2. 先行研究の整理——同人誌即売会の論理と機能

（1）サークルの論理と機能

　即売会は同人活動に関する参与観察や質問紙調査を実施する場として研究者と同人活動に従事する人びとが接するフィールドとなってきたほか、同人活動に関する研究対象の一部としても取り扱われてきた。文化社会学や文化研究の立場では、参加者の意識や実践に着目した研究［七邊 2005; 名藤 2007ほか］や、即売会という場そのもの

を対象とする研究［玉川 2014 ほか］を中心に蓄積がある。本稿は後者と関心を共有しながら、主に前者を直接的に先行研究として参照する[*3]。

　コロナ禍の事例を通して本稿の問いの一つである即売会の中心的な機能を解明しようとする際、サークル参加者に着目して「同人界」独自の論理を分析した金田淳子［2007］と七邊信重［2010］の研究は重要な参照先となる。

　これらの研究はピエール・ブルデューの理論仮説を用いて同人活動に従事する人びとの「界（champ, field）」を分析したもので、金田は「同人界」が「愛」「人気」「技術」という文化資本の闘争の場であると指摘した［金田 2007］。七邊は金田の概念使用を再整理してほかの界と特徴を比較したうえで、「同人界」では経済的利害─関心が否定的に評価され、「活動自体の楽しさ」と「同人仲間内での人気・承認の獲得」という象徴的利益が肯定的に評価されており、そうした論理は商業界の論理と相反すると結論づけた［七邊 2010］。

　両者の議論はどちらも「同人界」では経済的な利益ではなく非経済的（文化的・象徴的）な利益が望ましいとみなされている状況を明らかにしている。これらはサークル参加者が即売会に参加する際、自身の同人誌を売り上げることだけでなく、文化的・象徴的な利益も求めているという可能性を示す重要な指摘である。

(2)「マーケット」としての同人誌即売会

　一方で、それでも即売会における中心的な実践は同人誌の売買であるという点も確認する必要がある。その意味で、即売会の実践を捉えるには同人誌を購入する一般参加者もまた重要な研究対象となりうる。

霜月たかなか[*4][2008]によると、現在の即売会の源流であるコミックマーケットは、その名称に表現されている通り「マーケット」として立ち上げられ、「同人誌に対して金銭のやり取りを正面切って肯定する、いやむしろ、推進するという道を開」く契機となったという[霜月 2008: 132]。これ以降、同人活動に創作者以外の人びとの関与が可能になった。近年では、C97を例に取るとサークル数が3万2千であるのに対して75万人の一般参加者が参加している[*5]。潜在的には創作活動に従事している可能性はあるものの、少なくともその場では同人誌の買い手として振る舞う一般参加者も、即売会に欠かせない存在だといえる。

　その点、東園子[2013]は紙の同人誌や即売会の機能を分析する際に、サークル参加者だけでなく一般参加者(読み手)も積極的に位置づけている。東は紙の同人誌や即売会に共通して「作品の発表」「活動情報の発信」「萌え語り」「交流」の4つの機能があり、現在こうした機能の一部はインターネットによって代替されているが、「作品の発表」と「交流」については依然として紙の同人誌や即売会が優位であると指摘する[*6]。「作品の発表」はサークル参加者視点の表現だが「双方〔サークル参加者と一般参加者〕がそれなりのコストをかけて即売会に集うからこそ、読み手は代金分の価値がある作品を手に入れようとし、描き手はお金を払ってもらえるだけの作品を出そうと努力する」[東 2013: 43]と、サークル参加者と一般参加者の双方が金銭のやり取りを伴う作品発表・受容を意識的に選択している点を強調している。

　経済的な利益を優先すべきでないという論理と、あえて金銭の授受が発生する形態での作品発表・受容を選択するという志向は一見して相反するようにも思えるが、即売会では両者が併存しているこ

とが特徴的である。第4節以降では、コロナ禍の即売会を取り巻く状況の分析を通して、オンライン即売会を含めたコロナ禍の即売会でこれらの特徴がいかに維持され、どこに重点が置かれていたのかを明らかにしていく。

3. 調査方法

　本稿では、①即売会開催実績のウェブサイト調査とデータベース作成、②即売会での参与観察、③調査会社モニターによるオンラインの質問紙調査の3つの調査に基づいて記述や分析を進めていく。主に第4節は①、第5節は③の調査に基づいていて、②の結果は他の調査結果を補足する目的で用いる。以下、それぞれの調査の詳細を順に説明していこう。

　①は2020年3月1日〜2021年3月31日を対象期間として、コロナ禍初期（2020年4月17日）にニコニコ生放送にて放送された即売会に関する番組[*7]に出演した主催団体5団体（赤ブーブー通信社（青ブーブー通信社）、博麗神社社務所、スタジオYOU、コミックマーケット準備会、コミティア実行委員会）のイベントを対象に、主催団体のウェブサイト、即売会情報を網羅的に掲載しているウェブサイト「ケットコム」[*8]の過去ログページから情報を得て即売会の開催実績を整理したものである。この5団体は同人文化の存続危機を訴える番組に代表自ら出演しており、コロナ禍でのイベント開催意向が比較的強いと想定される。これらの団体の実績に着目することで、コロナ禍で解決困難だった課題がより明確になると期待できる。

　オンライン即売会については、同様の期間中に上述の主催団体によって実施されたものをリスト化したほか、オンライン即売会専用のプラットフォームとして活用実績の多いpictSQUARE[*9]でのオン

ライン即売会の開催実績を調査した*10。

　②の参与観察は2020年6月と8月に対面の即売会で実施したほか、2020年8月と2021年1月に二次創作を取り扱うオンライン即売会でも行った。

　続いて③のオンラインの質問紙調査について、調査タイトルは「新型コロナ禍におけるイベントスペース利用者調査」で、調査期間は2021年3月16日〜2021年3月19日、対象者は2019〜2020年に所定のイベントスペースまたはイベント（10類型*11）を訪問・参加した首都圏に居住する男女（20〜79歳）とした。

　対象の抽出にあたっては、東京都・神奈川県・千葉県・埼玉県に居住する20歳から79歳までのモニターを対象にイベントスペース29分類*12への訪問・参加の有無を尋ね、そのうち上述の10分類の参加者に該当するモニターに本調査を依頼した。具体的には居住地・年齢が該当するモニター54,754人に依頼して、条件に該当した先着1,244人までの回答を回収した。回収時の割り付けについては、若年層にイベントへ積極的に参加する人が多いと仮定して、若年層の回答を確保するために20〜29歳が300人、30〜39歳が200人、40〜49歳・50〜59歳・60〜69歳・70〜79歳が150人としたうえで、年齢層ごとに男女均等割り付けとする方針を採った。

　質問項目の設計や分析にあたっては、2021年3月以前のコロナ禍の動向が前提となっている。具体的には2019年1月から2020年2月までを「コロナ前」、2020年3月から2021年3月までを「コロナ禍」としている。調査では「コロナ禍」の期間を緊急事態宣言の実施状況などに基づいて細分化して尋ねている*13が、第5節ではコロナ前とコロナ禍を分析の基本単位として扱う*14。

4. コロナ禍の即売会の動向——再開とオンライン化の模索

　さっそく前節で述べた調査①のデータを基にコロナ禍での即売会の開催状況について整理していこう。ここでの記述はコロナ禍での即売会参加者の実践を検討する前提にもなる。

　コロナ禍の即売会に特有の動向は2つに大別できる。1つは従来からある対面での即売会について、開催回数の減少や参加人数の制限によって人びとの参加機会が減少したことで、もう1つは対面での即売会の代替としてオンライン即売会が模索されたことである。コロナ禍初期（2020年3〜5月頃）は参加機会の減少が顕著であり、オンライン即売会が複数の主催団体によって試行された時期でもあった。第1回緊急事態宣言（東京都では2020年4月7日〜5月25日）終了後には、少しずつ対面での即売会が再開されて、並行してオンライン即売会の定着も進んだ。

　本節では対面とオンラインの即売会の時期ごとの開催状況を分析して、次節で参加者の実践を検討する足掛かりを作る。オンライン即売会については対面での即売会との比較を通して、自らが即売会であることをどのように担保しようとしているのか、主催者視点での必要条件を考察する。

(1) 対面での即売会の開催延期・中止の動向

　まず、コロナ禍初期（2020年3〜5月頃）の対面での即売会の動向を確認する。

　日本で即売会を含むイベント開催にコロナ禍の影響が出始めたのは2020年2月のことで、2月末頃から即売会の中止や延期のイベントが増加した。

図① 5団体主催の即売会の開催・延期・中止状況（2020年3〜5月当初予定）

【東京】

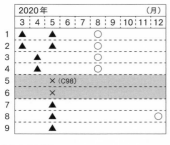

【大阪・福岡・愛知】

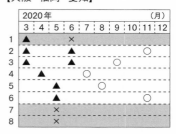

【それ以外】

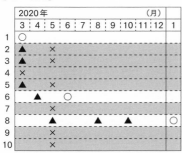

凡例

※以下、本章掲載の図表は、すべて調査をもとに筆者が作成したものである

　3月中に予定されていた赤ブーブー通信社、スタジオYOU、博麗神社社務所の即売会は地方開催の1つを除いてすべて延期となった。東京オリンピックの影響で5月のゴールデンウィークに開催予定だったC98は、3月15日に中止や延期の可能性が示され、3月27日に開催中止が告知された。同様に5月中旬の開催が予定されていたCOMITIA132extraも、4月1日に開催中止がアナウンスされた。

　当初2020年3〜5月に予定されていた即売会の開催・延期・中止状況を地域別でまとめたのが図①である。イベントごとに何月に開催・延期・中止したのかを整理しており、▲のみが記載された行は、

一度延期されたのち複数のイベントに吸収合併されるかたちで開催されたことを示している。

　2020年3〜5月に予定されていた対面での即売会は1つを除きすべて延期か中止されて、4〜5月は開催実績がなかった。これは各自治体から展示場などに出されていた休業要請が直接的な理由だと考えられる。

　また、東京や大阪・福岡・愛知で開催予定のイベントの多くは延期されて8月をピークに開催が実現したのに対して、それ以外の地方で開催予定のイベントは最終的に中止されたものが目立った。

　第1回緊急事態宣言が終了すると、少しずつイベント参加者数の上限が引き上げられていった。それに伴って対面での即売会も徐々に再開された。当初2020年6月〜2021年3月に予定されていた即売会の開催・延期・中止状況を地域別にまとめたのが図②である。

　コロナ禍初期と同様に、都市部では延期されながらも最終的には開催できたイベントのほうが多いが、地方では中止となるイベントが一定数あり、地方のほうがコロナ禍の影響を強く被った可能性がある。

　ただし、図①と②で図示したとおり最大規模の即売会であるコミックマーケットは2020年度中は夏冬ともに開催されなかったため、どの地域を拠点にしている参加者にとっても参加機会の減少は免れなかったと想定できる。

　一方で、調査対象である5団体が主催するイベント全体でみると、第1回緊急事態宣言の終了後には再開されて、その後もコンスタントに開催されたことから、参加機会も一定程度担保されていたようにみえる。しかし、2020年末の時点でも「参加自粛や収容人数制限の影響は大きく、来場者数が半減した状態が続いて」[*15]いると指摘

図② 5団体主催の即売会の開催・延期・中止状況（2020年6月〜2021年3月当初予定）

【東京】

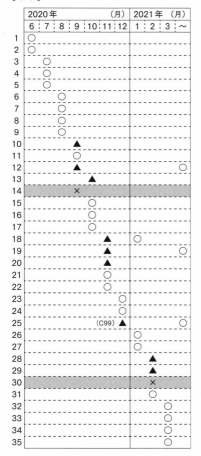

凡例

最終的に開催した即売会
最終的に中止した即売会

○ 開催
▲ 延期
× 中止

【大阪・福岡・愛知】

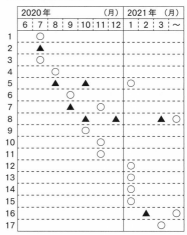

【それ以外】

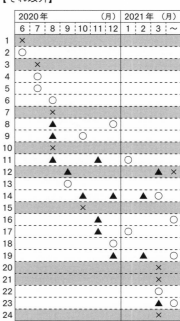

されていることからも、コロナ禍が参加機会の減少に与えた影響は
開催回数が確保されてもなお大きかったと考えられる。この点が参
加者の行動にどのように表れているかは第5節で検討する。

(2) オンライン即売会の模索──代替としての「エア」イベント

　オンライン即売会は、コロナ禍初期に対面での即売会が延期・中
止され始めてすぐに模索する動きがみられた。

　2020年3月中は赤ブーブー通信社とスタジオ YOU によって延期
になったイベントの代替として主に Twitter（現・X、以下同じ）上でハ
ッシュタグを活用した「エア」イベントが実施されたが、4月になる
と同人誌の通販サイトとの連携が開始されて同人誌の売買が可能と
なり、5月には「エアコミケ」「エアブー」「エアコミティア」「エア例
大祭」の4つのイベントが実施された。一口にオンライン即売会と
いってもその詳細は時期や主催団体によって異なるが、コロナ禍が
本格化して2か月ほど経過した時点で、「マーケット」としての機能
をもつオンライン即売会が開催されていたことは指摘できる。その
際、同人誌の頒布─購入には自家通販や委託通販のサイトなど既存
の流通チャネルが主に活用された。

　ここで、これらのオンラインイベントで共通して使用されている
「エア」という言葉について補足しておく。実のところ、コロナ前に
も「エアコミケ」という言葉は存在していた。しかし、その意味合い
はコロナ後とは異なっていて、なんらかの事情でコミックマーケッ
トに参加できない人が、あたかも参加したかのように振る舞う行為
のことを指していた。ピクシブ百科事典に掲載された定義が象徴的
であるため紹介すると「本物のコミックマーケットに参加できない
者達による、コミケに参加した気分になって楽しもう！ という集

まり」*16（傍点は筆者）だという。

　例えば、対面での即売会ではサークル参加者がイベント当日に自分に割り当てられたスペースの準備を終えた際に「設営完了しました」などと Twitter で報告する習慣があるが、自宅で自作の同人誌を並べた画像をツイートに添付したうえで、「#エアコミケ」とハッシュタグを付けてそれが嘘や冗談であることを示しながら、設営完了を報告する実践がみられた。コロナ禍以前から即売会に参加したくても参加できない層が存在していたことは注目に値する。

　こうした経緯とも関連して、とくに初期の「エア」イベントは Twitter 上でのハッシュタグを用いた情報発信が活動の中心となっていた。参加者は前述のコロナ前の「エアコミケ」的なツイートに加えて、同人誌を購入できるサイトへのリンクを掲載した宣伝ツイートや、同人誌を読んだ感想ツイートなどを行うよう、主催団体から促された。

　また、これらのイベントは同人誌の委託販売会社や印刷会社、画材会社などが連携した企画「がんばろう同人」プロジェクト*17の一環とされた。本プロジェクトは、サークルが新たに同人誌を制作する機会を提供することで、コロナ禍になって大幅に需要が減少していた同人誌印刷所などの関連産業を支援することが目的の1つだったこともあり、対面での即売会に関わる企業が協同してオンライン即売会を支援する姿勢を表明していた。オンライン即売会は対面での即売会と対立するものではなく、その代替として期待されていたことが分かる。

　その後、オンライン即売会は大きく2つの変化がみられた。

　1つは、対面での即売会主催団体による「エア」イベントが、対面での即売会の代替として開催されるだけでなく、定期開催されて新

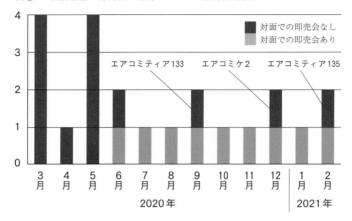

図③　5団体主催の即売会の月別オンライン即売会開催数

（グラフ凡例）
■ 対面での即売会なし
▨ 対面での即売会あり

エアコミティア133　エアコミケ2　エアコミティア135

3月　4月　5月　6月　7月　8月　9月　10月　11月　12月　1月　2月
2020年　　　　　　　　　　　　　　　　　2021年

たな即売会の形式として位置づけられていったことだ。具体的には、2020年6月以降になると、赤ブーブー通信社がオンライン即売会と対面での即売会を並行して開催する動きを定着させていった[*18]。一方でコロナ禍初期と同じく中止になった対面での即売会の代替開催も随時行われた。結果として対面での即売会主催団体が実施するオンライン即売会は、定期開催と代替開催に分化して定着したといえる[*19]（図③）。

　もう1つの変化は、オンライン即売会の専用プラットフォームを提供するサービスが台頭して、個人でも比較的容易にオンライン即売会を主催できる環境整備が進んだことだ。調査概要でも説明したpictSQUARE上で2020年度に開催されたイベント数とサークルスペース数の合計（テストイベントは除く）をまとめたのが図④である。

　サービスが開始された5月から3か月間は低調だったが、8月にイベント数が拡大してからはおおむね毎月100件以上のイベントが開

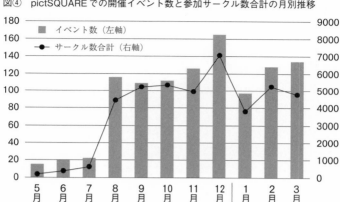

図④　pictSQUARE での開催イベント数と参加サークル数合計の月別推移

催されていた。1イベントあたりのサークル数平均は39.9スペース
であり、年度の後半になるにつれてイベント数が増加してサークル
数合計が縮小する傾向があることを鑑みても、比較的小規模なイベ
ントが可能なプラットフォームとして受け入れられたと考えられる。

　pictSQUARE の最大の特徴として、参加者が会場で同人誌を購入
したりサークル情報を入手したりするときにアバターを操作してサ
ークルごとに割り当てられたスペースを訪問する必要がある仕組み
が採用されていることが挙げられる。

　イベント会場は2次元のマップで表示されて、割り当てられたス
ペースの外装やアバターは参加者が自由に設定できる。筆者が参与
観察したイベントでは、好きなキャラクターのアバターを自作した
り、マップを移動する人にサークルの頒布物が分かりやすいように
スペース内にキャラクターのイラストや「新刊あります」といった
メッセージなどを掲載したりと、様々な工夫がみられた。一定の速

度で動くアバターを入口からサークルスペースまで移動させる過程は手間ともいえるものだが、そうした手間が付加されることで対面の即売会でサークルスペースのあいだを歩き回る経験が疑似的に再現されているといえる[20]。

　加えて、pictSQUARE では既存の流通チャネルだけでなく、同じ運営会社が自家通販サービスを提供していることも特徴的である。活用の程度は別として、1つの企業が即売会にまつわる機能を自社のサービスに集約させて、参加者を囲い込もうとする動きとしてみることができる。

(3) オンライン即売会で可能な実践の特徴——贈与交換論に基づく分析
①対面での即売会とオンライン即売会の実践の比較

　前項ではコロナ禍で本格化したオンライン即売会の動向を整理してきたが、オンライン即売会の特徴については断片的な記述にとどまっていた。オンライン即売会は対面での即売会とどのような共通点と相違点があるのか、さらにいえばオリジナルである対面での即売会に対して、自らが即売会であることをどのように担保しようとしているのかという点は十分に論じられていない。そこで本項では、改めて対面での即売会で行われている実践を整理して、それらに相当するものがオンライン即売会で可能となっているかを分析していく。

　まず、対面での即売会で最も中心的な実践は金銭を用いた同人誌の頒布—購入である。それに加えて「交流」[東 2013]に関わる種々の実践が行われている。具体的には、参加者同士の挨拶、口頭や手紙での感想や応援メッセージなどのやり取り、お菓子などの差し入れ、ペーパー[21]や無配（無料配布）[22]の配布、スケブ[23]の依頼などがあ

る。

　オンライン即売会での同人誌の頒布─購入の多くは、すでに述べたように通販サイトなど既存の同人誌の流通チャネルを流用して実施されていた。ただし、購入者が同人誌に辿り着くまでのプロセスはオンライン即売会に特有の仕組みが採用されていた。具体的には、通常の通販サイトでは同人誌を購入する際に目当ての作品・サークル・ジャンルなどの情報で検索して、同人誌単位で探すことが一般的である。一方のオンライン即売会では最初にサークルが表示・検索できるようになっていて、サークルごとのページに進むとサークルが発行している同人誌や購入サイト（これが既存の流通チャネルである）への外部リンクが表示される作りになっている場合が多かった。これは、pictSQUARE で採用されているマップ上をアバターで移動する仕組みと同様に、対面での即売会でのサークルを意識した同人誌の購入を疑似的に再現するための仕組みだと考えられる。

　また、同人誌がオンライン上でやり取りされるからといって、それらすべてが電子書籍などの電子データではないことも注意が必要である。筆者が参与観察した二次創作のオンライン即売会では対面での即売会と同様に、有償の同人誌はむしろ紙の書籍が主流だった。

　それ以外の「交流」に関わる実践についても、オンライン即売会内外のサービスを組み合わせて活用することで実現されていた。まず、挨拶や感想などのやり取りは主に Twitter など既存のサービスが活用さていた。徐々にオンライン即売会内で感想などをテキストでやり取りできる機能も実装されていった[24]が、即売会外部のサービスも活用され続けた。また、差し入れも既存のウェブサービス[25]によって可能となっていた。加えて、ペーパーや無配の代替としてオンラインで閲覧できる作品やネップリ（ネットプリント）[26]がサークル

スペースや SNS 上で多数公開されたほか、スケブは「エアスケブ」*27
として実施された。

②贈与交換論の枠組からみる対面・オンラインの即売会の固有性

　対面での即売会とオンライン即売会での実践同士を比較すると、
対面での即売会でできることのある程度はオンライン即売会でも可
能であるように思われる。しかし、依然として両者のあいだには大
きな差異が存在している。この点について分析を深めるうえで、贈
与交換論の概念が有効な枠組となる。

　贈与交換論はマルセル・モース以来さまざまな論者によって理論
の発展や精緻化が試みられてきた議論である。モース［Mauss 1923-
24＝2014］の定義では、贈り物の交換は贈り物を行う義務、受け取る
義務、返礼の義務が前提となり、贈与交換であっても贈り物を受け
取った側には返礼の義務が生じるという。また贈与交換では、伊藤
幹治［1996: 1-2］の指摘にあるように、モノや貨幣、労働、情報、技術、
知識などの手段的な財だけでなく、敬意や愛情、感謝などの表出的
な財も交換対象となりうる。

　こうした贈与交換をめぐる議論は、資本主義的な市場交換と異な
る交換があり得ると提示した点で重要だった一方、市場交換と贈与
交換を単なる二項対立として理解することには批判もある［生井
2022: 12］。生井達也［2022: 149-52］はライブハウスでなされる市場交
換の中に「市場交換に見せかけた」贈与交換的な交換や継続的な関
係構築に寄与する側面が存在することを指摘して、市場交換の複雑
性を示している。

　贈与交換論は、主にファンの贈与交換的な実践を分析するために、
ファン研究の領域で活用されてきた*28。この視点は即売会での「交

流」を分析する際にも有効だと考えられる。

　前述の「交流」を贈与交換として捉え直すと、お菓子の差し入れに
お菓子が返礼されるように同種の財がやり取りされることもあれば、
物質的で手段的な財であるペーパーやスケブを受け取った人が、非
物資的で表出的な財である御礼の言葉で返礼する場合もあった。嶋
田義仁［1993］は異なる財の横断的な交換である「異次元交換」の存在
を強調するが、即売会では異次元交換も広く行われているといえる。

　くわえて、即売会で中心的な同人誌の頒布―購入という実践は市
場交換として位置づけられる。同人誌は金銭を払えば（年齢制限があ
る場合は除いて）誰でも購入可能な商品として扱われ、売り手と買い
手の関係は基本的には一時的なものである。ただし、その場で直接
同人誌をやり取りする実践がサークル参加者と一般参加者双方にと
って同人誌に「あえて対価を払う」［東 2013: 45］姿勢の表明だとみな
せる場合、「市場交換に見せかけた」贈与交換に近い性質や、継続的
な関係構築に寄与する性質も持ち合わせているといえる。例えば、
オンライン上で無料公開されている作品を製本した同人誌を即売会
に買いに行く事例が分かりやすいだろう。同人誌の頒布―購入は、
その時々で意味づけに幅のある市場交換的実践としてみなすことが
できる。

　以上のように対面での即売会では様々な財にまつわる市場交換と
贈与交換の実践が複層的かつ即時的に行われているとまとめられる。
一方で、オンライン即売会では個々の交換実践は可能でも、対面で
の即売会にある複層性と即時性が十分実現できていないと考えられ
る。

　まず複層性について、対面での即売会では一般参加者が各スペー
スでサークル参加者と相対した時に、物質的―非物質的、手段的―

表出的な財が混淆した、市場交換と贈与交換が入り混じった実践がなされるが、オンライン即売会では目的に応じて複数のサービスを使い分ける必要があるため、市場交換と贈与交換が切り分けられるほか、贈与交換も細分化されて経験されている可能性がある。

　次に即時性については、対面での即売会であれば会場内で市場交換・贈与交換ともに完結させることが可能だったのが、オンライン即売会の場合、とりわけ物質的な財のやり取りに時間的な遅れが生じることが指摘できる。例えば、紙の同人誌は通販サイトから発送されて自宅に届くのを待つ必要があり、ネップリはコンビニまで出掛けて印刷する手間が掛かる。

　もちろん対面の即売会でも通販サイトでの追加頒布―購入や、Twitterでの感想のやり取りなどは行われているが、あくまでも即売会の外部として位置づけられていると考えられる。オンライン即売会は即時性の点では対面での即売会に劣るが、即売会として括ることのできる期間を緩やかに拡張したともいえる*29。

　まとめると、対面での即売会では会場内で時間的にも空間的にも完結していた交換実践が、オンライン即売会では細分化され複数のサービスに分担されることで実現していること、なおかつ即売会とみなされる期間の拡張が起きていることが明らかにできた。

　さらに、コロナ以前の「エアコミケ」のような実践が、コロナ禍による即売会の状況変化やオンライン即売会という機能的に進化したプラットフォームの登場を受けて、「本物」の即売会参加の1つのあり方に格上げされたということもできる。この意味では、コロナ禍は即売会への参加機会をもたなかった人びと――例えば地方在住者や子ども、土日に休みが取れない人びとなど――に門戸を開く契機ともなった。

本節では主催者やプラットフォーム提供者による即売会の開催状況に関する調査や、参加者の実践への参与観察によって得られた知見に基づいて議論してきた。次節では参加者たちがコロナ禍の即売会に対してどのような受け止め方をしていたのか、個々人の参加実態や意識から解明することを試みる。

5. コロナ禍の即売会への参加状況

　前節で分析してきたように、コロナ禍の即売会は対面での開催が困難になって、オンライン上での代替開催が試みられた。その後、対面での即売会が再開されてからもオンライン即売会は継続的に開催され、両者が並存するようになった。オンライン即売会では、従来の対面での即売会での経験を再現するような市場交換や贈与交換の実践がなされていたが、複層性と即時性については差異があった。

　こうした前提を受けて、本節ではまず回答者をコロナ禍の前年度（コロナ前）と初年度（コロナ禍）の2年間の対面・オンラインの即売会への参加状況を基に分類する。その後、参加状況に影響を与えた要因として、コロナ禍による生活への影響度と、即売会で重視する実践に着目して、分析を行う。最後に、分析対象をオンライン即売会に限定したうえで、参加者がオンライン即売会をどのように受け止めたのかを検討する。

　第3節2項でも述べた通り、本節の分析には調査会社モニターによるオンラインの質問紙調査（2021年3月16日～2021年3月19日実施）の結果を用いる。全回答者のうち、いずれかの時期に即売会に参加したと答えたのは134名だった。なお、本文や図表中のパーセンテージは小数第二位を四捨五入して小数第一位まで表記する。

（1）コロナ禍前後の参加状況

　分析の出発点として、回答者のコロナ禍前後での対面・オンラインの即売会への参加状況を確認していこう。

　即売会に参加したと回答した134名のうち、コロナ前（2019年〜2020年2月）に参加した者は65名、コロナ禍（2020年3月〜2021年3月）に参加した者は103名で、両年度参加した者は34名だった。また、コロナ前の参加者のうち、22名がサークル参加、32名が一般参加のみの参加、11名がコスプレ参加やスタッフなどで参加していた[*30]。分析にあたっては本稿の方針と合わせて、サークル参加などの特定の参加形態に限定せずに即売会参加者全体の傾向をみることとする。

　次に、時期ごとの参加状況をより理解するため、①コロナ前とコロナ禍ともに参加した「参加継続」（2019・20年度）、②コロナ前のみ参加した「参加断念」（主に2019年度）、③コロナ禍のみ参加した「新規／再参加[*31]」（主に2020年度）の3類型に分けてみていく。

　対面での即売会に限定すると、「参加継続」が27名、「参加断念」が38名、「新規／再参加」8名で、新規（もしくは数年ぶり）の参加者は少なく、コロナ禍になって参加しなくなった人数が参加し続けた人数を上回っていた。第4節1項と関連して、コロナ禍の対面での即売会の参加機会がどの程度確保されていたのかという観点では、開催回数は確保されたものの、参加機会としては減少していたことの現れだと考えられる。

　オンラインも含めた即売会全体の参加状況と参加した即売会の形態（対面・オンライン）をクロス集計したところ、表①のような結果となった。この表から読み取れるように「新規／再参加」はオンライン即売会のみの参加者が多く（「新規／再参加」の88.4%）、参加者全体のなかでも45.5%と半数近くを占めていた。

表① コロナ禍前後参加者類型と参加した即売会の形態のクロス表（%）

コロナ禍前後 参加者類型	参加した即売会の形態			計（実数）
	対面・ オンライン	対面のみ	オンライン のみ	
参加継続	70.6（※）	29.4	――	100.0（34）
参加断念	0.0	100.0	――	100.0（31）
新規／再参加	10.1	1.4	88.4	100.0（69）
計	23.1	31.3	45.5	100.0（134）

（※）参加継続かつ対面・オンラインの詳細

コロナ前	――	100.0		100.0（24）
コロナ禍	70.8	0.0	29.2	100.0（24）

（$X^2 = 169.098$, df=4, p<.001）

　もう1つ重要な傾向として、「参加継続」した人で対面での即売会にだけ参加した人は少数で（「参加継続」の29.4%）で、対面・オンラインともに参加した人が多数派だったことが指摘できる。この傾向から、コロナ禍でのオンライン即売会は対面での即売会の参加者にもある程度受け入れられていたと考えられる。しかし一方で、「参加断念」した人も全体の4分の1程度を占めていた。

　こうした傾向を踏まえて、次項からはコロナ禍の参加状況に影響を与えたと考えられる2つの要因について、コロナ禍で対面・オンラインの即売会のうち少なくともどちらかに参加した人と、いずれにも参加しなかった人との差異を検討していく。

(2) コロナ禍の生活への影響と即売会参加

　まず、コロナ禍が参加者個人の生活に与えた影響が、即売会の参加にも影響を与えた可能性を検討する。

　具体的には、コロナ禍が生活に与えた影響を経済面、体調や健康の面、人とのつながりの面、全体の4つに分けて、コロナ前と比べて

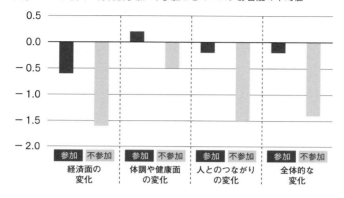

図⑤　コロナ禍での即売会参加・不参加ごとのコロナ影響度の平均値

「変わらない」を0点、「とてもよくなっている」を5点、「とてもわる
くなっている」を−5点としたときの現在の得点を尋ねた質問の回答
の平均値を、コロナ禍での参加・不参加に分けて示したのが図⑤だ。

　コロナ禍で即売会へ参加したグループと不参加だったグループの
得点の平均値の間に、統計的に有意な差がみられるか確かめるため、
それぞれ対応のないt検定を行ったところ、体調や健康面（t=1.581,
df=132, n.s.）を除く経済面（t=2.206, df=132, p<.05）、人とのつながり
の面（t=2.467, df=132, p<.05）、全体（t=2.425, df=132, p<.05）につい
て、いずれの項目でも、参加したグループよりも不参加のグループ
で平均値が有意に低く、マイナスの影響が大きい傾向がみられた。

　以上から、コロナ禍は即売会の開催を困難にさせただけでなく、
参加者個人の生活状況を悪化させて参加を難しくさせるという影響
も及ぼしていたといえる。

（3）即売会での交換実践と参加状況

　次に、即売会での交換実践に関連する質問への回答に着目して、

参加状況との関連を明らかにしていく。

　まず、即売会に参加して種々の交換実践を行う原資になると考えられる収入や支出に関する質問のうち、1か月で趣味に自由に使える金額を取り上げる。本質問には即売会参加者のうち、コロナ禍に参加した103名中85名、不参加だった31名中26名から回答が得られた。それぞれの平均金額は、参加グループが約39,000円、不参加グループが約54,000円で不参加グループのほうが高かった。それぞれのグループの平均金額に統計的な有意差があるか、対応のないt検定を行って確認したところ、有意な傾向がみられた（t=1.664, df=109, p<.1）。なお、回答対象の時期は限定していないが、コロナ禍の2020年度に所得が大きく変化した場合は2019年の状況を答えるように注記していた。

　結果を箱ひげ図にまとめたのが図⑥である。中央値はどちらも30,000円だが、不参加グループのほうが回答者の分布が上方にあることが読み取れる。

　コロナ禍で即売会に参加した人のほうが月当たりに趣味に使える金額が低いという結果となった理由は、ほかの質問との兼ね合いで十分明らかにできなかったが、あり得る解釈として、1つは趣味に自由に使える金額に限りがあると自分にとって価値あるものに使途を限定する必要があると想定できることから、即売会への参加は趣味の支出先として価値

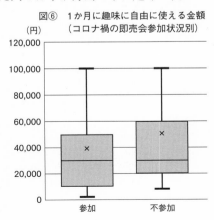

図⑥　1か月に趣味に自由に使える金額
　　　（コロナ禍の即売会参加状況別）

が高いとみなされていると推測できる。

　もう1つ、設問では2020年度に所得が大きく変化した場合は2019年の状況を答えるように注記していたが、前項での回答傾向から推測して、不参加のグループで所得が大きく減少した人が多く、趣味に使える金額も相対的に高かったであろう2019年の状況を回答した人が多かった可能性も指摘できる。

　続いて、贈与交換と参加状況のつながりを検討するため、コロナ前に対面での即売会に参加した人を対象として、コロナ前の即売会で会話や差し入れなどによる交流をしたかどうか尋ねた質問を取り上げる。コロナ前の即売会参加者65名のなかで、ほかの参加者と会話や差し入れなどで交流した人は22名、しなかった人は43名だった。そうした贈与交換的な実践の有無とコロナ禍での参加・不参加をクロス集計したのが表②である。

　コロナ禍に即売会に参加しなかった人は、前年度の即売会で交流をせず市場交換だけを行っていた人が多数派であった。一方で、コロナ禍に参加した人のなかには前年度に即売会で交流があった人が半数程度含まれていた。

　さらに、贈与交換の一種といえる、主に即売会主催者への支援的な意味をもつグッズ

表②　コロナ禍の即売会参加状況と
　　　コロナ前の交流の有無のクロス表 (%)

コロナ禍の参加状況	コロナ前の交流		
	あり	なし	計 (実数)
参加	47.1	52.9	100.0 (34)
不参加	19.4	80.6	100.0 (31)
計	33.8	66.2	100.0 (65)

($X^2=4.39$, df=1, p<.05)

表③　コロナ禍の即売会参加状況と
　　　コロナ禍の支援行動のクロス表 (%)

コロナ禍の参加状況	コロナ禍の支援行動		
	した	しなかった	計 (実数)
参加	72.8	27.2	100.0 (103)
不参加	9.7	90.3	100.0 (31)
計	58.2	41.8	100.0 (134)

($X^2=36.5$, df=1, p<.001)

購入や寄付・クラウドファンディングなどへ協力したかどうか尋ねた質問にも着目する。

　結果は表③の通りで、全体で6割近い人が支援行動を行っていたが、そのほとんどがコロナ禍の参加者であった。参加者内でみても72.8%（75名）が支援を実施しており、コロナ禍に参加した人の多くは支援的な行動を行っていたことが読み取れる。

　以上の結果から、コロナ禍で即売会に参加した人のほうが即売会参加への原資となる金銭的な余裕は少なかったが、即売会を取り巻く贈与交換に積極的に取り組む傾向があると指摘できる。

(4) 参加者の行動からみるオンライン即売会の位置づけ

　ここまでの分析では即売会全体の参加状況をみてきたが、本項ではコロナ禍に盛んになったオンライン即売会に限定して分析を行う。具体的には、オンライン即売会に実際に参加した人の間でそうした取り組みが好評だったのか、それとも不評だったのかを検討する。

　分析にあたっては、今後1〜2年のあいだ、即売会を開催する際にオンラインと対面をどのような比率にするのが望ましいと思うかについて尋ねた質問の結果を用いる。オンライン即売会参加者の回答傾向として、オンライン比率が高いほうが望ましいとしている場合はポジティブに、反対の場合にはネガティブに評価されたとみなすことができる。

　そこで、望ましいと考える対面・オンライン比率の平均値をオンライン即売会に参加したグループと不参加のグループのそれぞれで算出したところ、参加したグループでオンライン6.1割（対面3.9割）、不参加のグループでオンライン4.8割（対面5.2割）と、参加したグループのほうがオンライン比率が高い結果となった。両グループの間

で対応のない t 検定を実施した結果、2つのグループの平均値には有意差がみられた（t=2.421, df=122, p<.05）。

　つまり、オンライン即売会に実際に参加した人のほうが対面よりもオンラインの比率が高い状態を望ましいと回答していたことから、参加者からポジティブな評価がなされていたといえる。一方で、不参加グループでもオンラインと対面が半々の状態を望ましいとみていることから、総じてオンライン即売会は即売会の一形態として受け入れられつつあると考えられる。

6. 結論——コロナ禍の同人誌即売会はいかに経験されたか

（1）コロナ禍の即売会への参加判断

　本稿ではコロナ禍の即売会について記述する意義を確認したうえで、コロナ禍になって台頭したオンライン即売会を1つの重要な分析対象に据えつつ、即売会全般の開催状況や参加状況を検討してきた。結論として、まずは本稿の1つめの問いである「人びとはコロナ禍での即売会の開催状況を踏まえて（オンライン即売会を含む）即売会へどのように参加し、参加しなかったのか」にどのように回答できるかまとめていこう。

　まず開催状況について、コロナ禍の影響で対面での即売会が一切開催できなかった期間は2020年3〜5月の3か月程度でその後は再開されていったことに加えて、オンライン即売会を模索する動きも盛んになったことが指摘できる。しかし、コミックマーケットのような大規模イベントの中止や、参加自粛、人数制限などを受けて参加機会は減少していたと考えられる。

　続いてコロナ禍前後の参加状況をみると、コロナ禍になってからオンライン即売会のみに参加した「新規／再参加」層が参加者全体

のなかで半数近くを占めていて、コロナ禍前後ともに参加した「参加継続」層のなかでは対面・オンラインともに参加した人が多数派となっていた。その一方で、コロナ前にだけ参加してコロナ禍には参加しなかった「参加断念」層も「参加継続」層と同じくらいの規模で存在していて、参加機会の減少は少なからず参加者の行動に影響したと推測できる。

　参加・不参加の判断にあたっては不参加の人がより強くコロナ禍の悪影響を受けていて、生活全般や経済面や人とのつながりの面でマイナスの変化があった。また、コロナ禍で即売会に参加した人のほうが趣味に自由に使える金額が少ない傾向がみられた一方で、コロナ前に即売会で交流を行っていた人や、コロナ禍に即売会への金銭的な支援行動を実施した人は多い傾向があり、コロナ禍の参加者は即売会を取り巻く贈与交換に積極的に取り組んでいたことを明らかにできた。

　また、オンライン即売会については、単に一定の参加がみられただけでなく、実際に参加した人からポジティブな評価がなされていたことがわかった。

(2) オンライン即売会の台頭と即売会の範囲の問い直し

　最後に、本稿のもう1つの問いである「即売会に求められる機能や即売会の必要条件はコロナ禍でいかに問い直されたのか」について、即売会での交換実践に着目して答えていく。

　まず、コロナ禍に台頭したオンライン即売会の特徴を振り返ると、「本物」の即売会に参加できない人びとによる「エアコミケ」的な実践を原型としながら、対面での即売会で実践されている市場交換や贈与交換が可能となるように、既存のサービスを中心とする複数の

サービスの組み合わせによって成立していた。具体的には同人誌の市場交換は通販サイトが、感想などの贈与交換はTwitterをはじめとするSNSが主に担い、オンライン即売会の内部でのみ利用可能なサービスも一部活用されていた。

　オンライン即売会での交換実践は対面での即売会のもつ複層性や即時性を備えたものではなかったが、参加者からオンライン即売会は基本的にポジティブに受け止められて、対面での即売会と共存しうるものとして位置づけられていた。

　以上を踏まえて、オンライン即売会の模索を契機として即売会を構成する実践やそれを成立させるための機能が細分化されて、複数のサービスおよびウェブサイトを横断的に組み合わせることで、新たな即売会像が提示されたといえる。

　加えて、コロナ禍の即売会の参加者は、市場交換と贈与交換のうち後者に意義を見出している人に絞られる傾向があったことから、即売会における贈与交換の重要性が再認識されたと考えられる。

　この点はコロナ前から有力な同人誌の流通チャネルであり、コロナ禍にあたってはオンライン即売会の市場交換を担っているインターネット上での通販と比較することでより理解できる。オンライン即売会は同人誌の市場交換が可能であるという意味で「本物」の即売会だとみなせるが、即売会である以上は通販だけでは達成できないものが希求されており、贈与交換的な実践がそれに当たると想定できる。

　ただし、こうした結論はあくまでもコロナ禍が起きた初年度の状況を前提に導き出されたものであり、コロナ禍の影響の長期的な変化を注視していく必要がある。とくに、コロナ禍直後の1年間に即売会に参加しなかった人が今後即売会へ戻ってくるのか、同人文化

自体から離れたのか、それとも即売会以外の流通チャネルだけを活用するようになったのかという点は検証が必要なことから、今後の課題としたい。

謝辞
本稿は、科研費基盤研究（B）「「高さ」を疑う、「高さ」を背負う：新しい都市ガバナンスの社会学」（19H01557）、慶應義塾大学大学院若手研究者研究奨励奨学金、潮田記念基金による慶應義塾博士課程学生研究支援プログラム、科学技術振興機構（JST）次世代研究者挑戦的研究プログラム（JPMJSP2123）の助成を受けた。

注
* ＊1　同人活動ではイラスト、マンガ、小説などの同人誌のほか、グッズやフィギュア、CD-ROM なども制作されているが、本稿ではそれらを総称して同人誌と記述する。
* ＊2　本書第1章玉川論文を参照のこと。
* ＊3　コロナ禍の即売会参加に関する直接的な先行研究として、中村仁［2021］による日本発ポップカルチャーでコロナ禍に進行したイベントのオンライン化に関する議論がある。中村は、リアルなコミュニケーションを主体とするイベントやコミュニティの事例として同人誌コミュニティにおける同人誌即売会を挙げて、それらがどの程度オンラインで成立しうるかは難しい問題だと述べている［中村 2021: 52］。本稿でもコロナ禍に対面やオンラインの即売会が直面した困難を明らかにするが、同時にそういった状況下での積極的な取り組みにも注目して分析していく。
* ＊4　コミックマーケットの初代代表を務めた原田央男のペンネーム。
* ＊5　「コミックマーケット97アフターレポート」（2023年3月9日取得、https://www.comiket.co.jp/info-a/C97/C97AfterReport.html）。
* ＊6　東［2013］の調査対象は二次創作のやおいを好む人たちに限定されているが、ほかの即売会参加者にも一定程度当てはまる議論だと考えられる。
* ＊7　「エアコミケ準備室　開幕式＠ニコニコネット超会議2020」2020年4月

12 日（日）22 時開始（51 分）（2023 年 3 月 9 日時点非公開、https://live.nicovideo.jp/watch/lv325233584）、および「ネット超会議特番 同人即売会代表座談会＠ニコニコネット超会議2020」2020 年 4 月 17 日（金）19 時開始（1 時間 23 分）（2023 年 3 月 9 日取得、https://live2.nicovideo.jp/watch/lv325275752）。前者の内容は記事「「創作をやめないで」コミックマーケット準備会共同代表市川氏によるクリエイターへのメッセージ。C98 中止の経緯とネット開催の“エアコミケ”構想について語る【全文書き起こし】」（2023 年 3 月 9 日取得、https://originalnews.nico/249195）で確認できる。

＊8 「「ケットコム」同人イベント（同人誌即売会、コスプレイベント）情報サイト」（2023 年 3 月 9 日取得、https://ketto.com/）。

＊9 「pictSQUARE ——オンライン即売会サービス」（2023 年 3 月 9 日取得、https://pictsquare.net/）。株式会社 GMW によるサービス。2020 年 5 月 11 日にサービスが開始された。

＊10 ほかにも VR 技術を活用したイベントが複数開催されているが、開催回数が少なく実験的な性質が強いとみなしたため、今回の分析射程からは外している。これらのイベントは今後拡大する可能性があり、追加調査が必要な対象である。

＊11 注 12 で下線を引いた 10 項目が該当する。

＊12 映画館／劇場／小劇場／寄席・演芸場／コンサートホール・音楽ホール／クラブ・ライブハウス／展示場／公会堂・会議場／公民館・地区センター／美術館・博物館・動物園・水族館／ドーム・スタジアム／公園・広場／遊園地・テーマパーク・レジャー施設／その他のイベント施設／同人誌即売会／講演会・シンポジウム・勉強会／ボランティア・地域貢献活動／合唱・器楽合奏の発表会／音楽フェス／クラブ・ライブイベント／アイドルイベント／アニメ・マンガ・ゲーム関連のイベント／趣味のオフ会／飲み会・会食／自分でやるスポーツ／プロスポーツ観戦／繁華街・ショッピングモールで買い物／冠婚葬祭／国内旅行・帰省

＊13 調査ではコロナ禍を 2020 年 3 月から第 1 回緊急事態宣言の終了した 5 月まで（第 1 回緊急事態宣言期）と、2020 年 6 月から 12 月まで（宣言解除期）、第 2 回緊急事態宣言が開始された 2021 年 1 月から 3 月まで（第 2 回緊急事態宣言期）の 3 期に分けて尋ねた。

＊14 29分類に関する調査の結果、どの分類もコロナ禍はコロナ前より訪問・活動が大きく減少した点では共通するが、第1・第2緊急事態宣言の期間は自粛傾向が強く、それらに挟まれた期間は自粛が弱まる傾向がみられた。即売会に際立った特徴として、多くの分類で第1回緊急事態宣言期よりも第2回緊急事態宣言期のほうが訪問・参加が増加傾向だったのに対して、反対に第2回緊急事態宣言期のほうが訪問・参加が減少したことが指摘できる。同様の傾向は、ボランティア・地域貢献活動趣味のオフ会、公会堂・会議場、冠婚葬祭、アニメ・マンガ・ゲーム関連のイベント、アイドルイベント、展示場、音楽フェスでみられた。回答数が限定されるため十分な考察を行うことは難しいが、ほかの施設やイベントと比較して時間経過とともに活動が停滞していった可能性がある。この点で継続的な調査が求められる。

＊15 赤ブーブー通信社「2020年開催御礼」（2023年3月9日取得、https://www.akaboo.jp/notice/20201225.html）。

＊16 「エアコミケ（えあこみけ）とは【ピクシブ百科事典】」（2023年3月9日取得、https://dic.pixiv.net/a/%E3%82%A8%E3%82%A2%E3%82%B3%E3%83%9F%E3%82%B1）。

＊17 「『がんばろう同人』プロジェクト」（2023年3月9日取得、https://www.comiket.co.jp/info-a/C98/GanbarouDoujin.html）。

＊18 ただし、リアルイベントと「エア」イベントが連携して、前者に参加していれば無料で後者にも参加できる仕組みが整備されるのは2021年の4月11日のイベントで、2020年度中は日程的な近接または重複に留まった。

＊19 2023年3月現在では、対面での即売会がほぼ正常化したため、対面での即売会の代替としての開催はみられなくなったが、対面での即売会と並行した開催は継続されている。

＊20 ただし、2023年2月にサークルの真正面まで移動できるワープ機能が実装される（「【イベント参加者向け】イベント会場で［サークルリスト表示］と［ワープ］ができるようになりました｜pictSQUARE――オンライン即売会サービス」2023年3月9日取得、https://pictsquare.net/informations/detail/135）など、機能の見直しがなされてもいる。

＊21 無償で配布されているチラシで、今回の即売会での販売物の説明や今後

参加する即売会の情報が載っていたり、短いマンガやイラストが添えられていたりするほか、自分が描いているキャラクターへの思いや同人誌作成の裏話などが親しみやすい調子でつづられていたりするものを指す［東 2013］。

*22 無償で配布される点でペーパーと同義で用いられることもあるが、イラストや短編のマンガなどのコピー本（コンビニや家庭用プリンタで印刷して自分で製本した同人誌）やポストカードなどの作品を主に指す。

*23 スケッチブックの略で、サークル参加者がほかの参加者の依頼を受けて、相手が持参したスケッチブックなどに希望するイラストを描いてあげる行為を指す。当該サークルの同人誌を購入したほうがよいと考える人もいるが、スケブ自体は無償の場合が多い。

*24 例えば、赤ブーブー通信社のエアブーでは、匿名でメッセージを送ることができる Web 拍手や、アバターを登録してのチャット交流が利用できた。pictSQUARE ではアバターの上に吹き出しが表示されるリアルタイムチャットや、スペースを訪問した人だけが書き込める書き込みボード（掲示板）が用意されていた。

*25 代表例として「giftee」が挙げられる。「カジュアルギフトサービスのgiftee（ギフティ）」（2023 年 3 月 9 日取得、https://giftee.com/）。

*26 コンビニなどのマルチコピー機に予約番号を入力して印刷することで、印刷費用のみで入手できるイラスト、マンガ、小説などを指す。

*27 ただし、通常のスケブでは依頼者にだけスケッチブックなどに描かれた物質的な財が贈られるのに対して、エアスケブは不特定多数に閲覧できる SNS 上でデータとして公開される事例が多かったことから、両者の性質は異なると考えられる。

*28 例えば、カレン・ヘレクソン［Hellekson 2009］は女性を中心に構成されているファンコミュニティが著作権侵害への恐れから贈与交換を必要としていることを述べたうえで、オンライン上のファンダムは、ファンによる贈与交換が複雑で排他的でさえある象徴的方法で行われる象徴的領域の贈与文化であることを指摘している。

　　くわえて、フェミニズムの立場から少女や女性による手作りの小冊子「ガール・ジン」に関する研究を行ったアリスン・ピープマイヤー［Piepmeier 2009＝2011] は、ガール・ジン文化が贈与経済を基盤としていると述べている。ジン交換ではジン自体が贈り物と経験されるほか、そこにおまけが付与される、読者から作者への贈り物がなされるなど、物質性を重視した交換によって身体化されたコミュニティが構築されているという［Piepmeier 2009＝2011: 150-3］。

＊29 なお、オンライン即売会の時間的拡張は、常時スペースに人がいなくても頒布―購入が成立することも影響しているとみられる。この点を活かして、pictSQUARE では対面での即売会では不可能な深夜を含む、複数日程にわたるイベントが開催される事例もある。

＊30 調査設計上、対面での即売会に参加した人に即売会の参加カテゴリーを尋ねたため、オンライン即売会にだけ参加した回答者の参加カテゴリーは不明となっている。

＊31 今回の調査では「コロナ前」の時期設定を、回答者の記憶の確かさを重視して2019年～2020年2月としているため、コロナ禍にだけ参加した人のなかには初参加の人と2019年以前に参加経験がある人が混在していると考えられる。そこで、このような類型名とした。

参考文献

東園子 2013「紙の手ごたえ――女性たちの同人活動におけるメディアの機能分化」『マス・コミュニケーション研究』83: 31-45

石毛弓 2021「体験型イベントの〈いま〉と〈これから〉」石毛弓編『コロナ禍と体験型イベント』水声社、9-32

伊藤幹治 1996「贈与と交換の今日的課題」井上俊・上野千鶴子・大澤真幸・見田宗介・吉見俊哉編『岩波講座 現代社会学 第17巻 贈与と市場の社会学』岩波書店、1-31

金田淳子 2007「マンガ同人誌――解釈共同体のポリティクス」佐藤健二・吉見俊哉編『文化の社会学』有斐閣、163-190

嶋田義仁 1993『異次元交換の政治人類学――人類学的思考とはなにか』勁草書房

霜月たかなか 2008『コミックマーケット創世記』朝日新聞出版

玉川博章 2007「ファンダムの場を創るということ――コミックマーケットの

スタッフ活動」東園子・岡井崇之・小林義寛・玉川博章・辻泉・名藤多香子編『それぞれのファン研究——I am a fan』風塵社、11-53

玉川博章 2014「コミックマーケット——オタク文化の表現空間」辻泉・岡部大介・伊藤瑞子編『オタク的想像力のリミット——〈歴史・空間・交流〉から問う』筑摩書房、221-254

中村仁 2021「日本発ポップカルチャーを通じたファンコミュニティの交流——COVID-19とイベントのオンライン化に関する検討」石毛弓編『コロナ禍と体験型イベント』水声社、33-56

名藤多香子 2007「「二次創作」活動とそのネットワークについて」東園子・岡井崇之・小林義寛・玉川博章・辻泉・名藤多香子編『それぞれのファン研究——I am a fan』風塵社、55-117

生井達也 2022『ライブハウスの人類学——音楽を介して「生きられる場」を築くこと』晃洋書房

七邊信重 2005「「純粋な関係性」と「自閉」——「同人界」におけるオタクの活動の分析から」『ソシオロゴス』(29): 232-249

七邊信重 2010「「同人界」の論理——行為者の利害—関心と資本の変換」『コンテンツ文化史研究』3: 19-32

町村敬志・長島祐基・栗原真史・杉山怜美・髙橋絢子・辰巳智行・Fung Wan Yin Kimberly・山内智瑛 2021「COVID-19「自粛」とイベントスペース——「東京イベントスペース2020」データ分析から」『一橋社会科学』13: 91-115

Hellekson, Karen, 2009, "A Fannish Field of Value: Online Fan Gift Culture," *Cinema Journal*, 48 (4): 113-118

Hellekson, Karen, 2015, "Making Use Of: The Gift, Commerce, and Fans," *Cinema Journal*, 54 (3): 125-131

Mauss, Marcel, 1923-24, "Essai sur le don: Forme et raison de l'échange dans les sociétés archaïques," *Année sociologique*, N.S., tome 1, 1923-1924, 30-186 (＝森山工訳、2014「贈与論——アルカイックな社会における交換の形態と理由」『贈与論 他二篇』岩波書店、51-453)

Piepmeier, Alison, 2009, *Girl Zines: Making Media, Doing Feminism*, New York University Press (＝野中モモ、2011『ガール・ジン——「フェミニズムする」少女たちの参加型メディア』太田出版)

コミックマーケット35・40周年調査報告

玉川博章・小林信重

はじめに

　付録として、コミックマーケットにて実施された大規模調査の結果を簡単に報告する。後に調査概要は説明するが、コミックマーケット準備会と研究者団体の共同によって実施された本調査には、本書の執筆者である玉川博章と小林信重が関与している。それぞれの論文でも一部利用しているが、調査結果について一般に広く公開された資料は、コミックマーケット準備会のいくつかの発行物のみであり、限定的となっている。そのため、「同人文化」を扱う本書において、調査結果を収録することは意義があると考え、関係各位の許諾・協力の下で掲載するものである。

調査概要

　ここで紹介する調査は、コミケットの35周年、そして40周年を記念して、コミックマーケット準備会の協力の下、研究者によるグループにより実施されたものである。
　まず調査概要を表①にまとめる。
　どちらの調査も、コミックマーケット準備会の協力の下、告知や質問紙の配付・回収を実施している。そのため、サークル参加者調査とスタッフ参加者調査、企業参加者調査は、申込時やスタッフ集会などでの回答回収を行い、回収率も高くなっている。特にサークル参加者については、申込書記入と同時に回答も行ったことから非常に回収率も高く信頼性が高いと推察される。一方、一般参加者調査については、コミケット会場やインターネットでの回答回収を試みた

が、当時はチケット制ではなく、登録なしで参加できることから、実際の一般参加者数に比して回答数は少なく、その信頼性は限定的である。

　このような事情から、付章ではサークル参加者調査とスタッフ参加者調査の2つのデータを掲載する。年齢・居住地などの基礎的データから、頒布傾向などサークル参加の実態やスタッフの参加形態、そして参加動機などのデータとその解説を掲載していきたい。

　なお、35周年調査、40周年調査のサークル参加者調査、スタッフ参加者調査の概要は表②③となる。

　では、サークル、スタッフそれぞれの調査結果をみていきたいと思う。サークル参加者調査とスタッフ参加者調査でパートを大きく2つに分け、調査結果の主要な項目について表やグラフを提示し、それを解説していく。**35**は35周年調査の、**40**は40周年調査のデータであることをそれぞれ表す。

表①　コミックマーケット大規模調査の概要

名　称	コミックマーケット35周年調査	コミックマーケット40周年調査
調査主体	コミックマーケット準備会 コンテンツ研究チーム	コミックマーケット準備会 コミック文化研究会
調査期間	C78（2010年8月開催）前後： 2010年2〜8月	C88（2015年8月開催）前後： 2015年2〜10月
調査対象	サークル参加者、一般参加者、 スタッフ参加者、企業参加者	サークル参加者、一般参加者、 スタッフ参加者、企業参加者

表②　コミックマーケット35周年調査の概要

	サークル参加者調査	スタッフ参加者調査
調査対象	C78参加申込サークル・代表者	C78参加スタッフ
調査方式	質問紙（申込セット封入にて配付）・ ウェブアンケート（参加申込と同時回答）	質問紙（郵送法）
調査期間	2010年2月	2010年4〜7月
回答回収数	33,347	1,492

表③　コミックマーケット40周年調査の概要

	サークル参加者調査	スタッフ参加者調査
調査対象	C88参加申込サークル・代表者	C88参加スタッフ
調査方式	質問紙（申込セット封入にて配付）・ ウェブアンケート（参加申込と同時回答）	質問紙（郵送法）
調査期間	2015年2月	2015年10月
回答回収数	44,141	535

サークル参加者調査

35

サークル構成員の人数

人数	割合
1	65.3%
2	21.7%
3	6.9%
4	2.6%
5〜10	2.8%
11〜20	0.5%
21〜	0.3%

代表者の年齢

年齢	割合
〜10代	2.3%
20代	41.6%
30代	43.1%
40代	12.1%
50代	0.7%
60代〜	0%

※平均は31.17歳

代表者の性別

性別	割合
男性	34.8%
女性	65.2%

40

サークル構成員の人数

人数	割合
1	65.2%
2	18.9%
3	7.3%
4	3.1%
5〜10	4.0%
11〜20	0.9%
21〜	0.6%

代表者の年齢

年齢	割合
〜10代	6.8%
20代	34.5%
30代	38.2%
40代	17.9%
50代	2.5%
60代〜	0.2%

※平均は31.23歳

代表者の性別

性別	割合
男性	44.8%
女性	54.8%
その他	0.4%

サークル構成員の人数

　「サークル」とは本来は多人数が集う名称であるが、現実的には「個人サークル」と呼ばれる1人で同人活動が行われている。調査でも、1人が約2/3を占めている。この傾向は、35周年、40周年で大きな変化はみられない。

代表者の年齢・性別

　サークル代表者（アンケートに回答した申込者）の年齢は、20歳代（35周年：41.6%、40周年：34.5%）、30歳代（35周年：43.1%、40周年：38.2%）が中心である。性別についてみると、調査により差異が見られるが、女性（35周年：65.2%、40周年：54.8%）のほうが多くを占める傾向は変わらない。

代表者の居住地域

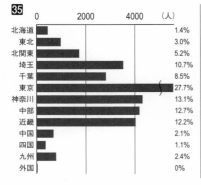

35

地域	割合
北海道	1.4%
東北	3.0%
北関東	5.2%
埼玉	10.7%
千葉	8.5%
東京	27.7%
神奈川	13.1%
中部	12.7%
近畿	12.2%
中国	2.1%
四国	1.1%
九州	2.4%
外国	0%

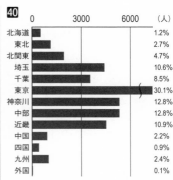

40

地域	割合
北海道	1.2%
東北	2.7%
北関東	4.7%
埼玉	10.6%
千葉	8.5%
東京	30.1%
神奈川	12.8%
中部	12.8%
近畿	10.9%
中国	2.2%
四国	0.9%
九州	2.4%
外国	0.1%

代表者の居住地域

　サークル代表者の居住地域は、東京都が約3割と最も多い。他に、埼玉、千葉、神奈川と首都圏がそれぞれ1割程度を占めており、これら1都3県で6割程度を占めている。この分布を考慮すると、コミケットは全国各地からサークルが参加しているが、やはり地元首都圏の参加が多いことがうかがえる。

頒布物のジャンル

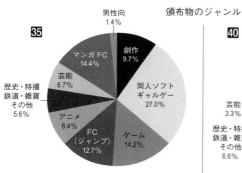

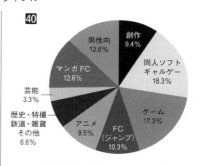

成人向けの有無

	度数	割合
発行していた	7,312	35.4%
発行していない	13,341	64.6%

成人向けの有無

	度数	割合
発行していた	9,443	36.4%
発行していない	16,483	63.6%

頒布物の作品形態

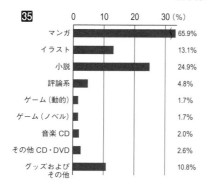

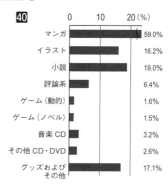

頒布物の種類（ジャンル・成人向けの有無・作品形態）

　頒布の種類に関しては、内容については二次創作の原作などを示すジャンルや成人向けの有無、そしてマンガやゲームなど作品形態種別を聞いている。

　ジャンルに関しては、申込ジャンルコードでの回答を整理し紹介する。35周年、40周年ともに、「同人ソフト・ギャルゲー」が最も多く（35周年：27.0％、40周年：18.3％）、次いで「ゲーム」（35周年：14.2.％、40周年：17.3％）となっている。マンガファンのイベントとして出発したコミケットだが、二次創作の中ではゲームが占める部分も大きい。また、「18禁」の成人向け作品を含むサークルは1/3程度（35周年：35.4％、40周年：36.4％）であった。

　作品形態については複数回答で質問しているが、マンガが最も多く（35周年：65.9％、40周年：59.0％）、次いで小説（35周年：24.9％、40周年：19.0％）となっている。ジャンルではマンガ以外も目立つが、創作物はやはりマンガの形態で表現するサークルが多いようである。

コミケット以外への参加

　コミケット以外の即売会や同人書店委託などの利用についてみてみたい。35周年調査のデータでは、コミケット以外の即売会に参加していないのは27.9％となり、多くが他の即売会に参加していた。頒布量との関係ではコミケットでの頒布数が他より多いという回答とコミケットでの頒布数が他より少ないという回答がほぼ同数で、どちらを頒布の中心とするのかはサークルによるようである。また即売会以外のショップ等での頒布をしていないサークルは64.3％を占め、ショップ利用は1/3程度にとどまっていた。

　なお、40周年調査では、1年間の頒布割合を聞いている。その平均値を集計した結果、コミケットが51.0％となり、約半分がコミケットで頒布されるという結果となった。コミケット以外の即売会が33.0％となり、書店委託は11.0％、ネット通販・ダウンロード販売は2.0％と、合計してもショップの利用は13.0％に過ぎなかった（アンケートではネット通販・ダウンロード販売を同じ選択肢として質問したが、実店舗の書店委託でネット通販されることもあり、それらについては書店委託として回答されていると考えられ、その観点からは厳密な数字ではないともいえる）。

35

即売会とショップでの頒布数割合

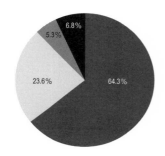

■ 即売会以外の販売をしていない
■ 即売会での頒布数の方がそれ以外より多い
■ 即売会とそれ以外がほぼ同量
■ 即売会よりそれ以外の販売数が多い

コミケット以外の即売会への参加

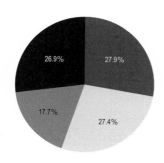

■ コミケット以外の即売会に参加してない
■ コミケット頒布数＞他の即売会頒布数
■ コミケット頒布数≒他の即売会頒布数
■ コミケット頒布数＜他の即売会頒布数

40

コミケットと他の頒布の場の割合

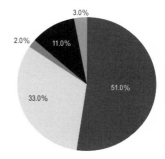

■ コミケット
■ コミケット以外の即売会
■ ネット通販・ダウンロード販売
■ 書店委託
■ その他

年間収支

　サークルとしての年間収支については、赤字が6割程度を占めており、赤字（5万円以上）が約15％、赤字（5万円未満）が半数程度であった。5万円以上の黒字は2割程度であり、同人誌で利益を出しているのはごく一部で、多くは赤字であることがわかる。

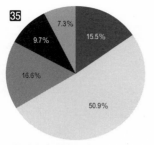

年間収支

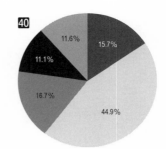

35

- ■ 赤字（5万円以上）
- ▨ 赤字（5万円未満）
- ▨ 黒字（5万円未満）
- ■ 黒字（5万円以上〜20万円未満）
- ▨ 黒字（20万円以上）

40

- ■ 赤字（5万円以上）
- ▨ 赤字（5万円未満）
- ▨ 黒字（5万円未満）
- ■ 黒字（5万円以上〜20万円未満）
- ▨ 黒字（20万円以上）

商業活動

　商業誌での活動と並行して同人活動を行う作家もいる。ただし、アンケートでは、8割程度が同人活動のみで、商業誌での経験を有していなかった。定期的に商業活動しているのは、5〜6％に過ぎない。生計についてのデータでも「商業活動で既に生計を立てている」というプロといえる作家は、35周年調査では2.1％、40周年調査では8.0％に過ぎなかった。商業誌での活動経験がないサークルに聞いた商業誌での発表希望については、機会があれば発表したいと思う層が半数程度で最も多いものの、1/3程度は、特に商業誌での発表を希望していないという結果となっている。同人としてアマチュアでの活動を志向し、商業活動を望まない作家も存在する。

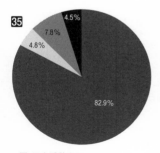

商業活動

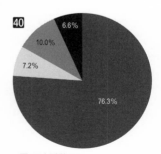

35

- ■ 同人活動のみ
- ▨ 過去に商業活動をしていた
- ▨ 不定期に商業活動
- ■ 定期的に商業活動

40

- ■ 同人活動のみ
- ▨ 過去に商業活動をしていた
- ▨ 不定期に商業活動
- ■ 定期的に商業活動

商業活動での生計

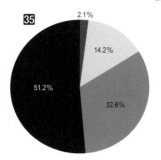

35
- 2.1%
- 14.2%
- 51.2%
- 32.6%

■ 既に生計を立てている
■ 生計を立てることを希望
■ 生計を立てられれば良い
■ 特に希望していない

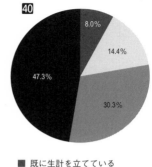

40
- 8.0%
- 14.4%
- 47.3%
- 30.3%

■ 既に生計を立てている
■ 生計を立てることを希望
■ 生計を立てられれば良い
■ 特に希望していない

商業誌での発表

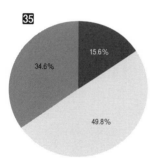

35
- 15.6%
- 34.6%
- 49.8%

■ 強く希望
■ 機会があれば発表
■ 特に発表したくない

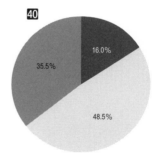

40
- 16.0%
- 35.5%
- 48.5%

■ 強く希望
■ 機会があれば発表
■ 特に発表したくない

サークル参加の動機

　動機は、質問項目が35周年と40周年で多少の差異があるものの、作品を人に見てもらえることが最も多い。次いでお祭りのような雰囲気という祝祭性が意識されており、さらに友人・知人に会えるといった、趣味の繋がり・コミュニケーションも上位にある。

サークル参加の動機

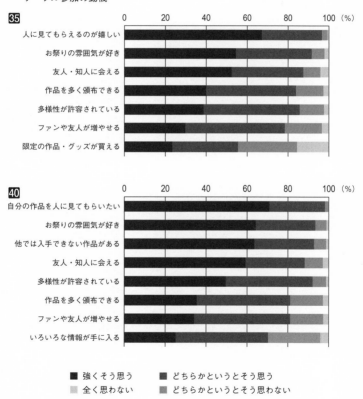

商業メディアで生計を立てる希望

	既に生計を立てている	希望している	立てられれば良いなと思っている	特に希望していない	合 計
10代	5.3%	18.5%	34.0%	42.2%	898
20代	5.7%	19.1%	32.3%	42.9%	13,887
30代	9.1%	12.6%	30.2%	48.0%	15,481
40代	10.1%	9.4%	27.2%	53.3%	7,159
50代	10.4%	8.8%	23.5%	57.4%	993
60代～	17.2%	6.3%	17.2%	59.4%	64
全体	8.0	14.4	30.3	47.3	38482

性別

	男 性	女 性	合 計
創作	57.7%	42.3%	3,866
同人ソフト・ギャルゲー	75.1%	24.9%	7,544
ゲーム	42.2%	57.8%	7,188
FC（ジャンプ）	2.1%	97.9%	4,284
アニメ	26.1%	73.9%	3,944
歴史・特撮・鉄道・雑貨・その他	52.6%	47.4%	2,729
芸能	9.6%	90.4%	1,357
マンガFC	12.1%	87.9%	5,223
男性向	83.8%	16.2%	5,219
全体	45.0%	55.0%	41,354

年間収支

	赤字（5万円以上）	赤字（5万円未満）	黒字（5万円未満）	黒字（5～20万円）	黒字（20万円以上）	合 計
創作	14.1%	48.4%	18.0%	10.2%	9.2%	3,613
同人ソフト・ギャルゲー	16.0%	43.6%	17.3%	10.8%	12.2%	6,915
ゲーム	16.0%	50.5%	16.5%	9.4%	7.7%	6,585
FC（ジャンプ）	17.7%	41.4%	16.9%	14.0%	10.0%	4,119
アニメ	17.0%	48.8%	16.3%	10.2%	7.7%	3,729
歴史・特撮・鉄道・雑貨・その他	19.3%	49.9%	19.1%	7.4%	4.3%	2,577
芸能	15.7%	56.0%	18.1%	6.9%	3.3%	1,315
マンガFC	16.5%	45.8%	15.8%	12.4%	9.5%	4,948
男性向	10.7%	29.4%	14.9%	14.7%	30.4%	4,812
全体	15.7%	44.9%	16.7%	11.1%	11.6%	38,613

作品選好（萌え系・美少女系）

	好き	やや好き	好きでも嫌いでもない	やや嫌い	嫌い	合 計
男性	41.2%	30.0%	22.5%	4.7%	1.7%	18,579
女性	17.8%	20.7%	45.5%	11.2%	4.7%	22,792
全体	28.3%	24.9%	35.2%	8.3%	3.3%	41,371

作品選好（やおい系・JUNE系）

	好き	やや好き	好きでも嫌いでもない	やや嫌い	嫌い	合 計
男性	3.8%	7.4%	58.6%	15.9%	14.3%	18,579
女性	45.1%	22.9%	22.3%	6.0%	3.7%	22,792
全体	26.6%	15.9%	38.6%	10.5%	8.4%	41,371

サークル参加者のクロス表 40

　では、サークル参加者調査のいくつかの項目についてクロス表分析を試みたいと思う。以下は全て40周年調査に基づいている。

　まず、商業メディアで生計を立てる希望と年代の関係であるが、若い年代ほど、商業メディアで生計を立てることを希望としており、一方で上の年代ほど、商業メディアですでに生計を立てていることがわかる。「特に希望していない」割合は年代が上がるほどに減少するが、「希望している」と「既に生計を立てている」人の合計割合は、20〜25％程度に収まっていることも特徴的である。

　また、ジャンルごとの性別と年間収支についてのクロス表を作成した。性別に関しては、創作や歴史等は男女比がほぼ半々なのに対して、男性中心ないし女性中心となるジャンルでは性別の偏りが明確になっている。だが、「男性向」の創作者の16.2％は女性である。年間収支は、「男性向」で、黒字が多く赤字が少ないという傾向が顕著であった。ただし、赤字（5万円未満）と黒字（5万円未満）の合計は、最も少ない「男性向」でも約45％、他は過半数となっており、コミケに参加するサークルの多くは、大きな利益も得ていないが大きな赤字を出すわけでもない範囲での活動に収めているようである。

　最後に、40周年調査では、作品の好き嫌い（選好）についての意識を質問している。その中で「萌え系・美少女系」と「やおい系・JUNE系」という対照的な項目についての性別ごとのクロス表を見てみたい。予想される通りであるが、男性に「萌え系・美少女系」、女性に「やおい・JUNE系」が好きな者が多い。ただし、女性で「萌え系・美少女系」が好きな者も38.5％、男性で「やおい・JUNE系」が好きな者も11.2％いることがわかり、一般的に想起される「男性向け」「女性向け」の作品ジャンルであっても、その想起されない側の性別の読者が一定数存在することは、ここからも明らかだろう。

スタッフ参加者調査

35

年齢

年齢	割合
29歳以下	60.5%
30〜39歳	32.4%
40歳以上	7.14%

※平均は28.18歳

性別

性別	割合
男性	77.0%
女性	23.0%

40

年齢

年齢	割合
29歳以下	31.2%
30〜39歳	39.9%
40歳以上	29.0%

※平均は34.01歳

性別

性別	割合
男性	75.9%
女性	23.9%
その他	0.2%

年齢・性別

　スタッフの年齢は35周年調査では29歳以下が6割を占め、平均も28.2歳であったが、40周年では29歳以下が3割程度となり、平均も34.0歳と高くなっている。これは5年経過したためというよりは、40周年調査では回答者数・回答率が低く、回答者が偏っていることが推察される。なお性別については、男女比はともに3対1となっており、偏りは見受けられなかった。

居住地域

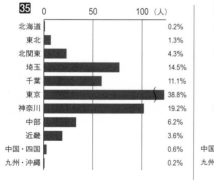

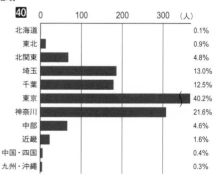

居住地域

　スタッフの居住地域は、東京都がもっとも多い。神奈川、埼玉、千葉と続き、1都3県で8割程度を占めている。

㉟ 職業	度数	割合
自営・会社経営・役員	39	7.3%
正社員・正職員	272	51.0%
契約社員・派遣社員	61	11.4%
アルバイト・フリーター	32	6.0%
専門職・フリーランス	14	2.6%
マンガ家	1	0.2%
イラストレーター	2	0.4%
小説家	1	0.2%
アニメ制作関係	3	0.6%
ゲーム制作関係	4	0.8%
出版・編集者	3	0.6%
公務員	23	4.3%
主婦	7	1.3%
学生	49	9.2%
無職・家事手伝い	11	2.1%
その他	11	2.1%

㊵ 職業	度数	割合
自営・会社経営・役員	54	3.6%
正社員・正職員	559	37.6%
契約社員・派遣社員	113	7.6%
アルバイト・フリーター	144	9.7%
専門職・フリーランス	41	2.8%
マンガ家	8	0.5%
イラストレーター	7	0.5%
小説家	3	0.2%
アニメ制作関係	8	0.5%
ゲーム制作関係	17	1.1%
出版・編集者	19	1.3%
公務員	51	3.4%
主婦	25	1.7%
学生	369	24.8%
無職・家事手伝い	43	2.9%
その他	24	1.6%

職業

　スタッフの職業は、「正社員・正職員」が4割程度を占めていた。「マンガ家」や「アニメ制作関係」、「ゲーム制作関係」など、アニメ・マンガ等に関係する業務のみを取り出して選択肢として加えたが、数名～十数名という回答数で、その割合は少ない。

参加日程・日数

㉟ 参加日程・日数	
設営日	56.3%
初日	88.2%
2日目	92.1%
3日目	86.5%
参加日数	3.2日
参加日数（設営除く）	2.7日

㊵ 参加日程・日数	
設営日	51.5%
初日	82.6%
2日目	84.3%
3日目	79.3%
参加日数	2.9日
参加日数（設営除く）	2.4日

参加日程・日数

　コミケットは複数日にわたり開催される。前日が設営日となっており、調査時点で、3日開催＋設営日でスタッフは現地で最大4日の参加が可能であった。その参加日程をみてみると、設営日は半分程度だが、開催日は8～9割程度が参加している。なお、40周年調査では参加日数を集計すると平均は2.9日、設営日を除くと2.4日となった。

35　スタッフ活動をどこで知ったか

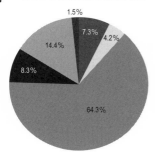

- 1.5%
- 7.3%
- 4.2%
- 14.4%
- 8.3%
- 64.3%

■ コミケット発行物
■ WEB サイト
■ スタッフの友人・知人
■ スタッフ以外の友人・知人
■ 会場で実際にスタッフを見て
■ その他・わからない

40　スタッフ参加のきっかけ

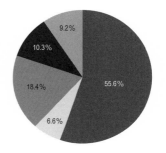

- 9.2%
- 10.3%
- 18.4%
- 6.6%
- 55.6%

■ スタッフをしている友人知人に勧められて
■ スタッフをしていない友人知人に勧められて
■ 会場で実際にスタッフをみて
■ カタログ、Web、アピール等の案内、告知をみて
■ その他

スタッフ活動をどこで知ったか 35
スタッフ参加のきっかけ 40

　スタッフの仕事をどのように知るのだろうか。35周年調査ではスタッフ活動をどこで知ったかを、40周年調査では参加したきっかけを聞いている。35周年調査では、「スタッフの友人・知人」が64.3％と圧倒的であり、次いで「会場で実際にスタッフを見て」の14.4％となっている。40周年調査では、「スタッフをしている友人知人に勧められて」が55.6％であり、次の「会場で実際にスタッフをみて」18.4％を大きく引き離している。多くの人がスタッフをしている友人・知人の存在がきっかけで準備会へ参加しているようである。

初回参加時の参加種別

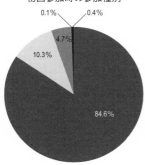

- 0.1%
- 0.4%
- 4.7%
- 10.3%
- 84.6%

■ 一般参加
■ スタッフ参加
■ サークル参加
■ 企業参加
■ その他

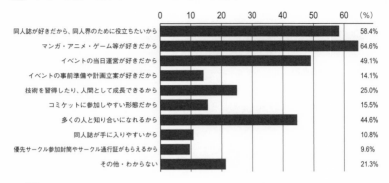

35 スタッフ参加の理由（あてはまるもの全てを選択）

項目	割合
同人誌が好きだから、同人界のために役立ちたいから	58.4%
マンガ・アニメ・ゲーム等が好きだから	64.6%
イベントの当日運営が好きだから	49.1%
イベントの事前準備や計画立案が好きだから	14.1%
技術を習得したり、人間として成長できるから	25.0%
コミケットに参加しやすい形態だから	15.5%
多くの人と知り合いになれるから	44.6%
同人誌が手に入りやすいから	10.8%
優先サークル参加封筒やサークル通行証がもらえるから	9.6%
その他・わからない	21.3%

40 スタッフ参加の理由

参加理由	度数	割合
多くの人と知り合いになれる	67	13.0%
仲の良いスタッフと一緒に活動できる	97	18.9%
何か人の役に立ちたい	60	11.7%
コミケの掲げる理想追求の助けができる	66	12.8%
普段とは違ったことができる	113	22.0%
同人誌が手に入りやすい	20	3.9%
即売会スタッフの技術を習得できる	9	1.8%
次回の優先サークル参加封筒、サークル通行証がもらえる	38	7.4%
その他	44	8.6%
合計	514	100%

スタッフ活動をしている理由

　スタッフ参加する理由はどのようなものなのだろうか。

　35周年調査では10の選択肢の中から当てはまるもの全てを選択してもらった。その結果、「マンガ・アニメ・ゲーム等が好きだから」「同人誌が好きだから、同人界のために役立ちたいから」を6割前後が挙げた。また「イベントの当日運営が好きだから」も半分程度となり、スタッフの作業そのものが好きという理由も意識されている。なお、「多くの人と知り合いになれるから」も4割台となっており、多人数のボランティアがかかわるコミケットが1つの「サークル」となっていることもうかがえた。なお、40周年調査では選択肢を変更し1つを選択する形で質問したため、回答がばらけている。その中で最も多かったのは「普段とは違ったことができる」22.0％、次いで「仲の良いスタッフと一緒に活動できる」18.9％であった。

イベント参加年間平均日数

イベント参加	平均	参加あり の比率	参加あり のみの行 為者平均
コミケット以外の同人誌即売会参加	4.2日	70.3%	6.0日
コミケット以外の同人誌即売会参加（スタッフ）	1.1日	24.1%	4.8日
コスプレイベント	1.2日	13.0%	9.0日
コスプレイベント（スタッフ）	0.2日	3.8%	6.3日

40 他イベントのスタッフ経験

他のイベント スタッフ経験	ボランティア	アルバイト
している	25.6%	5.5%
していた	32.3%	18.1%
したことがない	42.1%	76.4%

イベント参加年間平均日数 **35** ・ 他イベントのスタッフ経験 **40**

　スタッフはコミケット以外に、どれほど同人活動等をしているのだろうか。他のイベント参加の年間日数を35周年調査では聞いている。それによると、コミケット以外の即売会には平均4.2日参加し、そのうち1.1日がスタッフ参加であった。またコスプレイベントは1.1日、うちコスプレイベントのスタッフは0.2日である。これら参加日数が0と回答した人、つまりそれらの活動を行わなかった人の比率は、コミケット以外の即売会で29.7%、同人誌即売会のスタッフ参加が75.9%、コスプレイベントは87.0%、コスプレイベントのスタッフは96.2%となった。つまりコミケット以外の即売会のスタッフ参加率は24.1%、コスプレイベントのスタッフ参加率は3.8%となっている。参加がある人のみの平均参加日数は同人誌即売会スタッフが4.8日、コスプレイベントのスタッフが6.3日となり、参加比率は少ないがコスプレイベントのスタッフのほうが積極的に他のイベントでも活動していることがうかがえた。

　なお、40周年調査では質問の仕方が異なり、他のイベントスタッフ経験として質問した。それによると、他のイベントのボランティアスタッフは、「している」が25.6%、「していた」が32.3%、「したことがない」が42.1%、アルバイトスタッフは、「している」が5.5%、「していた」が18.1%、「したことがない」が76.4%となっており、ほぼ同じような結果と見なしてよいだろう。

スタッフ活動でよかったと思うこと（３つまで選択）

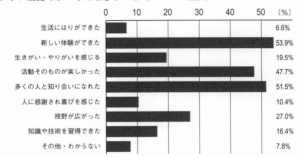

生活にはりができた	6.6%
新しい体験ができた	53.9%
生きがい・やりがいを感じる	19.5%
活動そのものが楽しかった	47.7%
多くの人と知り合いになれた	51.5%
人に感謝され喜びを感じた	10.4%
視野が広がった	27.0%
知識や技術を習得できた	16.4%
その他・わからない	7.8%

スタッフ活動で大変だと思うこと（３つまで選択）

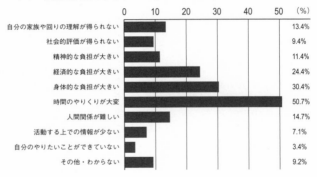

自分の家族や回りの理解が得られない	13.4%
社会的評価が得られない	9.4%
精神的な負担が大きい	11.4%
経済的な負担が大きい	24.4%
身体的な負担が大きい	30.4%
時間のやりくりが大変	50.7%
人間関係が難しい	14.7%
活動する上での情報が少ない	7.1%
自分のやりたいことができていない	3.4%
その他・わからない	9.2%

スタッフ活動でよかったと思うこと・大変だと思うこと 35

　スタッフ活動をしていての、よいこと・大変なことを聞いた（複数選択肢の中から３つを選択）。よかったと思うことでは、「新しい体験ができた」「多くの人と知り合いになれた」「活動そのものが楽しかった」という項目を半数程度が選んでいる。一方で、大変だと思うことは、「時間のやりくりが大変」が50.7%、「身体的な負担が大きい」30.4%、「経済的な負担が大きい」24.4%となっており、ボランティアとして時間的負担が筆頭に挙がったが、他の項目は様々なようである。

35　役割

役割 35

　35周年調査では回答者の準備会内での役割も聞いている。それによれば、「リーダーや責任者ではない現場のスタッフ（例：ブロック員・隊員・班員など）」が7割を占めており、当たり前だが、役割が上がるごとに比率は小さくなる。

- ■ リーダーや責任者ではない現場のスタッフ（例：ブロック員・隊員・班員など）
- ■ 担当内の小グループ（20人位まで）のリーダー・サブリーダー
  （例：ブロック長・隊長・班長とその副など）
- ■ 担当内の小グループのリーダーを管理する責任者、またはそのサポート役の本部スタッフ
- ■ 各担当の全体を管理する責任者、またはそのサポート役の本部スタッフ
- ■ その他・わからない

35　スタッフ活動の役割別クロス表

※下記の4つの表の項目の丸囲み数字は、共通して以下の通り

①：リーダーや責任者ではない現場のスタッフ
②：小グループ（20人位まで）のリーダー・サブリーダー
③：小グループのリーダーを管理する責任者、またはそのサポート役の本部スタッフ
④：各担当の全体を管理する責任者、またはそのサポート役の本部スタッフ
⑤：その他・わからない

スタッフ活動をする理由（あてはまるもの全てを選択）

	①	②	③	④	⑤	平均
同人誌が好きだから、同人界のために役立ちたい	58.9%	62.3%	64.3%	59.1%	50.3%	58.5%
マンガ・アニメ・ゲーム等が好きだから	66.0%	63.0%	69.0%	56.1%	62.4%	64.8%
イベントの当日運営が好きだから	48.7%	60.3%	56.0%	66.7%	33.5%	49.3%
イベントの事前準備や計画立案が好きだから	10.9%	19.2%	34.5%	28.8%	13.9%	14.2%
技術を習得したり、人間として成長できるから	24.7%	24.5%	31.0%	22.7%	25.4%	25.1%
コミケットに参加しやすい形態だから	16.9%	10.6%	13.1%	13.6%	13.9%	15.5%
多くの人と知り合いになれるから	44.6%	46.4%	48.8%	57.6%	38.2%	44.8%
同人誌が手に入りやすいから	11.9%	7.3%	7.1%	10.6%	9.2%	10.8%
優先サークル参加封筒やサークル通行証がもらえるから	8.0%	12.6%	10.7%	12.1%	14.5%	9.6%
その他・わからない	24.8%	14.6%	15.5%	12.1%	13.3%	21.3%

スタッフ活動において大変なこと（3つまで選択）

	①	②	③	④	⑤	平均
自分の家族や回りの理解が得られない	13.0%	19.2%	10.7%	18.2%	9.8%	13.4%
社会的評価が得られない	9.5%	5.3%	19.0%	13.6%	6.4%	9.5%
精神的な負担が大きい	9.2%	14.6%	23.8%	27.3%	9.8%	11.5%
経済的な負担が大きい	24.0%	23.8%	35.7%	25.8%	21.4%	24.4%
身体的な負担が大きい	33.4%	31.1%	19.0%	22.7%	23.1%	30.7%
時間のやりくりが大変	50.4%	57.6%	66.7%	59.1%	36.4%	50.8%
人間関係が難しい	12.6%	19.9%	25.0%	28.8%	12.1%	14.7%
活動する上での情報が少ない	8.5%	4.6%	2.4%	1.5%	5.8%	7.2%
自分のやりたいことができていない	3.3%	3.3%	8.3%	4.5%	1.7%	3.4%
その他・わからない	8.7%	4.0%	2.4%	6.1%	22.0%	9.3%

スタッフ活動をしてよかったと思うこと（3つまで選択）

	①	②	③	④	⑤	平均
生活にはりができた	5.8%	8.6%	17.9%	10.6%	3.5%	6.7%
新しい体験ができた	57.6%	51.0%	38.1%	54.5%	42.8%	54.0%
生きがい・やりがいを感じる	19.8%	25.2%	27.4%	10.6%	12.7%	19.5%
活動そのものが楽しかった	50.7%	49.7%	50.0%	40.9%	31.2%	47.9%
多くの人と知り合いになれた	48.6%	67.5%	81.0%	84.8%	28.3%	51.6%
人に感謝され喜びを感じた	11.6%	12.6%	10.7%	7.6%	2.9%	10.5%
視野が広がった	27.9%	30.5%	28.6%	30.3%	17.3%	27.1%
知識や技術を習得できた	16.4%	21.9%	25.0%	16.7%	8.1%	16.5%
その他・わからない	5.6%	2.6%	10.7%	6.1%	24.3%	7.8%

スタッフ活動に対する意識

	①	②	③	④	⑤	平均
コミケットのスタッフは楽しい	4.44	4.40	4.36	4.29	4.09	4.39
コミケットのスタッフを続けたい	4.35	4.33	4.27	4.25	4.00	4.30
担当している作業はよくできている方だ	3.35	3.53	3.64	3.51	3.14	3.37
担当している作業に自分の創意工夫が活かされている	2.92	3.10	3.53	3.48	2.96	3.01
コミケットの将来に夢を持っている	3.54	3.53	3.49	3.42	3.46	3.52
コミケットは社会的に意義があると思う	4.08	3.95	4.12	3.97	4.02	4.06
作業の手順や方法は自分の判断に任されている	2.93	3.40	3.87	3.77	2.94	3.08
コミケットの作業の成果は明らかである	3.52	3.48	3.60	3.63	3.46	3.52
自分の所属する担当の人間関係には満足している	3.91	3.93	3.79	3.63	3.56	3.86
自分の所属する担当の雰囲気には満足している	4.09	4.06	3.91	3.80	3.74	4.03
コミケットはスタッフの提案や意見をよく聞いてくれる	3.69	3.69	3.73	3.54	3.40	3.66
自分はコミケットの理念・方法をよく知っている	3.51	3.68	3.87	3.75	3.29	3.54
現在のコミケットで果たしている役割に満足している	3.50	3.57	3.50	3.45	3.21	3.47
コミケットでより大きな責任を担いたいと思う	2.92	3.04	2.88	2.55	2.95	2.91

スタッフ活動の役割別クロス表 35

　では、最後に、役割別のスタッフ活動に関わる意識の分析をしてみたい。具体的には、「スタッフ活動をする理由」「スタッフ活動において大変なこと」「スタッフ活動をしてよかったと思うこと」「スタッフ活動に対する意識」の4項目について、役割とのクロス表を作成し考察をした。

　まず、複数回答で当てはまるもの全てを選択してもらった「スタッフ活動をする理由」では、現場のスタッフでは、イベントの当日運営や事前準備という選択比率が低い傾向が見られ、スタッフ活動の作業そのものへの魅力はまだ感じないようである。一方、責任者クラスでは、「多くの人と知り合いになれるから」という選択肢の比率が高くなっており、人間関係も広がり、それが魅力となっていることがうかがえる。

　「スタッフ活動において大変なこと」（3つまで選択）では、役割によって回答傾向にばらつきがみられた。特に中間管理職的な③では、「経済的な負担が大きい」「時間のやりくりが大変」「自分のやりたいことができていない」などで高い値がみられている一方で、「活動する上での情報が少ない」は低くなっている。

　「スタッフ活動をしてよかったと思うこと」（3つまで選択）では、中間管理職の③が、「生活にはりができた」「生きがい・やりがいを感じる」で高い値を示し、先述のように金銭、時間的な負担を感じているものの、その一方でやりがいは感じているようである。また「多くの人と知り合いになれた」は、③④の層で高い値を示しており、役割が上になるほど人間関係の幅が拡大することがうかがえる。

　そして、「スタッフ活動に対する意識」項目は、各項目について「そう思わない」から「そう思う」までの5段階評価で回答してもらい、「そう思わない」＝1点、「そう思う」＝5点として1〜5点の範囲で点数化して平均値でクロス表にまとめた。つまり、数値が高いほど肯定的であったことになる。

　これら項目については、役割によって差異が見られる項目と、そうでない項目に分かれている。「コミケットのスタッフは楽しい」や「コミケットのスタッフを続けたい」「現在のコミケットで果たしている役割に満足している」などは、役割による差異はあまり見られない。その一方で、「担当している作業に自分の創意工夫が活かされている」「作業の手順や方法は自分の判断に任されている」は、役割が低いと平均値も低い。内容からすると当然ではあるが、役割が上がる

ほど仕事の裁量も増加し、このような結果となるのであろう。一方で、「自分の所属する担当の人間関係には満足している」「自分の所属する担当の雰囲気には満足している」は③④で低めとなっており、裁量増加の一方で、人間関係のコンフリクトが増加するのかもしれない。

　また、「コミケットは社会的に意義があると思う」や「自分はコミケットの理念・方法をよく知っている」「コミケットの作業の成果は明らかである」などは役割が上がると高めの傾向がみられるものの、現場のスタッフと大きな差があるわけではない。その意味では、コミケットの成果、社会的な意義についての認識・評価は、役割によって大きな差はないのではないかと推察される。特に全体の平均値で見ても、「コミケットのスタッフは楽しい」という回答の平均は4.39と非常に高く、楽しむという意識を持ちながらも、「コミケットは社会的に意義があると思う」が平均値4.06と上位3番目に位置しており、現場から責任者まで、同人誌即売会の運営というスタッフ活動に意義を感じて参加をしている姿が浮かび上がった。

あとがき

　本書は同人誌、同人ゲーム、同人誌即売会といった同人活動をテーマとした初めての研究論文集である。これら活動を「同人文化」として捉え、それぞれの執筆者がそれぞれのアプローチで分析を行った。今回の執筆者とは、編者がコミックマーケットなどの研究に携わってきた中で出会った。緩い関係性を築いてきたとはいえ、強固な研究プロジェクトチームを組んだこともなく、それぞれが個別に研究を進めてきたが、その成果をひとつにまとめることが必要と思い至った。本書でも参照されている『それぞれのファン研究』や『オタク的想像力のリミット』などファン研究やオタク文化という切り口での書籍は少ないながらも存在する。しかし、同人に絞った書籍は存在せず、研究の蓄積はされてきたけれども霧散しているかのような感もあった。そのため、論集として書籍化することで、同人文化を幅広く知り、様々な角度から学術研究を相対的に理解することができるのでないかと考えた。

　編者と4人の執筆者を結びつけてくれたのは、様々な研究会であったり研究プロジェクトであったりする。また、コミックマーケット準備会をはじめとする主催団体、多くのサークル、同人誌関係企業などの数多くの方々にお世話になりながら、編者や執筆者は研究を進めてきた。これら多数の方々なくしては、我々の研究も、そして本書も成立しなかっただろう。改めて、大学等の関連分野の研究者や同人文化の関係者など、これまでの研究過程で出会いお世話になった方々に感謝を申し上げたい。

また、本書の発行を引き受けてくれた七月社の西村氏にも感謝を申し上げたい。論集として企画をスタートしたのは2018年のことであり、刊行まで5年の歳月を要してしまった。言い訳にしかならないだろうが、コロナ禍もあり、同人文化自体の行く末が見えない中、執筆が進まぬ事態ともなった。その中でも、西村氏は編集者として、執筆を見まもり、無事に発行まで導いてくれた。

　本書は、同人文化を検討する試みの端緒に過ぎない。コロナ禍以前にスタートした本書の企画は、期せずして、コロナ前の同人文化のあり方を主な分析対象とし、その記録となった。第5章で検討されるコロナ禍による変化が今後いかに影響し続けるのかは未知数だが、その変化の行く末は後世の読者の判断に任せるとしても、同人文化を巡る複数の論考をとりまとめた本書が2020年代以後の同人文化を研究する基礎となり、さらなる議論が展開することを望みたい。

　さらに、本書に収録された論考は同人文化についての理解、学術的な分析を進めるだけでなく、既存の学問的枠組みの更新を迫る視座をもっている。同人文化に対象として興味を持つ方だけでなく、関連領域や理論的観点からの関心を持つ方にも読まれることで、同人文化の更なる理解と学術的貢献の双方が実現することを期待したい。多様な同人文化は、そのような学術的にも可能性を持つ発見の場であることを最後に改めて強調したい。さらなる研究・議論の発展を望みながら。

　　2023年12月

　　　　　　　　　　　　　　　　　　　　玉川博章

[編者]

玉川博章（たまがわ・ひろあき）

日本大学、武蔵野美術大学等非常勤講師。文化研究、メディア論。
「コミックマーケット——オタク文化の表現空間」（辻泉・岡部大介・伊藤瑞子編『オタク的想像力のリミット——〈歴史・空間・交流〉から問う』筑摩書房、2014年）、「トキワ荘にみるマンガ産業の勃興と生産者の適応」（樺島榮一郎編『メディア・コンテンツ産業のコミュニケーション研究——同業者間の情報共有のために』ミネルヴァ書房、2015年）、「多数の「ある無名作家」から成るマンガ出版の場を巡って」（小山昌宏・玉川博章・小池隆太編『マンガ探求13講』水声社、2022年）

[執筆者]

ヴィニットポン・ルジラット（石川ルジラット）（Vinitphol Rujirat）

青山学院大学総合文化政策学部助教。カルチュラルスタディーズ、日本文化・ソーシャルメディア研究。
「参加型創作文化の形成と発展」（川又啓子・三浦俊彦・田嶋規雄編『ジャパニーズ・ポップカルチャーのマーケティング戦略』千倉書房、2022年）、「アマチュアリズム」（永冨真梨・忠聡太・日高良祐編『[クリティカル・ワード] ポピュラー音楽——〈聴く〉を広げる・更新する』フィルムアート社、2023年）、「BL文化からみる文化のハイブリディティ——日本に逆輸入された「タイBL」の歴史」（『年報タイ研究』23号、2023年）

小林信重（こばやし・のぶしげ）

東北学院大学情報学部データサイエンス学科准教授。メディア論、文化社会学、ゲームスタディーズ。
「ゲーム産業成長の鍵としての自主制作文化」（東京工業大学博士論文、2013年9月）、『妖怪ウォッチが10倍楽しくなる方法』（三才ブックス、2015年）、『デジタルゲーム研究入門』（編著、ミネルヴァ書房、2020年）

飯塚邦彦（いいづか・くにひこ）
成蹊大学非常勤講師。現代文化史、文化社会学。
『おたくの起源』（吉本たいまつ名義、NTT出版、2009年）、「ショタ・女装少年・男の娘——二次元表現における「男の娘」の変遷」（吉本たいまつ名義、『ユリイカ』2015年9月号）、「インフラ整備からみた同人誌即売会・同人文化の成長」（小山昌宏・玉川博章・小池隆太編『マンガ研究13講』水声社、2016年）

杉山怜美（すぎやま・さとみ）
慶應義塾大学大学院後期博士課程。文化社会学、メディア研究、ファン研究。
「ファンとして歩むライフコース——「スレイヤーズ」ファンの事例から」（永田大輔・松永伸太朗編『アニメの社会学——アニメファンとアニメ制作者たちの文化産業論』ナカニシヤ出版、2020年）、「ファンのライフコースからみるメディアミックス作品の経験」（『ソシオロゴス』45号、2021年11月）、「受け手視点のメディアミックス現象の理解に向けて——「スレイヤーズ」シリーズを事例に」（『人間と社会の探究』95号、2023年）

「同人文化」の社会学
——コミケをはじめとする同人誌即売会と
その参加者の織りなす生態系を描く

2024年3月5日　初版第1刷発行

編　者……………玉川博章
発行者……………西村　篤
発行所……………株式会社七月社
　　　　　　　　〒182-0015　東京都調布市八雲台2-24-6
　　　　　　　　電話・FAX 042-455-1385
印刷・製本…………株式会社厚徳社